추천의 글

오늘날 허다한 목회자의 일상과 목회 현장에서 어렵지 않게 발견되곤 하는 피상적이고 관리에 치중하며 본질적으로는 세속적이라 할 수 있는 사역의 모양들에 훌륭한 교정자 역할을 한다.

윌리엄 H. 윌리몬, 『목회자: 목회의 신학과 실천』 저자

목회자이자 작가이며 시인인 유진 피터슨은 무엇보다 선지자로 불릴 만하다. 기도, 성경, 그리고 영적 지도, 이 세 가지는 목회자가 자신의 사역으로서 목양의 일을 제대로 감당할 수 있도록 스스로를 발전시키는 데 핵심인 열쇠다. 이것이 책 원제목에서 말하는 세 개의 각인 것이다. 각을 제대로 맞춰 놓으면 그로부터 시작되는 선들(설교, 가르침, 행정)은 알아서 합을 맞추게 되어 있다. 일단 읽기 시작하면 내려놓기 힘든 책이다.

The Clergy Journal

도발적인 책이다. 유진 피터슨은 현재 우리 시대에 적절한 양상처럼 여겨지는 목회의 관행들에 뼈아픈 도전을 제기한다. 근본으로 돌아가라는 그의 외침은 너무 단순하다거나 진부하다는 이유로 무시되어선 안 된다. 책에 담긴 모든 문장과 어휘에서 뿜어져 나오는 유진 피터슨 고유의 문학적 스타일은 그의 세심한 주해 작업과 마찬가지로 칭찬 받아 마땅하다. 피터슨의 글쓰기에는 분명 진리의 반지가 있다.

Theology Today

균형 있는 목회자

균형 있는 목회자

유진 피터슨

좋은씨앗

Working the Angles: The Shape of Pastoral Integrity

목회의 무게 중심을 잡는 세 가지 - 기도, 성경, 영적 지도

차례

머리말 **11**

첫 번째 각____기도

1. 헬라의 이야기, 그리고 히브리의 기도 **40**
2. 기도의 책, 시편 **71**
3. 기도를 위한 시간 **101**

두 번째 각____성경

4. 눈을 감고 귀를 열라 **134**
5. 주해 작업의 필수 조건, 묵상 **163**
6. 가자 노트 **191**

세 번째 각____영적 지도

7. 영적 지도자가 된다는 것 **220**
8. 영적 지도자와 만난다는 것 **242**
9. 영적 지도력을 발휘하라 **259**

머리말

미국의 목회자들은 자신들의 직분을 포기하고 있다. 좌우로 치우치거나 놀라울 정도로 직분을 망각하고 있다. 물론 그들은 맡고 있는 교회를 떠나지도 않았고, 다른 직업을 찾지도 않았다. 교회는 여전히 그들에게 사례를 지불하고 있다. 그들의 이름은 교회에서 제작한 문구에 실려 있고, 그들은 주일마다 여전히 강단에 모습을 드러낸다. 그러나 그들은 자신들의 직분, 즉 자신들의 소명을 저버리고 있다. 그들은 다른 신들을 숭배하는 지경에까지 나아갔다. 그들이 목회 사역이라는 구실 아래 많은 시간을 투자하여 행하는 일들은 지난 20세기를 거쳐 오는 동안 교회의 목회자들이 행했던 사역과는 거의 관계가 없다.

목회자들 가운데 몇몇 사람들은 그런 사실에 대해 분노한다. 그렇게 분노하는 이유는 그들이 버림 받았기 때문이다. 나에게 목회 사역을 일러주고, 나를 시험하고 목사로 안수하여 한 교회를 담당하게 했던 무수한 목회자들이 더 긴급한 사역을 맡아야 한다는 말을 남기고 떠나갔다. 내가 함께 사역한다고 생각했던 사람들은 막상 그 일이 시작되자 모습을 감췄다. 목회자가 되는 것은 정말 어려운 일이다. 목회자들은 동역자와 교제하고 그들에게서 조언을 얻기를 원한다. 목회 사역에 관한 이야기와 헌신된 모습을 들려주고 보여줄 것으로 기대되는 많은 목회자들로 가득 찬 방에 들어가서 10분이 채 지나기도 전에 그들이 내 기대와는 정반대되는 모습을 보여줄 때는 큰 실망감에 사로잡힌다. 그들은 외형과 통계에 관한 말만 한다. 이름은 아예 부르지도 않는다. 그들은 영향력과 신분에 대해 토의한다. 하나님과 영혼과 성경에 관한 문제는 그들에게 이익이 되지 않기 때문에 논의에서 제외된다.

미국의 목회자들은 상점 주인들로 변질되었다. 그들이 관리하는 상점은 다름 아닌 교회다. 그들은 상점 주인이라는 신분에 걸맞는 관심사에 몰두한다. 고객들에게 만족감을 주는 법, 길 건너에 있는 경쟁 상점의 손님들을 끌어오는 법, 손님들이 더 많은 돈을 지불하도록 상품을 포장하는 법 등에만 관심이 있다.

그들 가운데 몇몇은 아주 뛰어난 상점 주인이다. 그들은 많은 고객들을 확보하여, 막대한 돈을 벌어들이고 대단한 명성을 얻는다. 그러나 그것은 상행위일 뿐이다. 종교적인 영역과 관계되어 있긴 하지만, 상행위는 모두 동일한 특성을 지닌다. 그들은 깨어 있을 때에는 패스트푸드 독점 판매권과 같은 마케팅 전략에 온 정신을 빼앗기고, 잠들 때에는 언론의 관심을 끌 수 있는 성공을 꿈꾼다. "엄청나게 큰 교회는 정말 멋지고 재미있다. 그러나 대부분의 공동체가 진정으로 필요로 하는 것은 두세 명의 성도다. 그들은 이미 신앙 공동체 속에 씨눈처럼 자리잡고 있으면서, 발견되기를 기다리고, 건전한 훈련을 기다리며, 모든 구성원을 평범화시키는 제의(祭儀, cult)로부터 자유롭게 되기를 기다리고 있다."[1]

성공적인 교회란 어디에도 없다는 것이 성경적인 진리다. 그 대신 죄인들의 공동체만 있을 뿐이다. 전세계 모든 마을과 도시에 주말마다 하나님 앞에 모이는 공동체가 있다. 성령님께서는 그들을 모으고 그들 속에서 자신의 사역을 행하신다. 이러한 죄인들의 공동체 속에서, 여러 죄인들 가운데 한 명을 목회자라고 부르고, 정해진 책임을 그에게 맡긴다. 목회자의 책임은 공동체가 하나님께 주의를 기울이도록 지키는 것이다. 그러나 이러한 책임감은 현재 극도로 외면당하고 유기되고 있다.

"… 내가 맹렬한 분노에 사로잡혔나이다"(시 119:53). 이런 분노를 얼마나 많은 목회자가 공감하고 있는지 알 수 없다. 몇몇 목회자의 이름은 알고 있다. 그들을 모두 합해도 그리 많은 수는 될 수 없을 것이다. 바알에게 무릎 꿇지 않은 칠천 명의 사람들은 과연 있을까? 소수 집단으로 분류할 수 있는 사람들이 충분히 있을까? 아마 분명히 있을 것이다. 가끔씩 그런 부류에 속한 이들은 서로를 알아본다. 또한 무수한 일들이 소수 집단에 의해 성취되었다. 일시적인 이익을 얻기

---

1   Martin Thornton, *Spiritual Direction* (Boston: Cowley Publications, 1984), p. 27.

위해 목회자로서 얻는 영원한 유익을 팔아버리고 세상 것에 연연하고 있는 상점 주인들 중에도 자신들의 소명을 회복하고픈 마음을 키워 가는 자들이 분명히 있을 것이다.

그런 마음이 그들의 엄청난 잘못을 태워버릴 만큼 완전히 불붙은 석탄이 되어, 다시금 하나님의 말씀이 그들의 입에서 불이 되게 할 수 있을까? 나의 분노가 그들이 지닌 석탄에 불을 붙이는 풀무 역할을 할 수 있을까?

목회 사역 가운데 세 가지 행동은 기초적이고 중요하여 모든 목회 사역의 모양을 결정한다. 세 가지 행동이란 기도, 성경 읽기, 영적 지도다. 이런 행동들은 목회 사역의 기초지만 아주 고요한 가운데 이루어진다. 관심을 불러일으키지 않아 종종 무시되기도 한다. 목회 사역이 실행되는 소란한 현장에서 그런 행동에 몰두하라고 목회자들을 향해 소리지르는 사람도 없다. 다른 사람들의 만족함을 채우기 위해 목회 사역을 수행할 가능성도 얼마든지 있다.

교인들은 신앙적으로 근면하지도 않고 누군가를 판단할 능력도 없으면서 목회자의 능력을 판단하고 사례를 지불하기도 한다. 목회자들이 그러한 행동을 하는지 관심을 갖는 사람은 거의 없고, 그런 일에 힘을 쏟느냐고 묻는 경우도 거의 없기 때문에, 위에서 말한 목회의 세 가지 중요한 행동은 광범위하게 무시되고 있다.

세 가지 영역은 세 가지 관심에서 비롯된 행동을 구성한다. 기도는 하나님에 대한 관심의 행동이다. 성경 읽기는 2천 년 동안 이스라엘과 그리스도에게서 나타난 하나님의 말씀과 활동에 대한 관심의 행동이다. 영적 지도는 어느 주어진 순간에 내 앞에 있는 특정한 사람 안에서 하나님께서 행하신 일에 관심을 쏟는 행동이다.

우리 기도의 대상, 즉 우리가 관심을 쏟는 대상은 언제나 하나님이다. 물론 콘텍스트는 매우 다양하다. 기도의 콘텍스트는 목회자 자신이다. 성경에서는 역사 속에 나타난 신앙 공동체가 콘텍스트다. 영적 지도의 콘텍스트는 목회자 앞에 있는 그 사람이다. 목회자가 이러한 여러 가지 콘텍스트 속에서 주로 관심을 쏟아야 하는 유일한 대상은 하나님이다. 그러나 하나님 그분 자체가 아니라 관계성 속에 계신 하나님 — 목회자 자신과의 관계, 그의 백성들과의 관계, 특정한 교인과의 관계 — 이 관심의 대상이다.

세 가지 행동 가운데 공적인 것은 하나도 없다. 이 말은 어느 누구도 목회자가 그런 행동들을 제대로 하고 있는지 확실하게 알 수 없다는 의미다. 교인들은 목회자가 예배중에 드리는 기도를 듣고, 성경을 설교하고 가르치는 내용을 들으며, 대화를 통해 자신들의 이야기를 듣는 것을 목격한다. 하지만 그들은 목회자가 그런 행동들 가운데 하나님께 집중하고 있는지 결코 알 수 없다. 하나님에 대해 겉으로 표현하는 공적인 관심 이상의 헌신된 마음을 품지 않은 상태로 상당히 고상한 목회 사역을 만들어낼 수 있다는 사실은, 목회 세계에 들어서서 그리 오랜 시간이 흐르지 않아도 자연스럽게 알게 된다. 목회자들은 아무에게도 들키지 않으면서 그런 관심의 행동들을 게을리할 수 있다. 또한 각각의 행동들은 엄청난 엄격함을 수반한다. 따라서 목회자들이 그런 관심의 행동들을 소홀히 여기는 현상은 별 어려움 없이 보편화되었다.

이것은 전적으로 목회자들만의 잘못이라고 말할 수는 없다. 많은 무리의 사람들이 기도와 성경 읽기와 영적 지도를 신앙인의 삶에서 제거하려는 엄청난 음모에 가담했다. 그들은 목회자의 이미지와 신분에만 관심을 보였다. 자신들이 측정할 수 있는 요소만을 문제삼았다. 성공적인 교회 건축 프로그램의 진척 과정과 인상적인 출석률 도표, 그리고 사회적인 영향력과 경제적 생존 능력에만 신경썼다. 그들은 목회자들의 일정표를 온갖 회의와 약속으로 가득 채워놓음으로써, 목회자가 하나님 앞에 홀로 서고, 성경을 묵상하며, 조급하지 않은 마음으로 각각의 교인들을 대할 수 있는 시간을 남겨두지 않았다.

목회자가 하나님께 관심을 기울이지 않음으로써 사역의 기반이 사라진 상태에서 목회 사역을 수행하도록 부추기는 일은 목회자 계층과 공동체에 속한 교인들 모두가 한몫 거들고 있다. 그렇다고 해도 변명의 여지는 없다. 어떤 정의에 의하면, 전문가란 다른 사람들의 취향에 맞춘다는 구실로 변경할 수 없는 고결함과 업무 수행 능력의 기준에 전념하는 이들을 일컫는다. 즉 자신들이 해야 하는 일은 반드시 하는 이들을 말한다. 오늘날 전문가적 근성은 모든 방면 — 목회자들의 세계는 물론이고 의료, 법률, 정치의 영역도 마찬가지다 — 에서 쇠퇴하고 있다. 그러나 그런 근성이나 정신이 완전히 없어진 것은 아니다. 여전히 상당한 수의 전문가들이 삶의 모든 영역에서 자신의 소임을 온전히 행하기 위해 어떤 어려움도 감수하고, 시대가 그들에게 요구하는 편안하고 쉬운 일들을 단호히 거절하고 있다.

나는 목회 영역에서 전문가 정신을 선명하게 보존하는 데 유익한 삼각형을 발견했다. 앞에서 말한 목회의 세 가지 근본적인 행동은 삼각형의 세 각을 이룬다.

거의 모든 사람들이 삼각형에서 주로 선을 본다. 삼각형에서 선은 서로 다양한 비율로 균형을 맞추고 있다. 하지만 각 선의 비율과 삼각형 전체 모양을 결정하는 것은 세 각이다. 목회 사역에서 눈에 드러나는 선은 설교, 교육, 그리고 행정이다. 이런 활동들이 만나는 세 각은 기도, 성경, 그리고 영적 지도다.

각 사역 '라인'의 길이와 비율은 다양하다. 무수한 환경들에 따라 조절되고 목회적 은사의 광범위한 영역을 모두 담고 있기 때문이다. 하지만 그 선들이 서로 만나 각을 이루지 않고 의도적으로 혹은 우연한 계기로 분리되어 있다면, 결코 삼각형은 만들어지지 않는다.

세 각을 이루는 행동들 — 목회자 자신, 성경에 나타난 이스라엘과 교회의 공동체, 그리고 다른 교인들과 하나님 사이의 관계 속에서 하나님께 관심을 집중시키는 행동 — 로부터 분리된 목회 사역은 더 이상 하나님께서 부여하신 온전한 모습을 유지할 수 없다. 세 각에 충실하게 사역해야 목회자의 일상적인 사역에 바른 모양과 고결함이 주어진다. 목회자들이 세 각에 충실하다면 선들을 한 곳으로 모으는 일은 그리 어렵지 않다.

그러나 목회자들이 세 각에 주의를 기울이지 않거나 잊어버린다면, 아무리 선을 길게 혹은 똑바로 그려도 결국 삼각형, 즉 올바른 목회 사역을 그릴 수는 없을 것이다.

목회라는 영역처럼 그렇게 쉽게 결점을 감추고 겉모습을 그럴듯하게 꾸밀 수 있는 다른 직업은 거의 없을 것이다. 경건한 듯한 자세를 취하고, 근엄한 목소리를 내며, 교인들과의 대화 가운데 '종말론'과 같은 단어를 사용하고, 설교 중에 '구속사(Heilsgeschichte)'와 같은 학문적인 용어를 구사함으로써(교인들을 혼란스럽게 하기보다는 자신들이 받은 사고[thought]의 훈련이 평신도보다 한 수 위임을 드러내기 위해 그런 말을 쓰는 것이다), 목회자들은 아무런 의심도 받지 않고 하나님의 비밀을 맡은 청지기로 인정받는다.

대다수의 사람들, 적어도 목회자들이 담당하고 있는 교회의 교인들은 실제로 목회자들이 무수한 신비 — 출생과 죽음, 선과 악, 고통과 즐거움, 은혜, 자비, 용서 — 에 둘러싸여 있다는 것을 알고 있다. 목회자들은 그러한 심오한 문제들에 정통하고 그런 문제의 전문가라는 인식을 심어주기 위해 공감의 한숨을 내쉬고 연민의 손길을 내민다. 겸손과 정직이 요구되는 상황이기 때문에 목회자들이 거룩함을 드러내지 않을 때가 있다. 하지만 그렇게 하면 사람들이 목회자를 신뢰하지 않으려 한다. 사람들은 자기 곁의 누군가가 궁극적이고 근본적인 영역에 접해 있다는 것을 확인하려 든다. 그들의 내적인 삶 속에는 쇼핑 리스트와 선한 의도, 간음에 대한 죄책감(상상이든 실제이든)과 영웅적인 고결함에 관한 이야기가 뒤죽박죽 얽혀 있고, 자기 만족을 위한 욕심과 거룩함을 위한 열망이 뒤섞여 있다.

그들은 내일 혹은 다음 주부터 시작되는 날에는 더 나은 모습을 갖게 되기를 소망한다. 동시에 그들은 곁에서 흔들림 없이 자리를 지키고 있는 누군가를 필요로 하고, 하나님께서 기뻐하실 만한 삶을 위한 소망을 그에게 투영하려 한다. 목회자들이 그럴듯하게 가장한 모습을 보여주면 교인들은 그것을 진정한 목회자의 모습으로 받아들이고, 자신들의 모습도 그와 비슷하게 바꾸고, 목회자가 깨끗한 손길과 순수한 마음을 가진 자라고 인정한다.

목회자의 삶은 개인적인 측면보다는 공적인 면이 더 많이 부각되므로 그만큼 그럴듯하게 위장하기가 더욱 쉽다. 유능한 설교자의 설교를 도용할 수도 있고, 기계적인 순서에 따라 예배를 인도하기도 한다. 교인들의 가정이나 병원을 심방할 때 옷소매에 적절한 성경 구절을 메모한 종이를 넣고 아무도 모르게 슬쩍 볼 수도 있다. 특정한 상황에 맞는 여러 개의 기도를 암기하고 있다가 기도 부탁을 받으면 거기에 걸맞는 적절한 내용의 기도를 한다. 학교 운영위원회의 회의에 몇 번 참석하여 해야 할 일과 하지 말아야 할 일을 메모하면서 위원회에서 회의 진행하는 법을 배운다.

나는 아주 오랜 시간 동안, 고등학교 수준의 교육을 받은 사람을 택하여 그 혹은 그녀에게 6개월 과정의 훈련을 시키면 미국 어느 교회에 가도 훌륭히 사역할 수 있는 목회자로 임명할 수 있으리라는 확신을 가지고 있었다. 교육 과정은 네 개의 강좌로 구성된다.

강좌 I: 창조적인 표절. 학생에게 뛰어난 수준의 영감 받은 설교들을 접하게 하고, 출처를 알 수 없을 정도로 내용을 적절히 고치는 법을 가르친다. 그러면 학생은 재치와 지혜의 사람으로 명성을 날릴 수 있다.

강좌 II: 기도와 상담을 위한 음성 조절법. 우리는 학생에게 목사의 독특한 억양을 가르칠 수 있다. 공명과 억양을 사용해 거룩한 분위기를 조성하는 기술을 습득하게 한다.

강좌 III: 효율적인 사무실 관리. 교인들은 목회자들의 탁월한 경영 능력을 다른 어떤 모습보다 더 존경한다. 목회자들이 24시간 언제라도 전화를 받아주고, 모든 편지의 답장을 일주일 안에 보내며, 중요한 인물들에게 유인물을 충분히 나눠주어 그들로 하여금 목회자가 모든 일을 주관하고 있다는 인상을 주고, 책상을 적절히 어질러놓으면(너무 지저분하면 비능률적으로 보이고, 너무 깨끗하면 받는 만큼 일을 하지 않는 것처럼 보인다), 목회자는 능률적인 사역자라는 명성을 순식간에 얻는다. 그러한 명성은 목회자가 실제로 행하는 어떤 일보다 훨씬 더 중요하다.

강좌 IV: 이미지 투영. 이 과정을 통해 학생은 어느 정도 잘 알려져 있고 쉽게 따라할 수 있는 방법들을 터득한다. 이런 방법으로 그는 공동체에서 영향력 있는 사람을 이용해 자신이 너무너무 바쁘고 목회를 위한 조언을 널리 구하고 있다는 인상을 유포시킬 수 있다. 일년에 한번씩 일주일의 보충 과정을 통해 목회자가 사회적 동향을 적절히 파악하고 있는 대담한 혁신가이며, 동시에 신앙의 조상들이 물려준 모든 전통에 굳건히 뿌리내리고 있는 사람이라는 확신을 교인들에게 심어준다.

나는 여러 해 동안 목회자들을 훈련시키는 이런 직업 학교를 상상하면서 웃음짓곤 했다. 하지만 내가 장난삼아 상상했던 일들이 최근 들어 현실에서 실제로 일어나고 있다. 내가 생각했던 것과 똑같은 과정에 등록하라고 목회자들을 초청하는 세미나 광고가 미국 전역에 걸려 있는 것을 보았다. 그들이 광고하는 과정은 내가 상상했던 것과 이름까지 동일하지는 않지만, 내용은 거의 흡사했다. 목회자들이 종교의 영역에서 소비자들의 기호를 만족시키는 법을 훈련하는 과정이 대부분이었다. 이제 더이상 나는 그런 상상을 하면서 웃지 않는다.

앤 타일러(Anne Tyler)는 소설 『모건의 통행(Morgan's Passing)』에서 중년의 한 남성에 대한 이야기를 들려주었다. 그는 역할들을 분명하게 밝혀주고 기대들을 충족시켜주는 놀라울 정도의 기술과 평정심을 가지고 사람들 속에 있었다.

그 소설은 모건이 어느 주일 오후에 교회 잔디밭에서 인형극 공연을 구경하는 것으로 시작된다. 인형극이 시작된 지 몇 분이 채 지나지 않아, 인형극 무대 뒤에서 한 젊은이가 나오며 물었다. "여기에 의사 선생님이 계십니까?" 관객들 사이에서 아무런 대답이 없자, 모건이 자리에서 일어나 천천히 그리고 신중하게 그 젊은이를 향해 다가가 말했다. "무슨 문제가 있습니까?" 인형극 전문가인 그 젊은이의 임신한 아내에게 진통이 오기 시작했던 것이다. 아이가 곧 나올 것만 같았다. 모건은 젊은 부부를 자기 차 뒷좌석에 태우고 병원을 향해 출발했다. 병원으로 가는 도중 남편이 소리쳤다. "아이가 나오고 있어요!"

모건은 침착하게 차를 길가에 세우고, 이제 곧 아빠가 될 젊은이를 보내 수건과 침대 시트 대용으로 쓸 신문을 사오라고 했다. 그리고 자신이 아이를 받았다. 그리고는 다시 차를 몰아 병원의 응급실로 달려갔다. 아이와 산모가 무사히 병원 관계자에게 맡겨지는 것을 본 후에 그는 모습을 감췄다. 흥분을 가라앉힌 다음 젊은 부부는 감사의 뜻을 전하기 위해 모건 의사 선생님을 찾았다. 하지만 모건이라는 의사를 아는 사람은 아무도 없었다. 그들은 당황했고, 감사의 마음을 전하지 못한 것을 못내 아쉬워했다.

몇 개월이 지난 후에 젊은 부부는 아이를 유모차에 태우고 길을 가다가 건너편에서 걸어가고 있는 모건을 발견했다. 그들은 길을 건너가 모건에게 인사하며, 그가 세상에 나오도록 도와주었던 건강한 아이를 보여주었다. 그들은 자기들이 얼마나 그를 찾으려고 애썼는지 말했다. 그리고 그를 제대로 찾아내지 못한 병원의 관료주의적 무능함에 대해 좋지 않게 말했다.

모건은 자신은 실제로 의사가 아니라고 솔직하게 말했다. 사실 그는 철물점을 운영하고 있었다. 하지만 그들 부부는 의사를 필요로 했고, 그런 상황에서 의사가 되는 일은 그리 어렵지 않았다. 그는 젊은 부부에게 그것이 '상상의 효과'라고 말했다. 사람들이 기대하는 것과 그 기대에 부응하는 것을 구별해야 한다는 말도 덧붙였다. 모든 존경받는 직업들을 통해 그런 효과를 이끌어낼 수 있다고 했다. 그는 이런 일들을 평생 해왔다. 주어진 상황에 따라 의사, 변호사, 목사, 상담가의 역할을 했다.

그런 다음에 그는 솔직하게 털어놓았다. "저는 지금까지 배관공인 것처럼 꾸미거나 정육점 주인 행세를 한 적은 없습니다. 왜냐하면 사람들이 20초가 지나기도 전에 나를 찾아내기 때문이지요."[2]

모건은 대부분 목회자들이 사역 초기에 집착하는 현상이 무엇인지 잘 알고 있었다. 즉 사람들의 기대를 충족시키기 위해 필요한 부분인 목회의 상상적 측면이 잘못 조작될 수 있다는 것이 그것이다. 목회자들은 진정한 목회자가 아니면서 목회자인 것처럼 흉내낼 수 있다. 문제는 목회자들이 공동체 속에서 칭찬을 받아가면서 그런 행동을 할 수 있을지는 몰라도, 목회자 자신 속에서는 결코 그럴 수 없다는 사실이다.

모든 목회자가 그런 일을 할 수 있는 것은 아니다. 어떤 이들은 고집을 부린다. 목회자는 두려움을 느낀다. 열렬한 지지를 받으며 이루어지는 사역 속에서 나오는 불안을 완전히 없앨 성공은 없다.

---

2 Anne Tyler, *Morgan's Passing* (New York: Alfred A. Knopf, 1980).

불안은 청교도적인 죄악에서 나온 것이 아니다. 목회자들은 마땅히 해야 할 일을 하고 있는 것이다. 그들에게 사례를 지급하는 사람들은 자신들의 돈에 합당한 가치를 받고 있다. 목회자는 '가치 있는 일'을 행하고 있다. 설교는 영감이 넘치고, 위원회들은 효율적으로 운영되며, 의욕도 넘친다. 불안은 다른 차원에서 온다. 소명에 대한 기억, 영적인 갈급함, 직업적인 헌신 등으로부터 기인한다.

직업적으로 일을 하는 자세에 내포된 위험

교인들을 만족시키는 목회자가 되는 것 — 목회자들이 교인들을 만족시키는 일에 만족한다면 — 은 이 세상 직업 가운데 가장 쉬운 일이다. 시간도 적당하고, 사례도 충분하며, 명성도 상당히 누린다. 그런데도 왜 목회자들은 목회가 쉽다고 느끼지 않는가? 왜 목회자들은 거기에 만족하지 않는가?

왜냐하면 목회자들은 상당히 다른 기준에서 사역을 시작하기 때문이다. 목회자는 믿음의 모험 속에 자신의 생명을 건다. 목회자는 거룩한 삶에 헌신한다. 어떤 지점에 이르면 목회자는 하나님과 눈에 보이지 않는 위대한 세계의 광대함을 깨닫는다. 그 세계는 우리의 팔과 다리, 빵과 포도주, 뇌와 장기들, 산과 강에 연결되어 있어서, 그 모든 것에 의미와 숙명과 가치와 기쁨과 아름다움과 구원을 부여한다. 목회자들은 말씀과 성례 속에서 이러한 실체들을 전달하라는 부르심에 반응한다. 목회자들은 지도력을 발휘해 신앙 공동체 속의 사람들이 직업과 놀이 속에서 행하는 일들을 자비와 은혜 안에서 활동하시는 하나님과 연결하고 조화시키는 사역에 헌신한다.

그런 과정에서 목회자들은 직분과 직업 사이의 차이점을 배운다.

직업은 우리가 할당된 몫을 채우기 위해 행하는 일이다. 직업은 우리에게 무언가를 할당하고 수당을 지급하는 사람에게 만족감을 주어야 한다. 우리는 무엇이 할당되어 있는지 파악한 후에 그 일을 수행한다. 일을 하는 데에 잘못된 것은 아무것도 없다. 정도의 차이가 있긴 하지만 우리 모두는 맡겨진 일을 가지고 있다. 어떤 이는 접시를 닦고 쓰레기를 치우는 일을 한다.

하지만 직분과 기술은 다르다. 그 속에서 우리는 누군가를 즐겁게 해주는 차원을 넘어서는 의무를 가진다. 실체의 본질을 추구하거나 형성하면서, 우리가 혼신의 힘을 다해 그런 영역에 헌신할 때, 단순히 우리에게 요구되는 일을 할 때보다 더욱 깊은 차원의 유익을 다른 사람들에게 끼칠 수 있다는 확신을 품게 된다.

기술의 영역에서 우리는 눈에 보이는 실체들을 취급한다.[3] 반면에 직분의 영역에서는 눈에 보이지 않는 것들과 관계한다. 예를 들어 목공예 기술은 나무 자체, 그리고 나무의 결과 무늬에 신세를 진다. 훌륭한 목공예 기술자는 자기 나무를 알고 그것을 존중하는 마음으로

3　"… 전문가는 자발적인 인물들이다. 그들은 사물의 본질과 동료들의 판단에 신세를 지고 있다. 결코 우두머리나 관료들에게 굴종하지 않고, 자신들의 의뢰인들과 공동체의 유익을 위해 헌신하겠다는 서약에 명백하게 또는 은연중에 구속된다." Paul Goodman, *The New Reformation*(New York: Random House, 1970), p. 47.

대한다. 손님들을 기쁘게 해주는 것보다 더 심오한 무언가가 거기에 내포되어 있다. 재료의 고결함과 같은 것이 그런 예다.

직분의 영역에서 고결함은 비가시적인 요소들과 관련되어 있다. 의사에게 고결함은 건강(단지 사람들을 기분 좋게 만들어주는 것만이 아닌)이고, 변호사에게는 정의(사람들이 자기의 이익을 얻도록 돕는 차원에 그치지 않고)이며, 교수에게는 학습(시험을 위해 무수한 정보로 뇌의 용량을 확장시키는 것이 아니라)이다. 목회자의 고결함은 하나님(근심을 덜어주고, 평안함을 주며, 종교적인 조직을 운영하는 것이 아니라)이다.

우리 모두는 이러한 지식을 소유한 상태로 시작했다. 적어도 그런 사실에 대한 암시를 상당히 가지고 있었다. 그러나 일단 목회 현장에 들어서면, 목회자들에게는 직업적인 일이 주어진다.

목회자들이 대하는 거의 모든 사람들은 하나님 의식이 아닌 자아 의식의 지배를 받는다. 목회자들이 그들의 주된 관심사 — 상담, 교훈, 격려 — 를 취급하는 한, 그들은 목회자들에게 직업적인 업무 안에서 좋은 점수를 부여할 것이다. 목회자들이 하나님을 진지하게 대하든 그렇지 않든 간에 그들은 전혀 상관하지 않는다. 플래너리 오코너(Flannery O'Connor)는 그런 상황에 처해 있는 목회자의 일을 4라고 본다면 그중에 4분의 1은 목회이고, 4분의 3은 안마사의 일이라고 말했다.[4]

목회자 주변을 둘러싼 모든 사람들이 그에게 무언가 다른 일을

---

[4] Flannery O'Connor, *The Habit of Being*, ed. Sally Fitzgerald(New York: Farrar, Strauss, Giroux, 1979), p. 81.

해달라고 요구할 때 소신껏 일을 해내기란 정말 쉽지 않다. 특히 그 사람들이 매우 지적이며, 목회자를 존경하고, 목회자에게 사례를 지불할 때에는 더욱 그렇다. 목회자들은 아침에 일어나면서부터 전화를 받고, 사람들을 만나고, 배달된 편지를 읽는다.

종종 그런 일들은 당황스러울 정도로 긴급하게 몰려온다. 그러한 모든 전화와 편지들은 목회자들이 무언가를 자신들에게 해주기를 바라는 사람들로부터 온다. 그들은 하나님에 대한 믿음에는 전혀 관심이 없다. 즉 그들은 하나님을 찾기 때문에 목회자를 찾아오는 것이 아니라 권면과 훌륭한 충고, 아니면 모종의 기회를 얻기 위해 목회자를 찾는다. 그들은 목회자가 그런 것들을 부여할 자격을 갖추고 있으리라는 헛된 생각을 품고 있다.

수년 전에 나는 무릎을 다친 적이 있다. 자가 진단에 따르면, 내게 가장 필요한 것은 월풀 요법이었다. 대학 재학 시절, 훈련실에 월풀이 있었다. 나는 기분 전환뿐만 아니라 달리기를 하다가 생긴 부상을 치료할 때에도 효과를 보았던 놀라운 경험을 가지고 있었다. 당시 내가 살던 동네의 유일한 월풀은 물리 치료사의 사무실에 있었다. 나는 전화를 걸어 예약했다. 그는 예약을 받아주지 않았다. 의사의 진단서가 필요하다는 것이었다.

나는 정형외과 의사에게 전화를 걸어 예약을 한 후에 검사를 받으러 갔다(검사는 내가 예상했던 것보다 더 복잡하고 비쌌다). 하지만 그는 내게 월풀 요법을 위한 진단서를 끊어주지 않았다. 그는 월풀 요법이 내 상처의 치료를 위해 적합한 방법이 아니라고 했다. 그는 수술을 권했다. 나는 거부했다. 월풀 요법은 분명히 아무 해도 없이, 오히려 효과를 가져다줄 것이라고 믿었다.

하지만 그는 결코 자신의 결정을 번복하지 않았다. 그는 전문가였다. 그의 주된 관심사는 건강이나 치료 등으로 불리우는 비가시적인 추상 개념이었다. 그는 나의 요구를 충족시키기 위해 애쓰지 않았다. 그는 내가 요구하는 것들이 자신의 권한을 침해하는 것이라고 생각해서 내 요구를 들어주지 않았다. 그는 원칙을 지키는 사람이었기에, 그렇게 했던 것이다.

내가 몇몇 병원을 돌아다녔다면, 어떤 의사도 내가 원하는 대로 진단서를 만들어주지 않는다는 사실을 분명히 알게 되었을 것이다.

나는 그 사건을 종종 떠올린다. 내가 맡은 일과 사람들이 내게 요구하는 일 사이에서 나는 분명한 선을 지키고 있는가? 나는 하나님의 은혜, 그분의 자비하심, 창조와 언약에 나타난 그분의 활동에 주된 관심을 쏟고 있는가? 사람들이 이러한 실체들 속에서 더욱 성숙하며 그 속에 깊이 참여하도록 이끌어주지 못할 일들을 나에게 요구할 때, 나는 그런 요구를 단호히 거절할 만큼 충분히 거기에 헌신하고 있는가?

나는 사람들이 요구했다는 단 한 가지 이유 때문에 심방, 상담, 결혼 주례, 회의, 기도회 같은 활동 — 어떤 친구는 이것이 양배추 인형들에게 성수(聖水)를 뿌리는 일이라고 말했다 — 만을 생각하는 태도를 싫어한다. 어떤 때에는 그런 활동들이 해를 끼치는 것처럼 보이지 않지만, 그렇다고 해서 전적으로 유익한 것만도 아니기 때문이다. 내가 아는 한 목회자는 교인들이 요구하는 것은 무엇이든 해주려고 한다. 하지만 그가 가지고 있는 신학이 너무 잘못되어 있기 때문에 일을 하는 도중에 큰 해를 끼치기도 한다. 적어도 나의 신학은 정통 노선에 서 있다.

어떻게 나는 그 선을 정확하게 지킬 수 있는가? 종교적인 일을 하도록 나를 고용한 사람들의 공동체 속에서 어떻게 나는 목회적 소명 의식을 유지할 수 있는가? 오랫동안 비교 가치에 따라 쇼핑하는 데 익숙하기 때문에 목회적 성실함이라는 건전한 관점에서 행동하지 못하는 사람들 틈바구니에서 어떻게 이 직분의 고결함을 보존할 수 있는가?

이러한 질문들에 대해 오래 전부터 내려오는 좋은 대답이 있다. 그 대답이란 일회성 충고가 아니라, 목회자들과 사제들을 육성하는 교육 과정의 핵심 과목으로 사용되어온 어느 과목에 완전히 몰입하는 것이다. 그 과목이란 수덕(修德) 신학, 혹은 금욕주의 신학이라는 이름을 갖고 있다. 나는 그것을 '목회의 삼각형'이라 부른다.

'금욕'이란 20세기 말엽에 이르러 처절할 정도로 황폐화된 단어다. 루이스(C. S. Lewis)의 작품에 등장하는 스크루테이프는 자신의 조카이자 신참 악마인 웜우드에게 고결함을 손상시키는 가장 효과적인 방법 가운데 하나는 무엇보다도 말(word)을 파괴하고 혼란스럽게 하는 것이라고 충고한다. 인간의 감정과 지각을 교묘하게 바꿔놓는 연상 작용을 일으킴으로써 더이상 언어가 원래의 의도대로 작용하지 못하게 하는 것이라 했다.5

"저 아래 계신 우리 아버지"의 언어학적인 품안에서 나온 사전 편집자 악마는 '금욕'이라는 단어에 대해 끔직한 일을 저질렀다. 그 단어는 초췌한 사람, 피학대 음란증에 걸린 사람, 사람을 싫어하는 사람, 여자를 싫어하는 사람 등의 이미지를 떠올리게 한다. 이제 그 단어는 악마들이 증거를 찾거나 떠들썩한 논쟁을 할 필요가 없을 정도로 망가지고 파괴되었다.

목회자들 가운데 어느 누가 금욕적인 목회자라고 불리고 그런 측면에서 명성을 얻는 것을 좋아하겠는가? 금욕적이라는 말의 의미를 생각해보자. 아무도 자유분방한 파티에 초대해주지 않고, 축구 경기 같은 활동에 참가하라고 권하지 않으며, 회의를 마치고 늦게 집으로 돌아가는 길에 패스트푸드점에서 햄버거를 사주지도 않는다. 만일 목회자가 금욕적 — 접근하기 어렵고, 현세적이지 않다 — 이라고 알려진다면, 그는 대부분의 사람들로부터 차단되고 고립될 것이다. 그렇다면 그가 어떻게 효과적인 목회 사역을 행하겠는가?

'금욕'이란 말은 운동 선수들의 용어가 되었다. 더 나은 상태를 위해 행하는 훈련을 가리키는 의미로 이해된다. 경기를 앞두고 최고의 기량을 발휘하기 위해 행하는 고된 훈련이다. 운동 선수가 세계 최고

5　C. S. Lewis, *The Screwtape Letters* (New York: Macmillan, 1952), pp. 131ff. 「스크루테이프의 편지」(홍성사)

의 기량을 선보일 때 감동받지 않을 사람은 거의 없다. 경주에서 승리하고, 기록을 갱신하고, 아름다운 포즈로 정확하게 던지거나 점프하거나 다이빙하는 모습을 보며 사람들은 경탄을 금치 못한다. 사람들은 운동 선수의 뛰어난 동작을 볼 때 자연스럽게 탄성을 자아낸다.

그런 모든 동작들은 자연스러움과 정반대의 개념인 여러 해 동안의 반복 훈련이 있었기에 가능하다. 경기가 시작되는 순간, 오랫동안 참으며 훈련을 제대로 행한 선수는 탁월한 기량으로 뛰고 던지고 도약한다. 사람들은 그들이 이끌어낸 결과에 박수를 보내고, (좀더 생각이 깊은 사람이라면) 그런 결과를 만들어내기까지 보이지 않는 곳에서 그들이 쏟아부은 노력에 감탄한다.

오늘날 운동 경기는 많은 인기를 누리고 있어서, 사람들은 뛰어난 선수들이 올림픽 경기에서 금메달을 따기 위해 거치는 전 과정을 상세하게 알고 있다. 앞으로 200년 후에 운동 경기가 별로 인기를 끌지 않는다고 상상해보자. 아마 지금 사람들이 감탄하며 바라보는 운동 선수들의 훈련 방법이 지금과는 전혀 다르게 보일 것이다.

체스터튼(G. K. Chesterton)은 미래의 역사가들이 과거를 되돌아보며 다음과 같이 기록할 것이라고 추측했다. 수십만의 젊은 남녀들이 "일종의 끔찍한 종교적인 고문을 당했다. 그들은 어떤 야만적인 싸움이나 축제 이전까지 아무런 기준없이 제멋대로 정해진 기간 동안 술이나 담배를 마음껏 즐기지 못하도록 금지당했다. 광신도들은 그들이 말도 안 되는 이른 시간에 일어나 운동장을 격렬하게 달려야 한다고 주장했다.[6] 그처럼 체력 훈련에 대한 냉담한 시각이 대다수 사람들에 의해 받아들여진다면 운동은 점점 무시되고 뛰어난 경기나 운동 기술은 점점 자취를 감추게 될 것이다.

이와 비슷한 일이 금욕(수덕) 신학에서 일어났다. 목회적 소명을 수행하기 위해 많은 목회자들이 행했던 영적인 훈련은 많은 주목을 받지 못하고 시대에 맞지 않는다는 이유로 폐기되었다. 용어 자체가 훼손되었다. 언어의 훼손은 그러한 행동이 검토되거나 제대로 인식되지 않을 것임을 확실하게 보증한다. 괘씸한 악마 같으니.

악마의 홈그라운드에서 그와 논쟁하는 것은 쓸데없는 짓이다. 그는 정말 머리가 비상하다. 악마가 그 용어를 훼손시켰다면 회복이 불가능할 정도로 망가졌을 것이다. 따라서 나는 그 표현 대신 '목회의 삼각형'이라는 수학적인 은유를 사용하고 있다. 나는 그 표현으로 목회 사역의 기초가 되는 세 가지 훈련 행동을 새롭게 환기시키기를 원한다. 세 가지 행동이란, 기도와 성경 읽기와 영적 지도다. 목회 사역에서 이러한 행동이 없다면 발전이란 도저히 불가능하다. 적절한 '금욕'을 동반하지 않으면 아무리 뛰어난 재능과 최상의 목표를 지니고 있더라도 목회가 모방이나 흉내에 불과한 삶으로 변질되는 것을 방지

---

6   G. K. Chesterton, *Twelve Types*(London: Arthur Humphreys, 1920), pp. 67-68.

할 수 없다.

미국의 목회자들이 다음과 같은 두 가지 질문을 받는다고 가정해 보자. "하나님에 대해 무엇을 생각하십니까?" "목회자로서 무엇을 성취하기를 원하십니까?" 대부분의 목회자들이 아주 만족할 만한 대답을 제시하리라 믿는다. 그러나 목회자들에게 다음과 같은 세 번째 질문을 던지면 어떤 반응이 나올까? "그런 바람을 위해 무엇을 하고 계십니까? 당신의 영적인 목적들을 교인들 속에 심어주기 위해 어떤 방법들을 사용하고 계십니까?" 이런 질문을 받으면 별난 대답부터 진부하거나 분별 없는 대답까지 폭넓은 차원의 대답이 나오리라 확신한다.

전반적으로 목회자들은 하나님에 관한 최상의 생각에서 멀어지지 않았고, 신앙적인 삶의 고상한 목표들을 잃지 않았다. 그러나 그들은 목회 삼각형에서 멀어졌다. 여러 목회 사역의 선들을 한 지점으로 모아주는 세 각을 잃어버렸다. 온전한 목회의 방법들을 갖지 못한 목회자는 실질적인 사역자가 된다는 환상에 빠져 아무 목적도 없이 게임과 온갖 새로운 장치와 프로그램을 구입하는 데 몰두한다.

당장이라도 사용할 수 있는 목회 신학은 얼마든지 있다. 좋은 의도에서 시작된 목회 신학이다. 하지만 목회자들은 목회 신학의 빈곤함에 시달린다. 마틴 손톤(Martin Thornton)은 목회에 대한 책을 정독하고 나면 그 책의 여백은 YBH(Yes, but how? "그래, 그런데 어떻게?"라는 말의 머리글자)라는 메모들로 가득 차 있었다고 했다.[7] 무서운 말이 아

---

7 Martin Thornton, *The Rock and the River* (New York: Morehouse-Barlow, 1965), p. 30.

닐 수 없다! 참으로 뛰어난 생각이다! 최고의 통찰력이다! 위대한 목표다! "그래, 그런데 어떻게?" 어떻게 해야 하나?

내게 주어진 목회적 소명, 정해진 사역을 수행하는 실제적인 방편은 무엇인가? 내 삶 속에서, 그리고 설교하고 성례를 베푸는 사람들의 삶 속에서 하나님의 말씀과 하나님의 은혜에 전문적으로 헌신하기 위해 사용할 수 있는 방법은 무엇인가? 예수 그리스도의 이름으로 다른 이들을 위하여 살아가라는 권면을 내게서 듣는 이들 사이에서 실질적인 힘을 발휘하는 방법은 무엇인가? 하나님에 관한 위대한 사실들과 구원의 놀라운 사실들을 지금 맡고 있는 교회라는 지역성과 이번 주간이라는 시간성 속에 어떻게 연결시킬 수 있는가?

내가 조언을 구했던 선생님들은 한결같은 답을 주셨다. 기도와 성경 읽기와 영적 지도 속에서 단련된 하나님에 대한 관심과 주의라 하였다. 그러나 그런 행동들은 목회에 별로 효과를 끼치지 못한다는 이유로 시도조차 되지 않고 외면당했다. 또한 시험삼아 해본 후에 그리 쉽지 않은(지루하기도 하고) 일들인 것을 알고 그것들은 바쁜 목회자의 일정에 맞는 다른 활동들에 의해 뒷전으로 밀려난다.

위에서 말한 세 가지 근본적인 행동들을 통해 하나님께 주의를 기울이는 연습이 다음과 같은 구실로 소홀히 여김을 받는다는 것은 익히 잘 알려진 사실이다. "제 성격에는 그런 일들이 맞지 않습니다." "저는 다른 분야에 관심이 있어요." 사실 그런 경건의 훈련은 어느 누구의 성격과도 맞지 않는다. 매우 어려운 일들이다. 매력적이거나 화려한 일도 아니다.

나는 지금까지 살아오면서 상당히 많은 시간들을 육상 경기를 위한 훈련에 할애했다. 트랙을 달리거나 팔굽혀펴기를 좋아하는 사람은 단 한 사람도 보지 못했다. 그러나 경기에서 우승하겠다고 결심하거나 기록을 갱신하려는 희망을 품고 있는 사람들은 종종 보았다. 그들은 감독이 지시하는 훈련은 아무리 힘들어도 모두 소화했다. 그래야만 자기 몸을 최상의 상태로 유지하여 뛰어난 결과를 성취할 수 있었기 때문이다.

목회자의 감독들은 영적/금욕 신학자들이다. 그들은 다양한 문화적 환경에 얽매이지 않고 활동했고 우리가 생각할 수 있는 모든 태도와 기질들을 보여주었다. 그들은 규범화시키거나 범주화하는 것을 거부했고, 호칭과 전통적인 인습을 견디지 못했으며, 예상하지 못한 행동으로 끊임없이 우리들을 당황하게 했다. 그들은 목회자나 목회자가 사역하는 대상인 사람들 속에 있는 "모든 영혼들은 동일하거나 비슷한 것 없이 고유하다"[8]고 주장했다.

오늘날까지 여전히 자연스럽고 광범위하게 의견이 일치되는 사실이 있다. 목회자가 기도, 성경 읽기, 영적 지도의 삼각형에 바탕을 두고 일을 하면서 자신과 이스라엘과 교회와 이웃들 속에서 하나님께 주의를 기울이는 훈련을 평생토록 하지 않으면 진정으로 뛰어나고 훌륭한 상태에 이르지 못한다는 것이다.

기도나 성경 읽기나 영적 지도와 같은 일들은 그렇게 즐겁지 않다.

---

8 Friedrich von Hügel, *Letters to a Niece*, ed. and with an introduction by Gwendolen Green(London: J. M. Dent & Sons, 1958), p. xxix.

달에 가기 위해 우주선과 기계를 만드는 모습보다는 달을 향해 가고 있는 광경을 목격하는 것이 훨씬 더 재미있다. 설교하는 사람을 훈련시키는 것보다는 설교를 전하는 것이 더욱 매력적이고 도전적이다. 몇 주 또는 몇 달 동안 불확실성 속에서 인내하며 분명한 비전을 기다리는 것보다 교회를 조직하고 관리하는 것이 훨씬 흥미로운 일이다. '목회의 삼각형'은 아무도 우리를 주시하지 않을 때에 행해야 하는 사역이다. 그런 행동들은 반복되고 종종 지루하기도 하다. 그런 일들은 목사의 일이 아니라 노동자의 일이다.

이제부터 이어지는 내용은 '목회의 삼각형'을 위한 교과서가 아니다. 나는 기도, 성경 읽기, 영적 지도의 영역에 관한 형식적인 내용들을 적으려는 것이 아니다. 그런 저술은 수없이 많이 있었고 다른 많은 사람들에 의해 지금도 훌륭하게 이루어지고 있다. 내가 목적하는 바는 상당히 수수하고 평이한 수준이지만, 그래도 강제적인 측면이 있다.

목회 사역에 임하고 있는 형제 자매들의 관심을 목회의 선배들이 소명의 훈련을 위한 기초 과정이라 공감했던 행동으로 이끌어가는 것이다. 목회 사역이 기도, 성경 읽기, 영적 지도의 삼각형에 따라 이루어지지 않으면 결코 온전한 상태에 이를 수 없다는 것을 강조하는 것이다. 그리고 내가 직접 행했던 사역을 바탕으로 여러 가지 생각과 설명들을 제공하는 것이다.

대부분 목회자들은 힘든 사역을 행하는 도중에 안전한 외부로부터 주어지는 충고를 호의적으로 받아들이려 하지 않는다. 그렇기 때문에 나는 이 책에 기록된 모든 내용들이 단독 목회를 하는 '현장'에서 비롯된 것임을 굳이 밝히려 한다.

첫 번째 각— 기도

기독교의 오랜 역사 속에서

목회자들은 자신들에게 맡겨진 사역의 본질적인 형태를

유지하기 위한 핵심적이고 근본적인 행동은

다름 아닌 '기도'라고 확신하고 있었다.

왜 지금 시대의 목회자들은 다수 쪽에 표를 던지지 않는가?

1
헬라의 이야기, 그리고 히브리의 기도

우리 주변에서 일어나는 엄청난 파괴는 놀랍다 못해 처참한 지경에 이르렀다. 망가진 몸, 깨진 가정, 엉망이 된 경력, 수포로 돌아간 계획, 파괴된 가정, 어긋난 동맹 관계, 깨진 우정, 훼손된 번영 등등. 우리는 눈길을 돌려버린다. 그런 상태에 있지 않으려고 애쓴다.

우리는 무서움을 감추려고 어두움 속에서 휘파람을 분다. 아침에는 건강과 사랑, 정의와 성공 등을 소망하며 잠에서 깨어난다. 쏟아지는 나쁜 소식들을 저지하기 위해 재빨리 정신적이고 감정적인 방어벽을 세운다. 그리고 자신의 소망을 더욱 굳건히 세우기 위해 노력한다.

그러면 또다른 종류의 파괴가 우리 자신이나 우리가 보살피는 사람들을 파괴된 잔해더미 위에 올려놓는다. 신문은 많은 사진과 머릿기사로 무수한 파괴들을 보도한다. 우리의 마음과 일기는 상세한 파괴의 기사들로 가득 차 있다. 이러한 막대한 파멸 상태에 이르지 않고 예외가 될 약속이나 소망이 있는가? 전혀 없는 것처럼 보인다.

목회자들은 매일 이러한 파괴더미 속으로 걸어 들어간다. 왜 그런 일을 하는가? 목회자들이 이루고 싶어 하는 일은 무엇인가? 이미 오랜 세월이 흘렀지만, 상황이 호전되지는 않을 것 같다. 이제 목회자들은 마지막 심판날이 다가오기를 기다려야 한다고 생각해야 하는가? 왜 목회자들은 모두 냉소적인 인물들이 되지 않는가? 목회자들이 열정적으로 활동하고, 사람들을 헌신의 삶으로 초청하며, 진리를 증거하기 위해 능욕을 당하고, 온갖 죄악된 소식들 사이에서 오래되고 믿기 힘들고 무수히 거부되는 복음의 이야기를 고집스럽게 반복하는 것은, 그저 단순히 고지식해서 그런 것인가?

하나님나라의 시민권에 대한 목회자들의 이야기는 '현실 세계'의 이야기처럼 해석될 수 있는가? 아니면 인간이 앞으로 살아갈 어떤 세계보다 더 나은 세계를 공상적으로 그려내는 공상 과학 소설과 흡사한 영적 소설만을 목회자들이 반복해서 들려주고 있지는 않은가? 목회 사역이라는 것이 사람들의 단조로운 삶 속에 인공적으로 만든 조화(造花)를 장식해주는 일인가? 그리 좋지 못한 곳을 밝혀주려는 선한 의도를 가지고 있지만, 그런 의도는 전혀 효력을 발휘하지 못한다. 그런 시도는 실제적이거나 살아 있는 의미가 전혀 없다.

많은 이들이 그렇게 생각하고, 대부분의 목회자들도 그렇게 생각할 때가 많다. 그런 생각에 깊이 빠져들면, 목회자들은 서서히 그리고 무정하게 다수의 의견을 받아들이기 시작하고 자신들의 목회 사역을 사람들의 기대에 맞춰 변형시킨다. 사람들은 일단 아마겟돈이 지나가기만 하면 하나님나라가 멋지게 도래할 것이라고 기대한다.

따라서 목회자들은 이 세상의 기준에 따라 최선을 다해 사역을 감당하려 한다. 사람들은 복음이 좋은 것 — 신년 카드에 기록된 인사말이 좋은 것처럼 — 이라고 생각하지만 컴퓨터 교본이나 직무 설명서와 같은 것처럼 자신들의 일상 생활에 필요한 것은 아니라고 여긴다.

여기에서 두 가지 사실이 드러난다. 파괴로 얼룩진 전반적인 환경은 잘못된 것을 수리하고 바로잡고 싶어하는 강력한 자극을 매일 우리에게 준다. 하지만 하나님/천국/복음 등을 중요하고 살아 있는 실체로 여기지 않는 세속적인 마음가짐은 끊임없이 우리들의 생각 속으로 스며든다. 파괴된 세계와 세속적인 마음가짐의 결합은 목회자들로 하여금 목회 사역에 대한 확신을 다시 조정하도록 가차없이 그리고 지속적으로 압력을 가한다. 목회자들은 겁에 질려 있는 사람들에게 설명할 수 있는 방식으로 주변의 섬뜩한 환경에 반응하고자 하는 유혹에 시달린다.

목회자가 안수를 받고 처음 사역을 시작할 때 품는 목회 사역에 대한 정의는 그것이 말씀과 성례의 사역이라는 것이다.

말씀. 이런 저런 모습으로 파괴된 상황 속에서 모든 말씀은 '단순한 말'처럼 들린다.

성례. 지금처럼 파괴된 상태에서, 물과 빵 한 조각과 한 모금의 포도주는 어떤 영향을 끼칠 수 있는가?

그럼에도 불구하고 수세기 동안 그리스도인들은 공동체에서 특정한 사람들을 택해 그들을 구별한 후에 이렇게 말했다.

우리는 당신이 하나님과 하나님나라와 복음에 대해 믿는 바를 우리들에게 말과 행동으로 드러내는 책임을 감당해주셨으면 합니다. 우리는 성령님께서 당신과 우리 사이에, 그리고 우리 모두 안에 함께하신다는 것을 믿습니다. 우리는 하나님의 성령이 세상의 악과 우리의 죄가 뒤섞인 혼돈 상태 위를 운행하며, 새로운 창조를 이루며, 새로운 피조물들을 만들어내시리라 믿습니다. 우리는 하나님께서 파괴로 얼룩진 세계 역사를 바라보며 즐기시는 구경꾼이 아니라 그 속에 직접 뛰어든 참여자이심을 믿습니다.

우리는 눈에 보이지 않는 것이 단일한 순간과 단일한 사건 속에서 눈에 보이는 것보다 더욱 중요하다는 것을 믿습니다. 우리는 모든 것, 특히 파괴된 상태처럼 보이는 모든 것이 하나님께서 찬양의 삶을 이끌어내기 위해 사용하시는 재료임을 믿습니다.

우리는 이런 모든 사실을 믿지만, 그것을 보지는 않습니다. 우리는 에스겔처럼 가혹하게 내리쬐는 바벨론 태양 아래 말라버린 흩어진 뼈들을 봅니다.

우리는 한때 웃으며 춤추던 아이들이었고, 한때 교회에서 자신들의 의심을 늘어놓기도 하고 찬양을 부르던(그리고 죄를 범한) 어른들이었던 무수한 뼈들을 바라봅니다. 우리는 춤추는 이들이나 사랑에 빠진 연인들이나 노래하는 자들을 보지 못합니다. 기껏해야 어렴풋이 지나가는 흐릿한 모습만을 붙잡을 뿐입니다. 우리가 보는 것은 뼈들입니다. 마른 뼈들입니다. 우리는 죄와 그 죄에 대한 심판을 보고 있습니다. 하지만 이것은 그렇게 보일 따름입니다. 에스겔에게 보인 것과 같은 방식으로 우리 눈 앞에 펼쳐져 있습니다. 볼 수 있는 눈을 가지고 있고 생각할 수 있는 머리를 가진 사람이 볼 수 있는 모습으로 드러나 있습니다. 우리 역시 그것을 보고 있습니다.

하지만 우리는 무언가 다른 것을 믿습니다. 우리는 이 뼈들이 서로 연결되어 힘줄과 근육을 가진 사람들이 되어, 말하고 노래하고 웃고 일하며 그들의 하나님을 믿고 찬양하리라 믿습니다. 우리는 에스겔이 선포했던 것과 같은 방식으로 그런 일이 일어났음을 믿으며, 여전히 계속되고 있음을 믿습니다. 우리는 그런 일이 이스라엘에서 일어났으며 오늘의 교회에서 일어나고 있다는 것을 믿습니다.

우리가 소리 높여 찬양하고 하나님의 말씀을 믿는 마음으로 경청하며, 성례 속에서 그리스도의 새로운 생명을 받아들일 때 우리 역시 그와 같은 놀라운 사건의 일부가 됨을 믿습니다. 우리는 지금 일어나고 있거나 발생할 수 있는 가장 중요한 일은 우리가 더이상 흩어진 뼈들이 아니라 그리스도의 부활하신 몸으로 기억되는 것임을 믿습니다.

날카롭고 정확하며 완전하게 믿음을 보존하기 위해 우리에게는 도움이 필요합니다. 우리는 우리 자신을 신뢰하지 않습니다. 우리의 감정은 우리를 불신앙 속으로 유혹합니다. 우리는 이미 힘겹고 위험한 신앙의 행동을 시작했다는 것과 신앙을 더럽히거나 파괴하려는 강력한 세력들이 있다는 것을 알고 있습니다.

당신이 우리를 도와주시기 원합니다. 우리의 목회자가 되어서 이 세상의 삶 속에서 말씀과 성례의 사역을 감당해주십시오. 우리 삶의 상이한 여러 부분과 활동 무대 — 우리의 일과 놀이, 자녀들과 부모, 출생과 죽음, 기쁨과 슬픔 — 에서 말씀과 성례로 보살펴주십시오.

태양이 내리쬐는 기분 좋은 아침으로 시작되는 날이나 이슬비가 하루 종일 내리는 흐린 날에도 변함없이 지켜주십시오. 이것이 믿음의 생활에서 유일한 직무가 아닌 줄 압니다. 그러나 이것은 목사님이 맡아주셔야 할 일입니다. 그 외의 중요한 일들과 필수적인 일들을 맡아줄 사람들은 우리가 따로 찾아보겠습니다. 목사님은 오로지 말씀과 성례의 사역만을 감당해주십시오.

한 가지 더 있습니다. 우리는 이런 사역을 위해 당신을 우리의 목회자로 모시고자 합니다. 이런 사역에 전념하겠다고 서약해주십시오. 이것은 임시적인 업무 과제가 아니라 우리가 신앙 공동체 속에서 평생토록 살아가야 할 인생의 길입니다. 우리는 당신이 우리가 살고 있는 것과 동일하게 위험한 세계 속에서 힘난한 믿음의 여정을 가고 있다는 것을 압니다.

당신의 감정이 우리와 마찬가지로 쉽게 변하며, 당신의 마음도 우리처럼 다루기 힘들다는 것을 알고 있습니다. 바로 그런 이유 때문에 당신을 특별히 목회자로 세우며 당신에게서 분명한 서약을 받으려 하는 것입니다. 당신이 가르치는 내용을 믿고 싶어 하지 않고 그것을 들으려 하지도 않을 때가 있을 것입니다. 그런 기간은 며칠 또는 몇 달, 심지어 몇 년 동안 지속될지도 모릅니다. 또한 우리는 당신이 아무것도 말하고 싶지 않는 기간이 며칠 또는 몇 주 심지어 몇 년 정도 이어질 수도 있음을 압니다. 그런 감정은 중요하지 않습니다. 그저 맡은 사역을 감당해주십시오. 당신은 이런 사역을 위해 세움 받았고, 그것을 하겠노라고 서약했습니다.

아마도 우리가 위원회나 대표자로서 지금 당신께 부탁하는 것과 다른 무엇을 당신에게 요구할 때가 있을지도 모릅니다. 우리가 그런 식으로 내세우는 요구에 결코 굴복하지 않겠노라고 지금 약속해주십시오. 당신은 끊임없이 변하는 우리의 욕망을 위한 목회자가 아닙니다. 또한 당신은 시간의 흐름에 따라 모양이 달라지는 우리의 욕구나 세속적인 희망을 충족시켜야 하는 목회자도 아닙니다. 우리는 이와 같은 서약으로 당신을 말씀과 성례의 돛대에 단단히 묶어놓겠습니다. 그리하여 당신이 헛되고 그릇된 소리와 요구들에 반응하지 못하도록 하겠습니다. 이처럼 파괴된 세상 속에서 수행해야 하는 다른 일들이 많이 있습니다. 우리가 그런 일들을 해나갈 작정입니다. 하지만 근본적인 실체들 — 하나님, 하나님나라, 복음 — 을 깨닫지 못한다면, 우리들은 헛된 환상에 사로잡힌 삶을 마땅히 끝낼 것입니다. 당신의 직무는 기본이 되는 이야기를 지속적으로 들려주는 것입니다. 성령님의 임재를 설명해주고, 하나님의 우선권을 주장하고, 명령과 약속과 초청에 대한 성경의 말씀들을 들려주십시오.

한 교회에서 목사를 청빙할 때 아마 이런 식의 말들을 했던 것으로 기억한다.

아무리 청빙 의식이 인상적이고, 아무리 엄숙하게 서약을 했다 하더라도, 목회자들은 자신들을 돛대에 묶어놓은 끈을 풀기위해 끊임없이 애쓴다. 어떤 목회자는 끈을 느슨하게 하는 데 성공해서 다른 요구들에 반응한다. 주변에 있는 사람들이 목회자가 처음에 서약한 내용들을 잊어버리고, 또 왜 그로 하여금 처음에 자신들의 목사가 되어달라고 요청했는지 그 이유를 잊어버리고, 긴급하게 자신들의 최신 프로그램에 목회자를 끼워맞추려고 애쓰면, 목회자들은 자신들이 맡았던 어려운 직무의 권한 속에서 가졌던 확신을 서서히 잃어버리기 시작한다.

그들은 자기들이 대세에서 벗어났다는 느낌을 받고 '변화를 일으킬 것' 같은 행동 속으로 뛰어들어 자신이 배척당하고, 세상에 알려지지 않으며, 좌절감을 느끼고 있다는 인식을 치유하려고 시도한다.

일단 시작하긴 하지만 점차 멀리하게 되는 한 가지 행동을 꼽으라면 무엇을 들 수 있을까? 목회자들에게 그런 질문을 던지면 다양한 대답이 나올 것이다. 그 가운데 한 가지 대답은 '기도'일 것이다. 그 설문 조사가 목회자들이 기도하지 않는다는 것을 보여준다는 의미는 아니다. 목회자들이 목회 사역을 진실하게 유지되도록 지켜주고, 말씀과 성례의 한가운데에 위치한 중심적이고 본질적인 행동이 기도라는 사실을 인식하지 않고 있다는 뜻이다. 그런 설문 조사를 목회의 선조들에게 확대시켜서, "목회자로서의 정체성을 보존하기 위해 가장 중요한 목회적 행동은 무엇입니까?"라고 묻는다면 어떤 대답이 나올까?

체스터튼은 전통이란 선조들에게도 투표할 권한을 주는 것을 의미하기 때문에 전통이야말로 유일하고 진정한 민주주의라고 했다![1] 우리가 지금 이 순간 살아가고 있는 사람들에게만 투표할 권한을 준다면, 적은 인원의 소수 그룹 — 그 문제를 제대로 식별하지 못하는 소수파 — 에게 결정권을 주는 것이나 다름없다. 체스터튼은 투표권을 이미 고인이 된 이들에게까지 확대해야 한다고 주장했다. 우리가 목회에 몸담았던 모든(고인이 된 분들까지) 이들의 의견을 수렴하면 '기도'라고 표시된 표가 압도적으로 많을 것이다. 기독교의 오랜 역사 가운데 많은 세월 동안 목회자들은 자신들에게 맡겨진 사역의 본질적인 형태를 유지하기 위한 중심적이고 근본적인 행동은 다름 아닌 '기도'라고 확신하고 있었다.

왜 지금 시대의 목회자들은 다수 쪽에 표를 던지지 않는가? 우리 시대의 상황이 급변하여 기도가 더이상 발전적인 행동으로 적합하지 않은 것인가? 급격히 발전한 신학이 다른 요소들을 중심에 놓고 기도를 주변적인 것으로 여겨야 한다고 가르치는가? 아니면 목회자 자신

---

1   G. K. Chesterton, *Orthodoxy*(New York: John Lane, 1908), p. 85.

들이 흩어지거나, 방향을 바꿔 다른 것에 이끌렸는가? 내 생각으로는 목회자들에게 그 원인이 있다. 그런 일이 어떻게 일어났는지 보여주는 이야기가 있다.

본질에 대해 깊이 생각하려고 시도할 때, 우리는 헬라인들의 도움을 받지 않을 수 없다. 헬라인들은 열정적이면서도 지적으로 살았다. 그들은 사물이 언제나 잘못된 방향으로 나아가려는 이 세상에서 살아간다는 의미가 무엇인지 깨닫기 위해 노력했다. 경탄할 만한 상상력을 바탕으로 자신들이 이해한 내용을 이야기로 풀어냈다.

헬라인들은 세계 역사상 가장 뛰어난 이야기 작가들이었다. 지금 시대를 살아가는 우리들은 인간적인 상황 속에서 우리 자신의 위치를 찾기 위해 헬라인들의 이야기를 계속해서 반복한다.

오디세우스와 아킬레스, 오이디푸스와 엘렉트라, 나르시소스와 시시포스의 이야기는 우리가 자신의 행동을 파악하고 균형을 유지하려고 애쓸 때 진단에 쓸 만한 유용한 도구다. 목회 사역에서 기도를 상실한 현실에 대한 이해를 도와주는 이야기는 프로메테우스 이야기다.

희랍 비극 최초의 작가인 아이스킬로스(Aeschylus)는 가장 탁월한 이야기 작가라고 할 수 있다.[2] 그는 인류의 초창기에 인간 존재의 본

---

2   *The Complete Greek Tragedies*, ed. David Grene and Richmond Lattimore(Chicago: University of Chicago Press, 1959), 1:311-351.

질적인 특징은 모든 사람이 자기가 죽을 날을 알고 있었던 것이라고 말했다. 다시 말하면, 인간이 자신의 한계를 알고 있다는 것이다. 죽음은 모호한 걱정거리가 아니라 달력에 명시된 날처럼 분명하게 인식되었다. 그런 상황에서 그와 같은 지식을 모두 소유하고 있었기 때문에 존재하는 것 이상의 자극이나 동기는 설 자리가 없었다. 하늘 꼭대기에 있던 신들은 변덕스럽고 잔인했다. 그들은 사물의 작용 원리에 대한 지식과 그런 일들을 성취하는 수단을 가지고 있었지만, 자신들의 지식이나 방법을 결코 인간에게 나누어주지 않았다. 그들은 중요하고 좋은 패는 모두 자기 손에 들고 있었다. 그러니 아무리 노력한들 무슨 소용이 있겠는가? 인간의 근본적인 경험은 죽음과 폭정에 관한 것뿐이었다.

여러 신들 가운데 하나였던 프로메테우스는 인간의 곤경에 깊은 관심을 가졌고 주신(主神)이었던 제우스에 대해 분노했다. 그는 인간의 열악한 상황을 더 나은 상태로 변화시켜주기 위해 모종의 행동을 감행했다. 획기적인 변화를 가져올 세 가지를 행동에 옮긴 것이다. 첫째, 그는 "사람들이 자기 운명을 미리 알지 못하게 했다." 즉 그는 죽는 날에 대한 지식, 한계의 인식, 죽을 운명에 대한 자각을 없애버렸다. 죽음을 미리 앎으로써 자신을 쇠약하게 하는 인식에서 자유롭게 된 인간은 이제 무슨 일이든 시도할 수 있게 되었다.

둘째, 프로메테우스는 "인간들 속에 희미한 희망들을 심어주었다." 그는 남자와 여자 속에 그들이 더 나아지고, 더 뻗어나가고, 더 능력을 발휘하고, 더욱 큰 야망을 품고자 하는 동기를 심어주었다. 그러나 그 동기는 모호하고 방향이 분명하지 않으며, 어떠한 실체와도 관련되어 있지 않았다.

셋째, 프로메테우스는 신들에게서 불을 훔쳐 인간에게 주었다. 그 덕분에 인간은 음식을 요리하고, 무기를 만들고, 도자기를 구울 수 있었다. 완전한 기술 세계의 문이 활짝 열렸던 것이다.

이런 행동으로 프로메테우스는 인간으로 하여금 지금 우리가 계속 이어가고 있는 이 길을 갈 수 있도록 만들어주었다. 한계에 대한 무관심, 인간의 실질적인 상황과 무관한 목표의 설정, 우리가 살아가는 상황을 변화시키는 기술적인 수단의 소유. 인간은 사물이 현재 상태 그대로 유지되는 것을 견디지 못한다. 모든 것은 더 나아질 수 있다. 하고 싶어 하는 일은 무엇이나 성취할 수 있는 수단과 방법을 가지고 있다. 불은 에너지를 제공해주었고 그 에너지는 기술 — 기계 — 이 되었다.

결과적으로 인간은 자신이 인간인 것을 깨닫지 못하게 되었다. 오히려 인간은 자신이 신이라고 생각하고 신처럼 행동한다. 죽음에 대한 인식은 인간에게서 사라졌다. 행동의 결과에 대한 감수성도 제거되었다. 인간이 불을 받지 않고, 신이 되었다는 환상을 갖게 하는 기술적인 수단들을 가지지 못했다 하더라도 그리 나쁠 것은 없었다. 인간은 신들의 지혜와 신들의 선견지명이 없는 상태에서 신들의 기술을 갖게 되었다.

두말할 것도 없이 제우스는 노발대발했다. 그는 프로메테우스를 코카서스의 바위에 쇠사슬로 묶은 채 맹렬히 타는 태양빛과 차가운달빛에 노출되는 형벌을 받게 했다. 매일 독수리들이 프로메테우스를 공격하여 그의 내장을 찢어놓고 간을 파먹었다. 밤이 되면 간은 다시 회복되어, 다음날 계속될 독수리들의 무서운 공격을 위해 준비되었다. 프로메테우스는 뉘우치지 않았다. 그는 인간에게 불을 가져다주었다. 그는 도전적이었다. 그러나 고통을 당했다.

그의 이야기는 매우 비극적인 내용을 담고 있다. 그가 인간에게 불과 계몽과 기술을 가져다줌으로써 인간에게 문명화된 삶이 가능하게 되었다. 동시에 그러한 행위는 고통의 원인이 되었다. 인간으로 하여금 야만적인 삶에서 벗어날 수 있게 해 준 그 행위는 새로운 질서 속에 상상할 수 없는 고통을 일으키는 원인이었다.

프로메테우스는 대담하고 용기 있고 동정심이 많으며 지적이었다. 인간의 삶의 수준을 높였고, 삶의 범위를 확장시켰으며, 삶을 위한 원천을 더욱 깊게 만들었다. 그러나 제우스에 의해 묶이는 신세가 되었다. 코카서스 바위에 쇠사슬로 묶인 그의 모습은 인간에게 통찰력을 주지 않고 자기 인식을 훈련시키지 않은 상태에서 야망과 문명의 이기들을 가져다줌으로써 인간의 상황을 개선하려고 노력한 결과를 극명하게 보여주는 광경이다.

그의 이야기는 곧 서구 문명의 이야기다. 믿을 수 없을 정도로 엄청난 진보, 인간의 본질에 대한 반항적인 무관심, 각 사람 속에 있는 상상할 수 없는 정도의 고통 등을 보여준다. 프로메테우스의 이야기는 많은 공감을 불러일으키는 실감나는 이야기다. 베르너 예거(Werner Jaeger)는 프로메테우스 신화가 인간 본성에 깃든 비극을 가장 훌

룽하게 표현한 작품이라고 말했다.[3]

프로메테우스 이야기는 인간의 상황을 비극적으로 표현한다. 인간의 삶을 있는 그대로 보여준다. 그 이야기는 해결책을 제시하지 않는다. 이야기의 힘은 해결책이 없다는 것을 깨닫게 해주는 데 있다. 이것이 운명이다. 기술의 진보는 필연적으로 고통을 증가시키는 결과를 가져온다. 하지만 우리는 비극을 원하지 않는다. 해결책을 원한다. 우리는 컴퓨터의 도움으로 엄청난 기술적인 진보를 이루고 이 시대의 문제들을 해결할 것이라는 환상을 가지고 있다. 신들에게서 불을 조금만 더 받으면 완전한 세계를 이루게 될 것이라는 미련에 끊임없이 매달리고 있다.

그와 정반대 되는 목소리가 반(反)기술 해결책에서 제기된다. 기술의 영향력을 감소시키고, 한계 속에서 살아가는 법을 배우고, 죽음을 맞이할 날의 의미를 다시금 되새기고, 물질보다는 인간을 더 존중하자는 주장이다. 인본주의적인 방법이다.

지금 시대는 매우 프로메테우스적이다. 이전 시대에 비해 더 심해진 것은 없지만 분명한 차이는 있다. 그 차이는 프로메테우스의 비극이 지금 시대를 살아가는 우리들 사이에 그리 잘 알려지지 않았다는 것이다. 이전 세대들은 프로메테우스의 비극을 일종의 경고로 여겼다. 그들은 그 이야기가 프로메테우스적인 정신에 대한 해독제라고 말했다. 비극의 실체는 시인과 소설가, 철학자와 예술가들에 의해 사

---

[3] Werner Jaeger, *Paideia: The Ideals of Greek Culture*, trans. Gilbert Highet(New York: Oxford University Press, 1945), 1:263.

람들의 의식 속에 생생하게 살아 있었다. 그러나 현대 철학자들은 플라톤이 철학의 의제로 삼았던 죽음에 대한 연구를 포기했다. 다수의 군중들은 고통 없이 오래 살게 해준다고 약속하는 상품 광고와 광고업자들이 만들어놓은 현실관을 가지고 있다.

우리 사회는 실존의 비극적인 측면에 대한 인식을 심오하게 만드는 예술가와 소설가들을 쫓아내고 있다. 현대의 신화를 지어내는 자들은 프로메테우스의 이야기를 개정하고 요약하여 그것을 비극이 아닌 승리로 바꾸어놓았다. 제멋대로 개정되고 편집된 이야기는 신에게서 불을 훔쳐낸 단일한 내용 — 기술, 에너지, 도구들 — 만을 강조하여, 그것이 마치 유토피아로 통하는 관문인 것처럼 널리 알린다. 프로메테우스 이야기에 포함된 그외의 요소들 — 죽음에 대한 망각, 모호한 야망, 지혜 없는 상태에서 반항과 도전을 일삼으며 살아가는 결과로 생겨난 매일 새롭게 되는 고통 — 은 배제되었다.

우리 목회의 선조들은 이러한 프로메테우스적인 정신을 완강히 거부했고 자신들의 사역은 전혀 다른 차원의 근원인 기도로부터 시작된 것임을 분명하게 이해했다. 그들은 하나님과 은혜가 충만한 관계를 유지했다. 야망에 사로잡혀 하나님께 대항하려는 반항적인 계획을 세우지 않았다. 이처럼 전혀 다른 근원에서 비롯된 행동으로 인해 죽음은 전혀 다른 모습으로 비춰졌다.

실제로 목회 사역이 사람들에게 아름다운 죽음을 준비시키는 것이라고 규정했던 때도 있었다.[4] 프로메테우스적인 정신이 죽음에 대한 인식을 흐리게 하거나 제거할 때, 목회자가 행해야 할 사역은 다시금 죽음에 대한 인식으로 관심을 되돌리는 것이다. 죽음에 대한 깊은 고찰은 그것이 지혜를 가르쳐준다는 이유에서 매우 중요하다. 신이 아닌 인간으로서 어떻게 살아야 하는가. 인간의 한계를 넘어서기보다는 그 한계 속에서 어떻게 살아가야 하는가.

시편 기자는 이렇게 외쳤다. "우리에게 우리 날 계수함을 가르치사 지혜의 마음을 얻게 하소서"(시 90:12). 루터는 그 말씀에 이렇게 반응했다. "주여! 우리는 모두 뛰어난 산술학자가 될 것 같습니다!"[5] 그러나 "아름다운 죽음을 준비하라"는 명언은 목회 사역에서 삭제되었다. 목회자들은 한계에 대항하는 싸움에 스스로 뛰어들어 삶의 기준을 높이는 일에 헌신한다. 자발적으로 프로메테우스 같은 인물이 된다. 선한 의도로 활동하고, 연민을 가지고 사람들을 돕는다. 하지만 세상이 제공하는 수단들을 무비판적으로 받아들여 사용한다.

그들이 가진 목적은 최상의 수준이다. 그러나 그들이 기울이는 노력은 반항적이고, 독단적이며, 지나치게 강제적이다. 가난하고, 죽어가며, 모든 것을 잃고, 선악을 분간하지 못하는 사람들을 위하여 운명에 맞선다. 목회자들이 무비판적으로 칭찬을 받고 손만 뻗으면 쉽게

---

[4] Sister Mary Catherine O'Connor, *The Art of Dying Well: The Development of the "Ars Moriendi"*(New York: Columbia University Press, 1942).

[5] Martin Luther, *Luther's Works*, ed. Jaroslav Pelikan(St. Louis: Concordia, 1956), 13:128.

사용할 수 있는 그런 방법들을 사용하지 말라는 이유라도 있다는 말인가?

기술은 많은 일들을 가능하게 하고 빈곤과 고통과 권태를 제거해 주겠다고 약속한다. 누군가 이 지구상에 알려진 것보다 더 심한 빈곤과 고통과 권태가 있다고 주장한다. 그 연설은 아마 5분도 채 지나기 전에 놀라운 기술적인 발명을 알리는 숨막히는 발표에 의해 중단될 것이다. 그리고 우리는 그런 성과에 현혹되어 놀라 마음이 산만해지고, 그로 인한 결과에는 주목하지 않는다.

목회자들은 최상의 의지와 최악의 기억들을 가진 상태로 사용할 수 있는 모든 수단을 동원해 사람들에게 더 나은 삶을 제공하기 위한 싸움에 참여한다. 할 일은 너무 많고, 깨치고 나가야 할 한계들도 너무나 많다. 또한 그런 일을 하도록 돕는 프로메테우스의 기술이 바로 눈 앞에 펼쳐져 있다. 프로메테우스는 당연히 기도하지 않는다. 해야 할 일이 너무 많고 그것을 할 시간은 너무나 부족하기 때문이다.

프로메테우스적인 정신이 기도의 힘을 평가 절하하여 목회 사역을 파괴시킬 때, 또다른 요소가 은근히 거기에 동참한다. 이 요소는 별로 드러나지 않기 때문에 상당히 은밀하게 작용한다. 헬라의 신이었던 프로메테우스의 허세 부리는 이야기가 목회 사역을 파괴하는 첫 번째 요소를 설명해주었다. 어느 독일 학자의 학구적인 면에서 비롯된 작품이 두 번째 요소를 설명해준다. 그 작품은 기도가 행동으로부터 떠밀려나왔다는 식으로 히브리 역사를 고쳐 쓴 내용도 포함하고 있다.

19세기는 성경 역사에 대한 급진적인 재평가를 경험했다. 이러한 새로운 역사적 접근법은 17세기와 18세기의 계몽주의 철학자들에게 그 기원을 두고 있다. 계몽주의 그룹에 속한 학자들 — 독일의 칸트, 프랑스의 볼테르, 영국의 기본 등이 주도함 — 의 내부에 현세적이고 인간적인 모든 것에 대한 호기심과 열광의 파도가 몰아쳤다. 거기에 덧붙여 종교적이고 거룩한 모든 것에 대한 짙은 혐오감도 동반되었다.

그들은 한 목소리로 말했다. "천사와 영원에 대한 사색은 중세에 충분히 이루어졌다. 이제 긴급한 의제는 인간의 마음과 육체. 인간이 어떻게 생각하고 행동하며, 역사 속에서 실제로 무슨 일을 이루었는지 살펴야 한다." 역사의 영역에서 모든 내용들은 비판적이고 회의적인 시각으로 재조명되었다. 또한 미신, 전설, 신화, 그리고 보편화된 거짓말들을 배제하려는 시도와 함께 역사는 다시 서술되었다. 계몽시대 이전까지 역사는 마음속에 담겨 있는 모종의 계획에 따라 기록되었다. 있는 그대로의 사건을 서술하는 역사 그 자체를 위한 역사가 아니라, 하나님과 국가와 도덕성에 봉사하는 것 정도로 취급되었다.

역사는 하나님께서 그분의 목적을 이루시는 모습을 보여주기 위해, 운명이 어떠한 비인격적인 원리를 이루어가는 것을 보여주기 위해, 도덕이 인간들의 사건 속에서 자신을 드러낸다는 것을 보여주기 위해, 또는 당시 나라를 다스리는 왕이 다른 모든 왕들보다 얼마나 더 우월한지 보여주기 위해 기록되었다.

역사 서술은 선전과 속임수라는 두 기둥 사이에 자리잡고 있었다. 역사는 선전의 기둥 주위에서 선전의 목적을 이루기 위해 명확한 의도를 내포한 채 기록되었다. 역사적 증거들은 도덕적이고 종교적이며 정치적인 주장들을 뒷받침하기 위해 분류되고 선택되었다. 속임수라는 기둥 주변에서는 널리 알려지거나 험담이 될 만한 모든 내용들 — 유령, 유니콘, 불길한 징조 — 이 장엄하게 기록되었다. 물론 실제 역사도 기록되었다. 하지만 그것 역시 선전과 험담거리로 더럽혀졌다. 때로는 과장되기도 하고 때로는 축소되었다. 하지만 어느 누구도 그런 과장이나 축소에 대해 신경쓰는 것 같지 않았다.

계몽주의 시대에 들어서면서 변화가 일어났다. 역사가들은 너무나 잘 알려진 사실인데도 사람들이 문학적인, 학문적인 또는 종교적인 목적 아래 거짓으로 꾸미는 사건과 사실들을 엄중한 시각으로 직시했다. 사람들은 자신을 더 뛰어나게 보이기 위해 이야기를 꾸며냈고, 자신들의 하나님과 신들을 더 우월한 존재로 드러내기 위해 이야기를 만들었다.

새로운 역사가들은 질문을 던졌다. "우리가 기적에 대한 이유와 이야기들을 과대 선전하는 이러한 경향들을 정확히 인식하고, 모든 내용들을 거짓과 추측을 가려내는 비평적인 방법론으로 걸러낸다면, 우리는 과거의 역사를 어떻게 읽어야 할까?" 이런 질문은 곧 그들의 행동 계획이 되었다.

새로운 방법론을 적용한 유명한 사례 가운데 하나는 로마 제국과 초대 기독교의 역사를 재서술한 에드워드 기번(Edward Gibbon)의 작품이었다. 기존의 관점은 로마 제국이 도덕적인 붕괴의 과정을 통해 몰락했고, 반면에 교회는 도덕적인 열정과 거룩한 생활의 힘으로 지배적인 위치에 오를 수 있었다는 것이다.

기본은 그런 시각을 완전히 뒤집었다. 그는 고귀한 로마인의 생활이 기생충과 같은 기독교에 의해 힘을 잃었음을 보여주는 이야기를 기록했다. 대로마 제국이 몰락한 원인은 도덕적인 죄악이 아니라 종교적인 어리석음이라는 것이 그의 주장이다. 사람들이 자신들의 신적인 자아 이상으로 한 신을 진지하게 받아들이기 시작하면서, 로마가 거의 완벽하게 이루었던 인간적인 위대한 업적들은 나태함으로 인해 황폐한 상태에 이르렀다.

마치 오랜 세월에 걸쳐 자신들의 저택을 세우고 농장을 경작했던 거대한 농장주들이 갑자기 경마에 빠져들어 돈 내기에 혈안이 되는 바람에, 집과 토지에 대한 관심을 잃고, 그것들이 황폐하게 변해가도록 내버려둔 것과 다름없다. 로마인들을 무책임함으로 몰아넣은 것은 경마나 뛰어난 경주마가 아니다. 바로 교회와 그리스도였다. 바로 이러한 내용들이 기본의 책에 수록되어 있었다.

고대 역사에 담겨진 모든 내용들은 비평적인 방법론을 통해 재해석되었다. 이로 인한 이득은 엄청났다. 인간이 된다는 것이 무엇을 의미하는지에 대한 지식이 다양한 문화와 문명을 통해 과거의 시간까지 확대되었다. 그러나 결과는 처음 예상했던 것처럼 그렇게 언제나 신뢰할 만하거나 실제적이지는 못했다. 때때로 새로운 역사가들은 과

거의 그릇된 성향을 새로운 이데올로기에 입각한 경향으로 바꿔놓기도 했지만, 과학적인 객관성이라는 표지를 씌워놓아 자신들의 행동이 즉각 발견되는 것을 교묘하게 피했다. 계몽주의 시대의 '학문적 객관성'은 과거에 '신적인 영감'이 그러했던 것처럼 독자들을 위협하여 그것을 무비판적으로 수용하도록 유도했다.

19세기에 이르러 이러한 방법론은 성경의 역사적인 부분에 관심을 쏟기 시작했다. 성경은 거룩하게 영감되었으므로 권위를 가진다는 믿음이 있었기에 성경은 한두 세기 동안 역사-비평적 검토 대상에서 면제되었지만, 더이상 성경도 예외가 될 수 없는 시기가 다가왔다.

새로운 학자들은, 성경이 교리라는 치맛자락 속에 숨어 있는 것을 더이상 참을 수 없다고 말했다. 성경을 소환하여 세속 문서들을 재판했던 동일한 법정에 세웠다. 진실을 밝히는 것이 목적이었다. 기독교 신앙이 진리라면 두려워할 이유가 없고 새로운 방법론을 받아들여야 했다. 그 방법론은 사람들이 잘못 기억하고 있거나 열렬히 소망하거나 선전을 위해 재배열된 사건들과 달리, 실제로 발생했던 일들을 발견하고 묘사하는 것 외에 다른 목적이 없다는 것이 그들의 주장이었다.

성경 역사의 재구성이라는 영역에서 가장 유명한 이름은 율리우스 벨하우젠(Julias Wellhausen)이다. 그가 행한 재구성 작업의 결과, 히브리의 기도서인 시편은 성경에서 중심적인 중요성을 잃고 역사 무대의 가장자리로 밀려나고 말았다.

그 당시까지 시편은 모든 신앙 행위의 중심에 있었다. 시편은 풍부한 상상력을 바탕으로 힘있게 기도하며 자신들 속에서 구원을 이루신 하나님께 반응하는 히브리인들의 모습을 잘 보여주는 것으로 인정되었다. 시편은 상당히 진지하게, 그리고 기쁜 마음으로 받아들여졌다. 최고의 주석가들도 시편에 매혹되었다. 그들은 믿음의 백성들 속에서 나타나는 온전한 예배의 삶과 신앙 경험의 모든 측면들을 표현하는 언어를 제공했다. 성경 이야기의 인간적인 차원들은 시편이 아닌 다른 어디에서도 그렇게 자세하고 깊이 있게 다루고 있지 않다. 기도하는 사람은 거룩하신 존재의 완전함에 대해 인간적인 상황의 세밀한 구체성으로 반응하는 자다.

바로 그런 시점에서 벨하우젠은 마음대로 펜을 휘둘러 시편을 무력하게 만들고, 역사의 역동적이고 창조적인 부분에서 시편을 제외시켰다. 그의 작품은 너무나 그럴듯하여 그로 인한 파급 효과는 광범위하게 미쳤다. 벨하우젠이라는 이름은 기도를 이전의 확실한 중심부에서 제거해버렸다는 점에서 프로메테우스에 버금가는 위치를 차지하게 되었다.

벨하우젠은 히브리 역사를 세 단계로 설명한다. 첫 번째 단계는 선사 시대의 중간 어디쯤부터 시작되었다. 아브라함의 전설은 그가 미신의 그림자를 쫓으며 자녀를 제물로 드리는 일을 겪었던 것을 서툴게 더듬어나간다. 흉악하고 광신적이었던 팔레스틴의 어설픈 부족 집단이 주변의 이집트와 바벨론의 진보적인 문화로부터 몇 가지 도덕적인 교훈들을 받아서 문명화된 모습으로 발전해나가는 기록이다.

이야기들은 자연의 풍경과 재해에 깃든 기괴한 물리적 특성을 중심으로 발전되었고, 도덕적이고 영적인 측면이 거기에 덧붙여졌다. 신이나 악마의 힘에 대한 해석들이 이야기 서술 속에 스며들었다. 수세기를 거치는 동안 여러 유목 민족들의 집단 속에서 하나님에 대해 말하는 것을 좋아하는 한 민족이 점차 눈에 띄게 부각되었다.

이처럼 그리 나아질 가능성이 없어 보이는 환경에서 참으로 관심을 끄는 일들이 일어났다. 선지자들이 역사의 전면에 등장한 것이다. '등장하다, 나타나다(emerged)'라는 말은 너무 부드러운 표현이다. '터져나오다, 폭발하다(exploded)'라는 말이 더 어울릴 것 같다. 이것이 두 번째 단계다. 이사야와 아모스, 호세아와 예레미야 등은 뛰어난 선지자였다.

그들은 정의에 대한 불타는 이상에 사로잡혀, 유일신 신앙을 열정적으로 전하며 백성들에게 온전한 도덕성을 집요하게 요구했다. 세상의 눈으로 보기에 그런 이들은 전혀 생소한 자들이었다. 선지자들은 도시를 활보하고 시골을 오가며 사람들을 만나고 그들을 책망했다. 그리고 전례없이 고귀한 도덕적 수준에 이르도록 사람들의 정신을 일깨우고, 새로운 정치, 경제, 사회적인 질서를 세우려 했다. 아무리 그래도 그들의 행동은 종교적인 차원에서 벗어나지 못했다. 종교는 미신, 제의에 대한 전설, 그리고 신화의 저급한 질서로부터 성숙하고 유일신론적인 도덕성으로 진화한 것에 불과하다.

세 번째 단계는, 군사적인 침략과 끔찍한 유배 생활이라는 계속되는 재난 후에 다가온 것으로 히브리인들은 중압감과 혼란에 빠졌다. 그들은 모든 정치적인 정체성을 잃어버렸다. 선지자들의 활동은 힘을 잃고 급격히 쇠약해졌다. 그들의 놀라운 활력은 자취를 감췄다. 위대한 선지자들이 사라지자 사람들은 영적인 나른함과 무관심에 사로잡혔다. 그들은 향수에 젖어 지나간 좋은 날들을 들려주는 사람들로 전락했다.

그들은 고대의 전설과 역사적인 기억의 조각들을 합쳐 선지자적인 모델에 입각한 영웅적인 인물들을 만들어냈다. 아브라함은 믿음 안에서 담대한 자였고, 모세는 지혜롭고 두려움을 모르는 자였다. 다윗은 서정적이면서도 다부졌다. 이야기를 들려주는 것 외에 그들이 할 수 있는 일이 무엇이었겠는가? 물론 그들은 기도할 수 있었다. 그래서 기도했다. 그리고 그들은 역사의 무대에서 사라져갔다. 기도하는 것 외에는 아무것도 할 일이 없었다. 이야기를 들려주고 기도했다.

시편은 그들의 기도다. 그들은 한때 활기에 넘쳤던 신앙을 보여주는 경건한 남은 자들이다. 선지자들이 가지고 있었던 설득력 있고, 열정적이며, 삶의 변화를 일으키고, 사회를 개혁하는 에너지는 온데간데 없이 사라졌다. 그 자리에는 과거에 의기 양양했던 자들의 서글픈 기도만이 남아 있다. 그것은 이미 잃어버리고 기억에만 남아 있는 영광을 상쇄하기 위해 내적인 경건을 훈련하는 늙은 자와 어린아이들의 기도이기도 하다.

간략히 요약해보면, 그들의 이야기는 수정된 역사다. 첫 번째 단계는 조잡한 미신과 미개하고 호전적인 부족의 선사 시대에서 시작되었지만, 후대에는 영웅 이야기와 신화로 꾸며졌다. 두 번째 단계는 위대한 선지자들의 도덕적인 열정이 눈부시게 번성한 시기다. 세 번째 단계는 시편에 표현된 좌절에 빠진 자들을 향한 쇠약한 외침과 애처로운 경건이 드러난 시기다.

19세기 말엽인 1899년에 버나드 둠(Bernard Duhm)은 유명한 시편 주석을 출간했다.6 그는 바벨론 유수에 대한 내용인 137편을 제외하고, 모든 시편의 기록 연대를 마카비 시대(주전 167-63년)로 추정했다. 둠의 주장은 당시 최고의 시편 학자로 인정되었던 헤르만 궁켈(Hermann Gunkel)의 지지를 받았으며, 지금까지 반박할 수 없는 명백한 학설로 받아들여지고 있다.

위의 학자들은 불쾌한 내용을 자신들의 연구 속에 의도적으로 넣지 않았다. 그들은 시편을 사랑하는 경건한 자들이었다. 그들은 계몽주의 학문의 길을 따라갔으며, 그 길이 진리의 길이라는 무조건적인 확신을 가지고 있었다. 그들에게 기도 생활을 파괴하려는 의도는 없었다. 하지만 시편이 무대의 중심에서 실질적으로 배제되는 의도하지 않았던 결과가 생기고 말았다. 시편은 믿음을 키우는 중심으로 받아들여지지 않았다. 모든 창조와 구원을 만드신 하나님께 일상적인 모든 부분에서 응답하는 법을 가르치는 기도를 훈련시키는 학교로 인정되어야 마땅한 시편을, 완전히 고갈되어버린 종교의 쇠약한 믿음의 발현 정도로 취급되었다.

시편이 역사적으로 그렇게 소홀히 취급된 것과 같은 맥락에서, 기도 역시 시편에 내려진 것과 유사한 결정을 그리 오래 피하지 못했다. 기도가 믿음의 역사적 발전 과정에서 그와 같은 위치를 차지하고 있

---

6 Bernard Duhm, *Die Psalmen* (KHAR XIV Frieburg, 1899), p. 72.

다면, 기도는 세상에 해를 끼치는 것을 바로잡기 위해 무언가를 하고 싶어하는 사람들의 큰 관심을 끌지 못할 것이다. 목회자들이 주의를 기울이고 닮고 싶어하는 사람은 선지자다.

그들은, 성경적인 사역의 가장 강력한 표현은 선지자적인 선포를 하고 정치적인 대결을 벌이며, 하나님의 뜻을 알리기 위해 거리에서 사람들을 불러모으고, 부패한 권력에 도전하며, 유창하고 열정적인 언변으로 하나님의 계획을 들려주는 것이라고 생각한다.

시편은 벽에다 걸어놓으면 안성맞춤인 찬양 구절과 좌우명을 위한 본문 정도로 취급한다. 기도는 하루를 마감하는 시간에 기진 맥진한 영혼을 차분하게 달래고 편안한 수면을 취하기 위해 자신을 진정시키는 데 유용한 도구로 여긴다. 선지자적인 행동이 신앙의 스테이크와 감자라고 한다면, 기도는 평온한 수면을 위한 한 잔의 따뜻한 우유인 것이다.

목회자들이 성경의 역사에 대한 벨하우젠의 재구성을 받아들이는지, 그리고 그런 작업의 결과로 일어나는 시편의 지위 — 믿음의 삶의 역동적인 중심부 — 에 대한 손상을 인식하고 있는지의 여부는 분명하지 않다. 중요한 사실은 실제적으로 시편과 기도가 목회자들이 하는 교육과 사역에서 가장자리로 밀려났다는 것이다. 율리우스 벨하우젠은 시편과 기도를 가장자리로 밀어내는 데 중요한 역할을 담당했다. 20세기 미국에서 행동하기를 좋아하는 선지자적인 목회자와 경영 관리자 같은 목회자는 목회의 바람직한 본보기, 즉 역할 모델이 되었다.

기도에 힘쓰면서 예배에 참석하기를 권유하는 목회자는 따분한 사람으로 낙인찍힌다. 하지만 결국 벨하우젠도 최고가 아닌 것으로 판명되었다. 그는 상당히 뛰어난 학자이고 그가 이룬 많은 업적은 다른 학자들에 의해 여전히 발전되며 강화되고 있다. 그러나 그의 업적 가운데 한 분야인 역사적 재구성은 완전히 무너져버렸다. 그러한 붕괴 과정은 너무나 조용히 진행되어, 여전히 많은 목회자들이 그 소식을 듣지 못한 것처럼 보인다. 이로 인해 생겨난 전혀 예상하지 못했지만 흥미로운 결과는 기도에 힘쓰는 목회자와 교회를 위해 상당히 설득력을 가지고 있는 것이었다.

그와 같은 움직임은 노르웨이 학자인 지그문트 모빙켈(Sigmund Mowinckel)이 벨하우젠과 궁켈에 의해 개척된 학문 분야에 들어오면서부터 시작되었다. 모빙켈은 성경 연구에 몰두하는 동시에, 초기 튜튼족의 신앙에 대해서도 연구했다. 두 가지 연구 — 히브리인들의 기도와 튜튼족의 기도 — 는 서로에게 촉매처럼 작용해 벨하우젠의 판단을 완전히 뒤엎는 결과를 가져왔다. 시편에 대한 부정적인 결론 — 시편의 역사적 배경이 후기이고, 시편의 영적인 의미가 미미하다는 — 은 완전히 잘못된 것으로 판명되었다. 모빙켈의 연구는 시편을 신앙 행동의 중심부로 다시 복귀시켰다.[7]

모빙켈은 튜튼족의 기도에 대한 연구를 통해 원시 유럽 사회에서 공동체가 기도에 대해 중요한 역할을 담당했다는 것이 당시의 모든

---

7   Ronald E. Clements, *One Hundred Years of Old Testament Interpretation*(Philadelphia: Westminster Press, 1976), pp. 76-98.

기록에 나와 있다는 것을 찾아냈다. 사람들이 예배를 하고 기도하기 위해 모였을 때, 기도는 계획성 없이 이루어지지 않았을 뿐만 아니라 예배의 주변적인 행위도 아니었다. 기도는 생동감이 넘쳤고 예배의 기초가 되었다. "기도는 강력한 힘으로 사회 전체를 끌어안았고, 사상을 만들어내고, 공동체를 하나로 묶어주는 원동력으로써 올바른 가치와 행동을 가르쳤다."[8]

사람들의 기도는 그들이 행하는 일들 가운데 가장 중요한 행위였다. 기도는 사람들에게 지극히 개인적인 차원에서 깊은 감화를 주었고, 역사와 문화 속에서 공동체의 삶을 형성했다. 튜튼족의 역사에서 기도의 중요성을 깨닫고 주목한 선구자는 덴마크의 인류학자인 빌헬름 그뢴베크(Vilhelm Gronbech)다.[9] 모빙켈은 이러한 통찰력을 초기 히브리 역사에 적용하여 그 역사가 꾸며낸 것이 아니라 있는 그대로의 사실이라는 것을 입증했다.

이러한 성과는 이스라엘 민족의 삶에서 시편이 차지하는 위치에 대한 기존 학자들의 견해를 완전히 뒤집었다. 벨하우젠의 연구는 선지서를 이스라엘에서 창조적인 원천으로 보았다. 그 샘들이 마르면서 주변에 시편이라는 웅덩이들이 몇 개 생겨났다는 것이다.

모빙켈의 연구는 정반대의 결과를 이끌어냈다. 시편은 아르투아(Artois)식 우물(수압으로 물이 솟아나도록 깊게 판 우물), 즉 자분정(自噴井)이며, 기도와 예배로부터 예언이 생겨났다. 문학적인 우수성은 인정받

---

8 Ibid., p. 83.
9 Vilhelm Gronbech, *The Culture of the Teutons* (Oxford, 1931).

았으나(실제로는 미미한 칭찬을 곁들인 혹평), 신앙의 역사에서 종속적이고 부차적인 위치로 밀려났던 시편은 이제 근본적인 것 — 이스라엘 역사에서 가장 큰 감동을 끼치는 일들의 원천 — 으로 인식되었다.

로널드 클레멘츠(Ronald Clements)는 이런 변화를 다음과 같이 요약했다.

> 오랜 세월 동안 시편은 이스라엘 종교의 주된 창조적 추진력이 쇠퇴하였을 때 번성한 개인적인 경건과 소망의 저류(低流)를 반영한 것으로 여겨졌다. 하지만 궁켈과 모빙켈의 연구 결과, 시편은 제의와 경건의 토대에 대한 우선적이고 중요한 증거라는 새로운 지위로 격상되었다. 제의와 경건은 이스라엘에서 중심적인 위치를 차지하는 예언의 현상일 뿐 아니라 역사서들의 형성을 위한 근거가 되었다.[10]

요약하자면, 시편은 공동체가 기도로 하나가 될 때 언어와 열망과 에너지를 공급해주었고, 선지자와 지혜자와 역사가들의 활동을 이끌어내고 구체화시켰다. 시편이 먼저 시작되었고, 선지자들이 뒤따랐다. 기도의 내적 행동이 선포라는 외적 행동보다 우선된다.

여기에서 발견할 수 있는 목회 사역을 위한 의미는 분명하다. 목회 사역은 기도에서 시작된다. 목회자들이 관여하는 창조적이고 강력하며 성경적인 모든 행동은 기도로부터 비롯된다. 그러므로 시편에 분

---

10 Clements, *One Hundred Years of Old Testament Interpretation*(Philadelphia: Westminister Press, 1976) p. 95.

명하게 제시된 선지자들의 깊은 기도와 예배를 닮지 않고 그들의 선포와 도덕적인 행동만을 모방하는 목회자들은 믿음을 가로막는 장애물과 교회를 억누르는 부담일 뿐이다.

프로메테우스의 이야기와 벨하우젠의 역사학은 파괴된 세상 속에서 변화를 일으키고 싶어하는 자들 사이에서 기도가 자취를 감추고 있는 현실을 설명해준다. 그러나 우리에게는 설명 이상의 것이 필요하다. 그런 현실을 개선하기 위해 해야 할 일을 위한 전략이 필요하다.

이를 위해 우리는 문화의 조상인 헬라인들이 아니라 믿음의 조상인 히브리인들에게 다가가야 한다. 히브리 사람들은 신적인 실체에 반응하는 것에 비해 인간의 상황을 이해하는 데 그리 큰 관심을 갖지 않았다. 그들은 신들에 대한 이야기가 아니라 하나님의 말씀을 듣는 일에 전심 전력했다. 그들의 독특한 표현 방식은 신화가 아닌 기도였다. 히브리인들은 하나님의 행동에 따라 움직이는 삶의 방식에 전적으로 헌신했다.

인간적인 상황을 해결하기 위해 할 일이 있었지만, 그것은 인간이 시도해야 하는 일이 아니라 하나님께서 행하시는 일이었다. 그러한 하나님의 행동에 동참하기 위해 그들은 기도했다. 그들의 목적은 인간에게 일어나고 있는 일을 이해하는 것이 아니라 하나님께서 행하시는 일의 일부가 되는 것이었다. 헬라인들은 인간적인 관점에서 실존을 이해하는 데 전문가들이었다. 히브리인들은 인간의 실존을 하나님께 대한 반응으로 위치시키는 데 전문가들이었다. 헬라인들이 인간이 당하는 모든 경우에 대한 이야기를 가지고 있었던 반면, 히브리인들은 모든 경우를 위한 기도를 가지고 있었다.

목회자들에게 헬라의 이야기는 유익하지만, 히브리의 기도는 결코 없어서는 안 될 필수적인 것이다. 기도는 우리가 먼저 하나님 앞에 나아간 후에 세상의 문제를 다룬다는 것을 의미한다. 또한 우리가 처음부터 세상을 해결해야 하는 문제로 경험하지 않고 하나님께서 그 속에서 행동하시는 현실로 경험한다는 의미도 담겨 있다.

헬라의 이야기는 흥미롭고 정확하며, 세상에서 가장 뛰어난 이야기다. 그 이야기들은 인간의 상황을 적절히 설명한다. 하지만 인간의 상황을 변화시키지 못하며, 변화를 일으키겠다는 약속도 해주지 않는다. 19세기에 활동한 히브리의 이단적 예언자였던 칼 막스는 역사를 이해하는 것보다 그것을 변화시키는 것이 중요하다고 말했다. 목회자들이 본래의 고결함과 성실함을 회복하려 한다면, 먼저 기도의 회복이 선행되어야 한다. 기도를 빠뜨리거나, 기도 이외의 다른 활동을 위해 몰려다닌다면, 결국 프로메테우스의 신화가 정확히 묘사하는 비극적인 막다른 상황에 이르고 말 것이다.

2
기도의 책, 시편

기도는 "혼과 영과 및 관절과 골수를 찔러 쪼개기까지 하며 또 마음의 생각과 뜻을 판단"(히 4:12)하시는 살아 있는 하나님의 말씀과 우리의 언어를 나란히 놓는 대담한 모험이다. 우리가 계속 입을 다물고 있다면 속마음이 폭로되는 일은 없을 것이다. 또한 우리가 이웃에 사는 남자나 여자 또는 아이들에게 부담없이 말할 수 있다면, 그들이 우리를 좋게 생각할 수 있도록 그럴듯하게 말하고 자기에게 불리한 말들은 마음에 감춰둠으로써 자신의 모든 것들을 다 보여주어야 하는 위기를 모면할 수 있을 것이다.

하지만 기도할 때 모든 말들은 그 말이 의미하는 그대로를 뜻하게 되며, 우리는 우리의 거룩함을 이루시는 하나님과 직접적인 관련을 맺게 된다. 우리가 생각한 모든 내용들은 신앙적인 대화와 신비한 이야기가 되고, 우리는 전혀 의도하지 않았고 그런 결과를 예측하지도 않았지만 영원한 무언가에 갑자기 관계하게 된다.

그런 이유로 많은 신앙의 대가들은 단단히 주의를 주었다. 신중하게 기도하라. 기도는 경솔하게 뛰어들 수 있는 일이 아니다. 우리는 기도할 때 "레바논 백향목을 꺾어 부수시도다 … 광야를 진동하심이여 … 암사슴을 낙태하게 하시고 삼림을 말갛게 벗기시니"(시 29:5-9)라는 말씀과 가까운 곳으로 우리를 이끄는 말들을 사용한다.

우리는 기도할 때 두려움에 떨게 하며 영혼을 쇠약하게 하기에 충분한 말들을 사용한다. "화로다 나여 망하게 되었도다 나는 입술이 부정한 사람이요 나는 입술이 부정한 백성 중에 거주하면서 만군의 여호와이신 왕을 뵈었음이로다"(사 6:5).

우리는 기도할 때 우리가 전혀 원하지 않았던 곳에 이르는 극심한 변화를 경험하기도 한다. 그러면 우리는 하나님께서 우리 각자의 상태를 전혀 개의치 않고 우리에게 부여하신 새로운 성격의 삶에 분노하며 이를 거부하고 죽기보다 더 싫어하기도 한다. "여호와여 원하건대 이제 내 생명을 거두어 가소서 사는 것보다 죽는 것이 내게 나음이니이다"(욘 4:3).

우리는 하나님의 조건이 아닌 자신의 조건에 맞는 삶을 원한다. 기도는 우리로 하여금 하나님의 조건에 관계되는 모험을 감행하게 한다. 신중하게 기도하라. 기도는 우리가 원하는 일보다는 하나님께서 원하시는 일을 이루는 경우가 허다하다. 그 일은 우리가 지대한 관심을 쏟으며 계획했던 것과 전혀 다른 차원이다. 우리가 그 일의 진행

상황을 알아차렸을 때는 이미 돌이킬 수 없는 상황까지 벌어진 후다. 신중하게 기도하라.

기도는 위험하고, 우리가 잘 알지 못하고 그것에 대비한 준비가 되지 않은 강력한 상태로 우리의 언어를 이끌어간다. 이러한 모든 사실을 깨닫자, 너무나 많은 기도가 무기력하고 극도로 평범하고 진부하게 된 현실이 나를 당황스럽게 만들었다. 기도의 무기력함과 진부함은 평신도뿐 아니라 목회자들에게도 일반화되었다. 하지만 목회자들은 평신도에 비해 공적으로 드러나는 경우가 더 많기 때문에 기도와 관련된 부정적인 모습이 더 쉽게 눈에 띈다.

질문: 최상의 힘을 지니고 사용되는 언어가 침체되어 있는 맥없는 목회자의 입에서 흘러나온다면 어떤 일이 일어나겠는가?

대답: 그의 말들은 하나님의 말씀이라는 토양에서 뿌리째 뽑힐 것이다. 소위 기도라 일컬어지는 그의 말들은 탁자를 장식하기 위해 원 가지에서 꺾여 작은 꽃병에 꽂혀 있는 꽃과 같다. 그 꽃들은 물을 담아놓은 꽃병에 인위적으로 꽂혀 있는 동안, 잠깐 동안은 아름다움을 발산한다. 하지만 그리 오래 가지는 않는다. 얼마 후에 꽃들은 떨어지고 아무 곳에나 버려진다. 그런 꽃들은 종종 저녁 만찬을 위해 식탁 정중앙에 놓이는 장식품으로 이용된다. 장식된 꽃은 만찬 분위기에 잘 어울린다. 하지만 그 꽃은 식탁의 본래 목적을 절대로 이룰 수 없다. 식욕을 충족시켜주고 힘든 하루 일과를 보충해줄 칼로리를 제공해주는 것은 소고기와 감자이기 때문이다.

목회자들은 예식을 진행하거나 그저 장식용으로 기도해달라는 요청을 자주 받는다. 목회자들은 그것을 자신들의 직무로 여기고 사람들도 그런 일을 목회자의 일이라고 생각한다. 거의 모든 회의도 목회자의 기도로 시작한다. 목회자들은 회중들의 기도를 인도한다. 가끔 기도로 하루를 시작하는 경우도 있다. 흔히 있는 일이지만, 공동체의 행사 — 학교의 졸업식, 국경일의 기념식, 건물 헌당식 — 에서 기도해달라는 초청을 받고 가보면, 기도 순서는 모든 프로그램의 맨앞에 들어 있다. 기도는 모든 일들을 시작하게 한다.

목회자들은 이처럼 '시작되는' 상황에서 기도해주는 일을 반복적으로 수행한다. 아이가 태어나면 새로운 생명이 시작되는 것을 감사하는 기도를 드린다. 병원에서 의사는 수술을 시작하기 전에 간절한 마음으로 기도한다. 누군가 죽음의 길 — 마지막은 새로운 시작이다 — 에 접어들기 시작할 때, 목회자들은 기도해달라는 요청을 받는다. 기도는 마치 회의를 위한 의제의 첫 번째 항목처럼 맨앞에 있으며, 프로그램의 시작을 알리고, 모든 종류의 개인적이거나 공적인 일들의 시작과 연관되어 있으므로, 기초적인 행위인 동시에 모든 일의 첫 번째 언어인 것처럼 보인다.

하지만 이같은 외적인 기도의 모습은 사람들을 그릇된 방향으로 이끈다. 목회자들 역시 잘못된 이끌림을 받아 온전한 기도의 정착과 성장을 위한 기름진 옥토가 턱없이 부족한 지역에 이르고 말았다.

게다가 전체적으로 볼 때 목회자들은 사람들을 잘못 인도하는 데 상당 부분 기여했다. 왜 그들은 제대로 깨닫지 못하는가? 왜 그들은 쉽게 속아넘어가는 걸까? 그들이 진부한 오만함의 자세를 취하게 된 것은 자만심이나 무지 때문이 아닐까? 어떤 경우든 간에 해결책은 잡초가 우거진 자갈밭과 같은 종교적인 잡담에서 하나님의 말씀의 토양으로 옮겨지는 것이다.

기도의 외관은 잘못 인식되었다. 기도는 결코 첫 번째 말이 아니라, 두 번째 말이다. 하나님이 첫 번째 말씀이 되신다. 기도는 하나님에 대해 응답하는 언어다. 기도는 '연설'이 아니라 '응답'이다. 기도할 때에 가장 중요한 것은 이와 같은 기도의 2차적 특성이다.

이런 특성은 특별히 목회자에게 더우 중요하다. 그 이유는 목회자들이 차지하는 위치 때문이다. 목회자들의 기도는 모든 일들을 착수하게 하는 힘을 지니고 있는 것 같고, 위원회의 일이나 공동체의 토의에서 오가는 일상적인 언어들을 합법화하고 복 되게 하고, 상황을 호전시키고 공동체를 발전시키는 성스러운 말씀처럼 여겨진다.

목회자가 일상적으로 듣게 되는 모욕적인 언사는 사람들이 회의나 식사를 위해 한자리에 모였을 때 쉽게 들을 수 있다. "목사님, 모임 시작하기 전에 잠깐 기도해주시겠습니까?"

목회자들이 윌리엄 맥나마라(William McNamara)가 상상한 대답을 큰 소리로 외치며 그런 요구를 되받아친다면 상황은 아주 재미있게 돌아갈 것이다. "기도하지 않겠습니다! 잠깐의 기도란 있을 수 없습니다! 기도는 사자굴에 들어가는 것이고, 우리가 온전한 정신으로 살아 돌아갈 것인지 정확히 알 수 없는 거룩한 장소로 우리를 데려다주는 것입니다. 왜냐하면 기도는 살아 계신 하나님의 손길 속으로 빠져드는 두려운 일이기 때문입니다."[1]

　나는 지금 목회자들더러 무례하게 굴어야 한다고 부추기는 것이 아니다. 그러한 외침은 소리없이 울려퍼지기 때문에 들을 수 없다. 내가 주장하는 것은 게으름이나 무지에 빠져 교인들이나 교회로부터 마치 장식용 꽃과 같은 기도를 부탁받고 순순히 응하는 목회자는 자신의 소명을 잃어버리게 된다는 것이다.

　교회 안팎에서 만나는 대부분의 사람들은 기도가 해롭지 않은 것이며 공백을 메우거나 어떤 일을 시작하는 출발 신호라고 생각한다. 그들은 자신들이 '실제 행동'이라 부르는 것은 '바로 그 일들' 속에 있다고 생각한다. 기획안과 대화, 계획과 실행 등을 중시한다. 목회자들이 그러한 어리석은 생각들을 뒷받침하기 위해 거기에 맞춰 기도해 준다면, 그것은 하나님에 대한 무례함이며 신성 모독이다.

　여기에서 드러나는 아이러니는 이것이다. 우리는 외관상 기도를 모든 일들의 맨앞에 둠으로써 실질적인 기도의 가치를 손상시키는 데 일조하고 있다. 목회자들은 '어떤 일을 시작하기 위해' 기도를 해주는 것으로 천박하고 미숙한 세속주의를 합법적인 것으로 인정하고 축복한다. 그러면 모든 사람은 이제 더이상 하나님에 대해 생각하지 않고 자신이 원하는 길로 나아갈 자유를 얻는다. "어쨌거나 기도 순서는 지나갔어. 이제 우리는 우리의 관심을 집중해야 하는 중요한 일을 시작할 수 있어. 우리는 이 일을 시작하기 전에 기도를 하는 독실한 믿

---

[1] William McNamara, O. C. D., *The Human Adventure* (Garden City, NY: Doubleday & Co., Image Books, 1976), p. 89.

음으로 하나님을 기쁘게 해드렸으니 이제는 우리에게 중요한 일들에만 전념해도 되는 자유를 얻은 거야."

목회자들이 이런 상황을 유발시킨 원인은 아니지만, 그들은 그런 요구를 받고 협력하여 그릇된 관행을 지속시킴으로써 비난을 면치 못하게 되었다. 목회자들은 자신들에게 주어진 책임의 범위를 깨달았을 때 그런 책임을 수행하기 위해 모종의 행동을 반드시 해야 한다. 무슨 일을 해야 할까?

목회자들이 당장 해야 하는 일은 분명하다. 하나님의 말씀의 정황에 맞춰 기도를 회복해야 한다. 기도는 하나님의 관심을 이끌어내기 위해, 아니면 은혜를 얻기 위해 고안해내는 내용이 아니다.

기도는 반응의 언어다. 첫 번째 말은 하나님의 말씀이다. 기도는 인간의 말로서 결코 첫 번째 말이나 중요한 말이나 시작하고 구체화시키는 말이 될 수 없다. 그 이유는 간단하다. 목회자는 절대로 첫 번째가 아니며 제1의 자리를 차지할 수 없기 때문이다.

목회자들은 기도가 거룩하지도 고귀하지도 않은 것(거룩하고 고귀한 것이라고 생각은 하지만)처럼 취급하여 기도를 소홀하게 대한다. 실제로 그들이 하는 일은 기도를 언어로 이루어진 우상으로 만드는 것이다. 그리하면 기도는 목회자의 가치를 떨어뜨리고 심지어 목회자의 파멸을 가져오는 도구가 된다. 목회자들은 기도가 어떤 행사나 일을 시작하게 하는 첫 번째 말이라는 확신을 주변의 모든 사람들이 처해 있는 상황 속에 자주 있게 된다.

따라서 목회자들은 자기 내면 속에 기도의 2차적 특성, 즉 반응의 언어라는 특성에 대해 완전하고 지속적인 인식을 유지하기 위한 방법을 개발해야 한다. 그렇지 않으면 그들은 자기도 모르는 사이에 언어의 우상 숭배에 빠져들고 결과적으로 자신마저 비참한 상태로 떨어진다.

우리는 다음과 같은 기도에 관한 사실을 반복적이고 효과적으로 상기할 필요가 있다. 언제나 그리고 어디서나 우리에게 다가오는 첫 번째 말은 하나님의 말씀이다. 우리 말이 그분에게 먼저 전달되지 않는다. 만나는 대다수의 사람들이 요청하고 선호하는 그와 같은 야만적인 기도에 대항하는 무기를 항상 날카롭게 유지하려면 부단히 경계하는 주의가 필요하다.

목회자는 창세기라는 숫돌에 경계의 날을 갈아야 한다. 하나님께서는 창조 때에 처음 말씀하셨다. 창세기는 창조의 사역이 '태초에'라는 말씀에 의해 이루어졌다고 설명한다. "하나님이 가라사대 빛이 있으라하시매 빛이 있었고." 그런 말씀은 반복된다. 하나님이 가라사대 … 하나님이 가라사대 … 하나님이 가라사대 … 하나님이 가라사대 … 그렇게 반복되는 표현은 일정한 구조를 이루고 있다.

6일간의 창조 기간 동안 아홉 번에 걸쳐 '바요메르 엘로힘', 즉 '하나님이 가라사대'라는 말이 나온다. '하나님이 가라사대'라는 말에는 창조하고, 시작하고, 모양을 형성하고, 생기게 하고, 정리하고, 명령하고, 축복했다는 의미가 내포되어 있다.

하나님의 말씀은 모든 만물을 생겨나게 한 창조적인 수단이다. 하나님의 말씀은 우리가 그 안에서 자신을 발견하게 되는 전체적인 실체들을 조직하셨다. 우리가 보고 느끼고 대하는 모든 것들 — 바다와 하늘, 물고기와 새들, 플라타너스와 당근 — 은 하나님의 말씀에 의해 생겨났다. 모든 만물, 세상의 모든 만물들이 하나님께서 말씀하심으로써 존재하게 되었다. "그가 말씀하시매 이루어졌으며 명령하시매 견고히 섰도다"(시 33:9).

이러한 진리는 창조와 유사한 사역인 구원에도 그대로 적용된다. 사도 요한은 창세기를 뛰어난 솜씨로 풀어낸 글에서 이렇게 썼다. "태초에 말씀이 계시니라 … 말씀이 육신이 되어."

복음서는 예수님께서 말씀하심으로 구원을 이루시는 내용들을 자세히 실어놓았다. 그분은 귀신들의 혼돈을 꾸짖으셨고, 사람들을 부르셔서 제자의 삶을 살게 하심으로써 그들을 파멸로부터 떼어놓고, 성경 구절을 인용하여 사단을 물리치셨고, 치유를 명하고, 사람들을 먹이고 복을 주기 위해 축사의 말들을 사용하셨다. 창조의 사역에서 그러했던 것처럼 말(word)은 구원의 사역에서도 기본 토대가 되었다.

우리 외부에 있는 모든 것이 하나님의 말씀 안에서 생겨난 것처럼, 우리 내부에 있는 모든 것 역시 그 말씀으로 시작되었다. 우리는 하나님의 말씀을 넘어설 수 없다. 하나님의 말씀보다 앞서는 인간의 통찰력, 인간의 욕망, 인간의 외침은 없다. 어떤 위대한 관념이나 위대한 진리도 이 말씀보다 우선할 수 없다. 우리가 바라보는 모든 곳, 우리가 조사하는 모든 곳, 우리가 귀를 기울이는 모든 곳에서 우리는 말씀을 만난다. 그 말씀은 우리의 말이 아닌 하나님의 말씀이다.

우리의 기도에 비해 하나님의 말씀이 비교할 수 없이 압도적으로 앞선다는 사실은, 아무리 성경에 분명하게 선포되어 있다 하더라도, 우리가 하나님보다는 자기 자신에 대하여 훨씬 더 많이 알고 있다는 단순한 사실 때문에 우리에게 즉각적으로 분명하게 다가오지 않는다. 우리는 하나님에 대한 의식보다 훨씬 더 강한 자의식을 가지고 있다. 기도할 때 우리가 자연스럽게 의식하는 사실은 우리가 하나님을 첫 번째 말씀으로 삼고 있다는 것이다. 하지만 우리의 의식은 거짓말을 하고 있다.

따라서 우리 입을 통해 나오는 모든 말에 비해 하나님의 말씀이 무조건적이고 완전하게 앞선다는 인식을 깨닫고 유지하려면 부단한 노력 — 반복되고, 상상력을 바탕으로 하며, 성경적으로 형성된 노력 — 이 요구된다.

우리가 언어를 습득하면서 얻는 경험은 성경의 증언과 부합되며 창세기와 요한복음의 내용을 입증하기 위한 쉽고 값싼 근거를 제공한다. 사람은 아주 어릴 적에 언어를 배우기 때문에 언어 습득 과정에 대한 명확한 기억이 없다. 하지만 아이들이 말하는 법을 배우는 과정을 관찰하면 다음과 같은 분명한 사실을 확실하게 발견할 수 있다. 즉 언어는 우리에게 들려진다는 사실이다.

말을 들음으로써 말을 배운다. 인간은 태어나는 순간부터 언어의 바다에 잠긴다. 언어 속에서 헤엄친다. 명사와 동사들에 흠뻑 젖는다. 시간이 지나면서 우리는 그런 무수한 말들 가운데 어떤 것들이 자신을 향해 다가오는 것임을 깨닫게 된다. 이름, 사랑, 위로 등과 같이 개인을 겨냥하는 말들이 있다. 그런 다음, 서서히 음절의 형태 — 엄마, 아빠, 병, 담요, 응, 아니 등 — 로 반응하는 언어 능력을 습득한다. 그런 말들 가운데 어느 것도 첫 번째 말이 아니다. 아이가 자기 스스로 말을 하여 반응하는 법을 배우기 전까지 몇 주 그리고 몇 달에 걸쳐 수십만 개의 말들이 아이에게는 전달된다.

인간이 배우는 언어는 굉장히 복잡하다. 하지만 점점 더 많은 것들을 자신에게 말하면서 더 많은 사람들에게 반응하기 위해 소리와 침묵, 몸짓과 날카로운 소리, 웃음과 눈물 등의 모든 요소들을 선택하고 조합하고 변화시키는 능력을 그토록 어린 나이에 능숙하게 터득한다는 사실은 언제나 우리 스스로에게도 놀랍다. 우리는 어느 시점에 이르면 하나님께 반응하고 있는 자신을 발견한다.

언어를 사용하게 되는 과정을 설명하는 이러한 방법이 기도라는 단어를 설명하는 데에도 동일하게 적용된다. 기도는 우리에게 오래 전부터 전해내려온 최상의 존재에 대해, 우리 안에 있는 모든 것들을 말로 표현하는 잠재 능력을 사용하여 반응하기 위해 사용되는 언어다. 기도는 성숙함에 이른 언어의 발달된 상태이며, 우리에게 가장 포괄적으로 들려온 존재, 즉 하나님께 반응하는 데 적합한 존재가 되어가는 과정 속의 언어다.

이런 식으로 기도를 이해하면 다음 사실이 분명해진다. 기도는 특별한 경우를 위해 언어를 편협하게 사용하는 것이 아니라, 우리 속에 있는 진정한 인간 — 창조와 구원의 모든 부분 — 을 성숙하게 표현하기 위해 언어를 가장 폭넓게 사용하는 것이다. 하지만 우리는 이러한 언어에 거의 관심을 기울이지 않는 문화 속에 살고 있다. 언어가 끊임없이 파괴되고 변형되는 사회 속에서 살고 있는 것이다.

질문: 우리는 하나님께 응답하는 것처럼 성숙한 상태에 이른 언어를 어디에서 배울 수 있는가?

대답: 시편.

히브리 사람들과 그리스도인들이 하나님께 응답하는 법을 배우고 기도하는 방법을 배우기 위해 출석하는 거대한 대학은 시편이었다. 기도를 배우기 위해 시편 학교에 입학한 사람들은 다른 곳을 찾는 사람에 비해 월등히 많았다. 시편은 이스라엘의 기도서였다. 시편은 예수님의 기도서였다. 시편은 교회의 기도서였다. 히브리 민족과 기독교의 전통(단, 우리가 살아가고 있는 21세기는 예외가 될 가능성도 있다)에서 시편이 기도에서 모든 관심과 훈련의 중심부를 빼앗긴 적은 단 한번도 없었다.

실제로 시편을 읽고 거기(시편의 순서)에 의존하여 기도하는 것을 배우기 전에 시편에 대해 반드시 주목해야 할 중대한 사실이 있다. 150편의 시편은 다섯 권으로 구분되어 있다. 그러한 구분은 쉽게 발견할 수 있는 사실이다. 하지만 우리는 너무나 명백하지만 아주 익숙한 다른 많은 일들을 대하는 것처럼 그러한 시편의 구분을 알아차리지 못하는 경우가 허다하다.

그러나 시편이 다섯 권으로 구분되어 있다는 사실에는 각별한 주의를 기울일 필요가 있다. 이 다섯 권의 구분은 우리가 기도하게 될 여러 상황들을 규정한다. 기도를 위한 정경적인 콘텍스트를 형성하는 것이다. 그러한 상황들이나 콘텍스트를 무시하거나 잊어버린다면, 우리는 온전한 진리들을 제대로 깨달을 수 없다. 여러 상황과 콘텍스트를 항상 염두에 두면 결코 치명적인 잘못을 범하지는 않을 것이다. 다섯 권의 구분법이 지니는 의미는 아무리 강조해도 지나치지 않다. 그러한 구분은 편집하는 과정에서 대충 주물럭거려 만들어낸 그저 그런 문제 또는 우연한 문제가 아니다. 그것은 방향성과 관련된 중요한 문제다.

따라서 기도하는 자는 하나님께서 선포하시는 말씀에 대해 인간으로서 응답하는 말을 제대로 배우게 된다. 자신의 기도가 모든 일을 시작하는 언어라고 혼동하거나 오해하지 않게 될 것이다.

다섯 권으로 나눈 구분법은 표준적인 예전문에 의해 다양하게 이루어졌다. 그러한 예전문이 처음 나오는 본문은 시편 41편에 있다.

이스라엘의 하나님 여호와를
영원부터 영원까지 송축할지로다 아멘 아멘(시 41:13).

두 번째에 해당하는 예전문들이 두 번째 책으로 구분된 시편 42편에서 72편에 모여 있다. 처음에 제시되는 송영은 앞에서 본 예전문과 동일하고 결론부의 두 번 아멘 역시 동일하다. 하지만 중간 부분이 좀더 확장되었다. 부가된 각주 기록은 시편에서 다윗의 시 부분이 끝났다는 것을 말해준다.

홀로 기이한 일들을 행하시는 여호와 하나님
곧 이스라엘의 하나님을 찬송하며
그 영화로운 이름을 영원히 찬송할지어다
온 땅에 그의 영광이 충만할지어다 아멘 아멘
이새의 아들 다윗의 기도가 끝나니라(시 72:18-19).

시편 73편부터 89편은 최소한의 필수적인 내용으로 축약된 예전문을 담은 시들로 묶여 있다.

여호와를 영원히 찬송할지어다 아멘 아멘(시 89:52).

90편에서 106편까지를 4권으로 구분한 예전문은 앞의 것들과 동일한 내용으로 시작되지만 차츰 그 강도가 더욱 강해진다. 아멘이 "모든 백성들아 '아멘'할지어다"라는 말 속에 부연되고 있다. 그리고 두 번 아멘 가운데 두 번째의 아멘이 "여호와를 찬양하라", 즉 히브리어로 "할렐루야"라는 말로 대치된다.

여호와 이스라엘의 하나님을 영원부터 영원까지 찬양할지어다
모든 백성들아 아멘 할지어다 할렐루야(시 106:48).

다섯 번째 책의 결말은 이중 결론이다. 더 중요한 사실은 이 부분이 시편 자체를 마무리하면서 107편에서 150편을 한 덩어리로 묶어

놓았다는 것이다. 시편을 마무리하기 위해 시편의 일상적인 표현(찬양할지어다 … 아멘) 대신 할렐루야가 부가된 새로운 표현 방식이 채택된다. 할렐루야라는 말은 네 번째 부분에서 표준적인 아멘을 보충하는 표현으로 도입되었다. 이제 할렐루야가 더 우세한 위치를 차지한다. 아멘에서 할렐루야로의 전환은 앞의 네 권에 나오는 아멘을 바탕으로 한 위대한 확언이 다섯 번째 책의 찬양의 결론으로 변화되는 것이다.

시편의 장엄한 결론은 예전문의 범위를 넓게 확장시키고 마지막 다섯 편의 할렐루야 시편(146-150편)에서 반복된다. 마지막 다섯 편은 다섯 권의 '책'을 상징한다. 시편 전체의 결론을 이루고 있는 다섯 편의 시는 모두 할렐루야로 시작하고 할렐루야로 끝난다. 양쪽의 할렐루야 사이에는 찬양을 위한 신선한 내용이 소개되고 찬양의 다양한 차원이 전개된다. 마지막의 150편은 할렐루야로 시작되고 끝날 뿐만 아니라 각 절이 할렐루야를 중심으로 회전하며 전개된다. 여호와를 찬양하라, 하나님을 찬양하라, 그를 찬양하라 … 할렐루야와 '찬양하라'는 구절을 모두 합치면 열세 번에 이른다. 할렐루야의 포화이며, 기쁨의 폭발이다.

할렐루야 그의 성소에서 하나님을 찬양하며
그의 권능의 궁창에서 그를 찬양할지어다
그의 능하신 행동을 찬양하며
그의 지극히 위대하심을 따라 찬양할지어다
나팔 소리로 찬양하며 비파와 수금으로 찬양할지어다

소고 치며 춤추어 찬양하며 현악과 통소로 찬양할지어다

큰 소리 나는 제금으로 찬양하며

높은 소리 나는 제금으로 찬양할지어다

호흡이 있는 자마다 여호와를 찬양할지어다 할렐루야(시 150:1-6).

어떤 편집자나 편집 위원회가 이 부분에 개입하여 활동한 것이 분명하다. 시편 전체에 걸쳐 수집과 배열의 흔적을 보여주는 증거들이 많이 널려 있다.[2] 지난 세기에 사해 사본이라 불리는 시편 본문이 쿰란 동굴에서 발굴됨으로써 편집 작업의 범위와 활력을 보여주는 새로운 증거들이 쏟아져나왔다. 아마도 이러한 편집 작업은 최소한 두 세기에 걸쳐 진행되었을 것이다. 그러한 모든 편집 활동은 기도가 이스라엘에서 지대한 관심을 받았다는 증거다.

이스라엘 민족에게 있어서 기도를 배우고 훈련할 수 있는 수단을 제공받고 삶의 구체적인 현실에서 하나님께 반응하는 것은, 그들의 최대의 관심사였다. 기도는 말씀 그 자체를 듣기 위한 방편과 함께 최고의 위치를 차지했다. 그러나 영감을 통해 편집된 시편에서 가장 명백하고 분명한 부분은 마지막 결론인데, 그 시의 형태들은 유난히 눈에 띄고 명확하다. 이스라엘의 기도는 각 특성에 맞도록 다섯 부분으로 구분되었고, 그러한 구분(책들)은 서로 선명하게 구별되어 있었다.

---

[2] Claus Westermann, *Praise and Lament in the Psalms*, trans. Keith R. Crim and Richard N. Soulen(Atlanta: John Knox Press, 1981), pp. 250-257; Gerald H. Wilson, *The Editing of the Hebrew Psalter*(Chico, CA: Scholars Press, 1985).

번호도 정해졌다. 하지만 한없이 계속되지 않고 적당한 부분에서 끝을 맺었다. 다섯 번째 책으로 구분되어 있는 결론은 장엄한 대미(大尾)를 장식한다. 시편은 다섯 책으로 구분되어 있다. 더이상의 책은 없을 것이다.

왜 그런가? 이처럼 다섯 개로 구분된 기도의 묶음들은 성경의 처음 다섯 책(모세오경)과 조화되도록 배열된 것처럼 보이기 때문이다. 하나님의 말씀(토라)이 인간의 응답(시편)과 대조되고 연결되어 있다.[3] 크리스토프 바르트(Christoph Barth)는 이것을 "모세의 다섯 책 속에 제시된 하나님의 말씀에 대한 믿는 자들의 다섯 배의 응답"이라 불렀다.[4] 우리가 어떤 말을 들었을 때 그 방식은 그 말의 내용보다 더 중요할 때가 종종 있다. 형식은 내용 못지않게 많은 것을 전달해준다. 이러한 사실은 여기에서도 그대로 적용된다.

시편의 다섯 가지 모양을 형성하기 위해 취한 관심과 기술은 일반적으로 시편에 주어진 것보다 훨씬 더 많은 해석학적 관심을 요구한다. 목회자가 이러한 사실을 깊이 숙고하고 관심을 기울인다면 기도의 힘을 잃게 하는 중대한 질병에 놀라울 정도로 잘 대처하게 될 것이다.

히브리인들은 그들의 성경을 크게 세 범주로 나누었다. 히브리 성

---

3 Artur Weiser, *The Old Testament: Its Formation and Development*(New York: Association Press, 1961), p. 286.
4 Christoph Barth, *Introduction to the Psalms*, trans. R. A. Wilson(New York: Charles Scribner's Sons, 1966), p. 4.

경의 첫 번째 부분인 토라는 주로 하나님께서 하신 말씀으로 인식되었다. 하나님께서 우리들에게 말씀하시기를 원하는 모든 내용이 토라에 들어 있었다. 토라는 기초가 되는 성경이다. 성경에 계속해서 이어지는 모든 내용들이 토라로부터 파생되었다.

히브리 성경의 두 번째 주요한 범주는 선지서다. 수세기에 걸친 역사적 상황 속에서 변화하는 토라를 제시한다. 세 번째 범주는 시가서다. 거기엔 토라에서 듣고 선지서에서 경험한 하나님의 말씀에 대한 인간의 반응이 담겨 있다. 때때로 이러한 반응들은 욥기나 잠언에서처럼 지혜로운 사상으로 나타난다.

그러나 토라와 선지서에 대한 대부분의 반응은 시편에 나타난 기도다. 시편은 시가서에서 지배적인 위치를 차지하고 있으며, 하나님의 백성이 그분의 말씀에 '깊음으로부터' 반응하는 것이 무엇을 의미하는지 가르쳐주는 중요한 자료들을 제공한다. 4세기에 활동한 신학자이며 주교였던 아타나시우스는 시편이 성경에서 차지하는 독자적인 위치를 지적한 바 있다. 즉 대부분의 성경은 '우리에게' 말을 하지만, 시편은 '우리를 위하여' 말한다는 것이다.[5]

그러므로 다섯 권으로 정리된 시편의 구분은 다분히 전략적이다. 하나님께서 우리에게 하신 모든 말씀들은 반드시 우리의 응답을 요구한다. 하나님의 말씀 가운데 어떤 것도 응답되지 않을 수 없다. 하나님의 말씀은 단순히 말하여짐으로써 완성되지 않는다. 그 말씀은

---

5 Bernard W. Anderson, *Out of the Depths* (Philadelphia: Westminster Press, 1974), p. x에서 인용.

응답되어야 마땅하다. 하나님의 창조/구원의 말씀이 다섯 책으로 되어 있으므로 하나님의 말씀에 대한 우리들의 믿음/순종의 말도 다섯 책으로 구성된다. 다섯은 다섯과 조화된다. 마치 굳게 잡은 두 손의 다섯 손가락들이 서로 일치하는 것과 마찬가지 원리다.

하지만 한 단계 더 나아가 토라의 말씀에 대한 시편의 응답을 구체적으로 살펴보기 시작하면 당황하게 된다. 두 가지 주제가 일치하지 않기 때문이다. 토라는 아담에서부터 모세까지 연대기적인 순서에 따라 진행된다. 시편은 전혀 시간적인 순서로 배열되어 있지 않고 뒤섞여 있으며, 토라에 구체적으로 조화되는 것은 하나도 없다. 게다가 찬양 시편, 애가 시편, 고백 등 주제별 모음처럼 다양한 시편들을 함께 모아놓은 배열의 기준도 없다.

시편의 다섯 책은 저마다 무작위로 뭉쳐진 모든 종류의 기도들을 담고 있다. 분명하게 인식할 수 있는 몇몇 하위 그룹은 있다. 제2권은 다윗의 생애의 역사적인 상황들에 어울리는 시편들의 모음을 담고 있다. 제3권은 아삽과 고라가 대중 예배와 관련하여 기록한 시편들을 담고 있다. 제5권에서는 성전 순례와 연관된 시편들이 눈에 띄게 연속되어 있다. 하지만 그와 동시에 다섯 권의 시편에는 다양한 종류의 시편들이 함께 포함되어 있다.

이처럼 각 권의 내용을 명확하게 구분해서 배열해놓지 않은 것은 시편 전체를 다섯 권으로 구분해놓은 것 못지않게 의도적인 행동으로 보인다. 그 이유는 어렵지 않게 알 수 있다. 그 단순한 이유에 대한 응답은 판에 박힌 교리 교육이 아니다. 교리 교육은 살아 있는 사람들 사이에서 일어나는 의사 소통의 방법이 아니기 때문이다. 하나님께서 우리 속에 넣어주신 생명은 놀라울 정도로 다양하고 무한히 복잡하다. 판에 박힌 응답은 하나님의 말씀으로 우리에게 주어진 눈부신 창조성과는 어울리지 않는다.

우리에게 요구되는 것은 구체적인 말씀에 대한 특별한 응답을 배우는 것이 아니라, 각자의 개인적인 언어 속에 우리에게 말씀하신 하나님의 말씀에 정확히 반응하는 능력을 습득하는 것이다. 하나님은 성경 속에서 그리고 그리스도 속에서 또한 우리의 변화하는 상황과 다양한 믿음의 수준에서 우리에게 말씀하신다. 우리는 삶의 모든 범위를 가로질러 점점 발전되는 순례의 여정을 거친다. 우리는 그 속에서 말씀하시는 하나님의 모든 말씀에 개인적으로 그리고 폭넓게 반응하기에 충분한 어휘와 구문들을 필요로 한다.

따라서 시편 1편은 창세기 1장에 대한 표준적인 기도 응답이 아니며, 시편 2편은 창세기 2장에 대한 응답이 아니다. 시편 1편은 어떤 날에는 출애굽기 16장에 그리고 다른 날에는 신명기 4장에 응답하는 방법으로 우리에게 제공해주는 말씀과 운율을 소개하는 역할을 한다. 내가 민수기 22장을 열일곱 살 학생일 때 읽었던 방법과 마흔다섯 살의 목회자가 되어서 읽은 방법은 모두 달랐지만, 두 경우 모두 정확했다. 그러나 나의 반응은 인격적이고 물리적인 실제의 현실을 통해 순종과 믿음을 드러낼 때에만 정확했다.

나는 연속성을 유지하기에 충분할 만큼 폭넓고, 어릴 때와 어른이 되었을 때의 경험을 하나로 묶어 평생에 걸친 미묘한 의미의 차이를 표현하기에 충분할 만큼 유연하며, 인간의 모든 상황을 구성하는 요소들 — 죄악과 구원, 자비와 은혜, 창조와 언약, 불안과 신뢰, 불신과 믿음 — 의 모든 영역을 탐구하기에 충분할 정도로 용기 있는 언어를 필요로 한다.

시편은 이와 같이 폭넓고 유연하고 용기 있는 언어다. 칼뱅(John Calvin)은 150개의 시편을 "영혼의 모든 부분을 보여주는 해부도"[6]라고 불렀다. 인간이 느끼고 경험하고 말할 가능성이 있는 모든 것은 이미 시편 속에서 하나님 앞에서 표현되었다.

독학으로 기도를 배우려고 고집을 피운다면, 우리의 기도는 아무리 유창하다 하더라도 낮은 수준에 머물러 있을 것이다. 분명히 우리의 기도는 대중적인 '시장' 원리에 따라 많은 요구들로 이루어지기도 하지만, 다른 한편으로는 우리의 하찮은 믿음에 의해 제한되기도 한다. 그러나 목회자는 광활한 언약의 나라에 거해야 하고 모든 부류의 사람들과 그들의 방언에 익숙해야 하며, 눈에 보이는 풍경의 구석구석까지 샅샅이 알고 있어야 한다. 단순히 관광 안내원처럼 그것들에 관한(about) 지식을 가지고 있는 것이 아니라 그 속에서 자라난 사람처럼 그들 속에서 편안함을 느껴야 한다. 동산에서 뛰어놀고 들판에서 일하며, 사랑에 빠지기도 하고, 상처를 받고 거기에서 회복되어야 한다.

잘난 체하고 이기적인 종교 프로그램에서 벗어나 넓은 마음에서

---

[6] John Calvin, *Commentary on the Book of Psalms* (Grand Rapids: Wiliam B. Eerdmans, 1949), 1: xxxvii.

비롯되는 순종으로 나아가며, 직업적으로 규정된 삶의 안정된 성공을 버리고 기도 속에서 믿음과 사랑으로 살아가는 삶(종종 여기에는 실패와 고통이 따른다)을 살아가기란 결코 쉽지 않다.

이와 같은 강렬함에 어울리는 언어를 어디에서 얻을 수 있는가? 오로지 시편 외에는 없지 않은가? 신앙 공동체의 지도자로 부름 받은 자들이 시편 속에서 견습 기간을 거치는 것은 필수 과정이다. 그것은 일종의 명령이다. 대부분 교회들은 오랜 세월에 걸쳐 이에 대해 의견 일치를 보았다. 로마 가톨릭 교회의 성무 일과서, 영국 국교회의 공동 기도문, 스코틀랜드 장로 교회의 시편집 등 같은 성직자들을 위한 모든 '교본들'은 시편을 바탕으로 만들어졌다.

교황 비오 10세(St. Pius X)는 자신의 교황 칙서인 『헌장(Divino afflatu)』에서 이렇게 말했다. "시편은 사람들 특히 예배의 삶을 살기로 헌신한 자들에게 하나님을 어떻게 찬양해야 하는지 가르쳐준다."[7]

목회자들에게 기도의 커리큘럼을 택하고 받아들이게 하는 데에는 몇 가지 민감한 문제들 — 하나님 말씀의 완전함, 목회 사역의 고결함, 예배의 건전함 — 이 내포되어 있다. 마치 의사가 자기 집 뒷뜰에서 재배한 약초와 잡초들을 섞어서 약을 만드는 것처럼, 목회자가 자신의 주관성으로부터 기도를 배울 것이라고 생각할 수도 있다.

그러나 기도는 결코 인간의 감정적인 편린이나 직업적인 의무감을 조합해서 만들어지지 않는다.

---

7 Michael Gasmer, O. P., *The Psalms, School of Spirituality* (St. Louis: B. Herder, 1961), p. 3.

교육받거나 훈련되지 않은 우리의 기도는 외국어로 된 속담집을 가지고 있는 관광객에게 배운 이상한 말과 같다. 우리는 식사 때 감사 기도를 하고, 막대한 죄악을 회개하고, 로터리 클럽의 야유회를 축복하고, 특별한 인도하심을 간구한다.

우리는 기도가 종교적인 지방을 통과하게 될 때 부딪히는 그런 순간들을 벗어나기 위한 한정되고 우발적인 언어라고 생각하지 않는가? 하지만 우리의 모든 생애가 거기에 연루되어 있다. 우리는 지금 살고 있는 지역의 언어에 능통해야 한다. 직업을 구하기 위한 조건으로서 주간 보고서를 제출하기 위해 간단한 메모를 하는 것으로 충분하지 않다. 우리는 언어의 모든 부분과 '응답 언어'를 위한 복잡한 구문론까지 들어 있는 포괄적인 문법을 완전히 이해한 대학원생 정도의 수준을 반드시 갖추어야 한다.

시편에 따라 기도하다 보면 영혼과 육체의 편린들을 발견한다. 그런 편린들은 우리 자신뿐만 아니라 다른 사람들의 것으로 예배와 사랑과 믿음 안에서 표현되었다.

물론 시편은 목회자들을 보호해주는 특별한 장비가 아니다. 기도하는 모든 사람들은, 그리스도인이나 유대인이나 상관없이, 기도하는 그들의 '음성'을 시편 속에서 발견한다. 목회자들은 다른 사람들을 위해 기도하고 그들에게 기도하는 법을 가르치는 특별한 책임을 맡은 자들이다. 따라서 목회자들이 시편에 대해 무지하거나 시편에 무관심한 것은 직무 유기다.

암브로시우스(St. Ambrose)는 특이한 은유를 사용해 시편을 다음과 같이 표현했다. "시편은 모든 영혼의 유익을 위한 체력 단련장과 같고, 덕행의 경기장이다. 거기에서 여러 상이한 종류의 운동들이 그 앞에 펼쳐진다. 그는 많은 종목들 가운데 자신이 면류관을 얻을 수 있는 훈련을 하기에 가장 적합한 것을 선택할 수 있다."8

도널드 밀러(Donald G. Miller) 박사는 '모세 오경'에 대한 일종의 미드라쉬를 만들었다. 그것은 모세 오경에 내포되어 있는 요구들을 보여주었는데, 그 요구들은 '다윗'의 다섯 책에 의해 기도로 형성되어 있는 열정적이고 개인적인 강렬함을 지니고 반응해야 하는 것이었다.9 다음은 그의 주장을 요약해놓은 것이다.

창세기는 하나님께서 태초에 하신 말씀이다. 창세기에 담긴 모든 내용은 미발달 단계에 있다. 말씀의 씨앗이 우주와 세계와 인간 존재들 — 아브라함 속에 나타난 믿음의 삶 — 을 품고 있다. 모든 것의 시작이 여기에 있지만, 아직 자궁에서 보호를 받고 있으므로 뚜렷이 드러나지는 않는다.

우리는 노아 홍수 이전의 사람들과 족장들에 대해 거의 알 수 없

---

8 Ambrose, Discourses on the Psalms, the reading for Thursday after Trinity, *Book of Common Prayer*에서 인용.
9 내 기억으로는 이 내용은 아직 책으로 출판되지 않았다. 나는 밀러 박사가 이런 내용을 1978년에 메릴랜드 주의 벨 에어에 있는 갈보리침례교회의 Lenten Teaching Mission에서 강의하는 것을 들었다.

다. 시간과 지리의 광범위한 간격이 있고, 게다가 우리에게 남아 있는 것은 오로지 몇 가지 사실들과 몇몇 이야기뿐이다. 이러한 모든 것들로부터 무엇이 생겨나겠는가? 창조와 언약의 윤곽은 선명하다. 그러나 그 모양은 이제 막 형성되기 시작했고, 팔 다리와 기관들은 발전 단계에 있다. 우리는 창세기의 자궁에서 엄청난 에너지가 모여드는 것과 막대한 소망이 부풀어오르는 것을 분명하게 목격한다.

출애굽기는 탄생과 유아기다. 오랜 세월에 걸친 창세기의 임신 기간이 하나님의 백성의 탄생을 가져온 해산으로 이어진다. 결코 쉬운 해산이 아니었다. 애굽에서 고통스럽고 힘에 겨운 진통이 있었고, 홍해에서의 산고를 거친 후, 불가사의하고 기적적으로 먼 해안가에서 새롭게 태어남이 있었다.

이러한 출생을 축하하는 커다란 기쁨이 흘러나왔다. 노래하고 춤추며, 찬양하고 감사했다.

유아기에 접어든 백성들은 시내산 자락에서 하나님의 백성으로서 알아야 할 첫 단계를 배우고 첫 번째 교훈을 받았다. 이것은 하고, 저것은 하지 말라는 명령이었다. 그들이 발을 내디딘 이 세계는 매우 위험했다. 하나님의 광대하신 선하심이 있었지만, 죄악의 유혹으로 인하여 많은 위험이 도사리고 있었다.

출애굽은 이러한 유아기의 백성들을 보여준다. 물을 바위 틈에서 끌어올리고 걸음마를 가르치며, 생명과 존재를 부여하신 하나님 앞에 예배의 백성으로서 나아가고 반응하는 법을 보여주었다.

레위기는 유년 시대다. 성장기에 있는 백성들은 하나님의 자비하심과 심판 아래서 살아가는 삶의 ABC를 배운다. 그들이 직면해야 하는 엄청난 사실은 하나님 그리고 하나님과 그들 사이의 관계다. 그 관계는 무수하게 상이한 방법으로 방해되고 진정되고 중재되었다. 그들은 믿음의 관계에 내포된 다양한 측면의 이름들을 배웠고, 관계가 빗나갈 때 어떻게 해야 하는지 배웠다. 지리, 혹은 물리학, 또는 문법을 배우기가 그보다 훨씬 쉬웠다.

레위기는 교훈을 시청각적으로 제시함으로써 주제를 상당히 쉽게 만들어주었다. 죄악과 은혜에 관한 추상적인 토론보다는 시각적이고 실제로 만져볼 수 있는 대상들 — 곡식 한 대접, 암소, 속죄의 염소 — 이 제시되었다.

모든 것은 육체적으로 참여하는(의식) 몇 가지 간단한 행위를 동반한 그림의 형태(제사들)로 제시되었다. 레위기는 하나님의 백성들이 처음으로 하나님의 말씀을 배우는 데 필요한 쉬운 교재였다.

민수기는 청년기다. 백성들은 성인의 시기에 도달하여, 광야 생활의 불편함을 헤쳐나갔다. 권위에 도전했고, 자신들이 누구인지 알기 위해 애썼다. 그들은 더이상 어린아이가 아니었지만, 스스로의 삶을 살아가기에 충분한 경험을 하지는 못했다.

그들은 엄숙한 믿음의 생활을 하기 이전 상태였던 안전하고 어머니 품속 같은 애굽 생활을 그리워했다.

그들은 노인네에 불과한 모세의 지도 체제에 적응하지 못하고 견디지 못했다. 이스라엘 백성들은 불평하고 불순종했다. 투덜대고 불만을 쏟아놓았다. 애굽에서의 출생과 가나안에서 받을 기업 사이의 어디쯤에서 그들은 청년기의 혼란에 빠져 허우적거렸다.

신명기는 성인기다. 마지막으로 백성들은 하나님 안에서 성숙하게 자라난다. 그들은 믿음의 삶 속에서 성장했고 약속의 땅을 기업으로 받을 수 있게 되었으며 그 땅에서 책임 있는 삶을 살 수 있게 되었다. 그들은 제대로 교육을 받았고, 효과적으로 훈련을 받았으며, 어려운 시험을 통과했다.

하나님께서는 그들을 위해 준비해두신 것을 그들에게 맡기려고 하셨다. 이스라엘 백성들이 그들의 자리를 찾으면 역사의 전면에서 물러나려 했던 모세는 그들이 40년 광야 생활에서 경험한 모든 내용들을 설교 형식으로 들려주었다.

또한 하나님께서 그들에게 나타내신 모든 하나님의 뜻과 방법들, 믿음의 삶과 관련 있는 모든 중대하고 영광스러운 문제들도 그 속에 포함시켰다.

광야와 가나안이라는 약속의 땅 사이에 있는 경계에서 모세는 이스라엘 백성들로 하여금 위대한 예배의 행위에 관심을 기울이게 한다. 그는 그들을 하나님 앞에 서게 하고, 그들 앞에 하나님을 제시해 준다. 그리고 그들을 축복했다.

드라이버(S. R. Driver)는 신명기에 관한 연구를 통해 그 책에서 독특하면서도 최종적인 단 한마디는 '사랑'이라고 말했다.[10] 이것은 매우 중요한 지적이다. 왜냐하면 우리는 성인이 될 때까지 사랑의 능력을

---

10 S. R. Driver, *A Critical and Exegetical Commentary on Deuteronomy*(New York: Charles Scribner's Sons, 1895), pp. xxvii-xxxiv.

갖지 못하기 때문이다.

사랑은 유아기를 지나 어린아이와 청소년기를 거치면서 우리 속에서 발달되는 모든 요소들을 통합하며, 다른 사람들과 하나님과의 친밀하고 신실한 인격적 관계를 온전하게 유지할 수 있게 한다.

밀러 교수의 '미드라쉬'는 다섯 권의 토라를 새로운 탄생으로부터 성숙한 사랑에 이르기까지 우리를 온전한 존재로 부르시는 하나님의 말씀으로 바라볼 수 있는 관점을 제공한다. 따라서 우리는 다섯 권의 시편으로 반응하기 위해 그에 합당한 포용력과 이해력을 갖추어야 한다.

모든 기도는 하나님의 말씀에 들어 있는 적절한 정황 속에서 회복된다. 하나님의 말씀은 비인격적으로 혹은 기계적으로 작용하지 않는다. 하나님의 뜻을 억지로 새겨넣으려고도 하지 않는다. 사람들은 말씀으로 인하여 존재하게 되었고, 생명은 하나님의 은혜로 그리고 사랑 안에서 형성되었다. 다른 사람들과 의견이 일치하지 않을 때, 가장 먼저 앞서는 것이 언어다. 언어는 대화, 연설과 반응, 질문과 응답 등에서 최상의 가치를 드러낸다.

믿음의 삶은 우리에게 주어지는 것이 아니라, 순종적인 동의와 자발적인 찬양의 말들 속에서 완성되는 명령과 축복의 언어에 의해 우리 안에서 발전한다.

우리 삶의 모든 부분과 인간 역사의 모든 영역은 하나님께서 말씀하시고, 그 다음에 응답한 것으로 이루어졌다. 인간에 의하여 응답되어졌다.[11] 모든 것을 둘러싸고 있고, 모든 것을 꿰뚫고 있는 하나님의 말씀은 우리가 살아가는 이 세상을 구성하고 있다.

목회자의 직무 가운데 아주 중요한 것은 단 하나의 말씀이라도 추상적이고 비인격적인 상태로 흘러가지 않게 하고, 또한 그 말씀을 단지 지식적인 차원에서 응고되지 않게 하는 것이다. 하나님의 말씀은 모두 인격적이다. 목회 사역이란 이러한 언어에 항상 깨어 있으면서 다른 이들로 하여금 깨어 있으며 모든 말씀에 응답하도록 돕는 일이다. 물론 그 사역은 갑자기 어느 한 순간에만 행하는 것이 아니라 언제나 변함없이 이어진다.

왜냐하면 우리의 삶 가운데 어떤 요소도 기도를 통한 믿음과 순

---

[11] 이런 관점은 매스콜(Mascall)에 의해 제대로 다듬어졌다.
인격적인 존재들 사이의 교류는, 비록 유한하고 창조된 차원에서 시작하지만, 대화를 통해 이루어진다는 특징을 가진다. 즉 사고와 지식의 상호 교류인 것이다. 바로 이런 이유 때문에 언어는 인간 사회에서 중요한 부분을 담당한다. 두 사람이 일정한 수준의 일치를 이루어 가장 높은 인식의 단계에 도달했을 때에라도, 언어는 의사 소통의 요소인 침묵에 자리를 내어준다. 침묵은 자기 반성의 중요한 요소이며 결코 사라지지 않고 그 자리에 남아 더욱 고양된다. 내가 지식의 본질은 인식아(認識我)가 신비로운 방법으로 인식 대상이 되는 것이라고 주장한다면(토미즘을 신봉하는 자들이 말하는 것처럼), 가장 낮은 수준이고 철저히 중립적인 인간 관계의 방식조차도 인식아와 인식 대상이 서로 철저하게 외부적인 존재라고 여기는 것이 불가능하게 될 것이다. 게다가 인간에게 자신을 계시하시는 하나님의 가능성에 대해 생각할 때, 하나님께서 인간에게 순전히 외부적인 충격을 주는 것으로, 아니면 단순히 자신을 정보의 항목 정도로 제공한다는 것은 생각조차 할 수 없는 일이다.
E. L. Mascall, *The Openness of Being* (Philadelphia: Westminster Press, 1971), pp. 148-149.

종의 언어로 응답하기를 요청하시는 하나님의 창조와 구원의 말씀에서 벗어날 수 없기 때문이다.

3
기도를 위한 시간

내가 처음 목회 사역에 임했을 때, 많은 사람들이 평일에도 자신들을 위해 목회자인 내가 무언가를 해주기 원하는 것을 보고 상당히 놀랐다. 나는 연구와 기도에 힘쓰고, 약한 자와 죽음에 임박한 자를 돌아보는 평온한 삶을 기대했다. 물론 위기의 순간에는 그런 평온함이 방해받게 될 것이라는 각오는 했었다.

그리고 나는 신앙이 사람들의 관심 분야에서 가장 하위를 차지한다는 사회학자들의 글을 읽고서, 목회자의 참석을 원하는 가족들의 압력이나 공동체의 암묵적인 약속이 없다면 사람들이 나와 같은 목회자를 친절하게 대하는 척 하면서 관심을 기울이지 않고 무시할 것이라는 결론을 내렸다.

수년 동안 나는 일주일에 단 하루만 일하는 목회자들을 빈정거리는 여러 말을 들으면서, 그렇게 목회자들이 평생토록 우스갯소리의 대상이 되는 이유가 반드시 있을 것이라고 생각했다. 그 가운데 내가 가장 좋아하는 말은 어느 스코틀랜드 목회자에 대한 것이다. 그는 "일주일의 엿새 동안은 보이지 않고 일곱째 되는 날에는 이해할 수 없는 말만 한다"고 말했다.

주일마다 예배를 인도하고 집으로 돌아오면 나는 이웃집 남자가 뒤뜰에서 가볍게 거닐고 있는 모습을 본다. 그는 나에게 인사한 후 마치 항상 그렇게 생각하고 있었던 것처럼, "또 한 주가 끝났군요? 좋으시겠어요!"라고 말한다. 나는 일단 그의 말에 동의한다. "예, 좋습니다." 하지만 나는 정신적으로 그리 편안한 상태가 아니다.

나는 속으로 일주일 동안 해야 할 일들을 적어본다. 나중에 그런 일들을 종이에 적어 이웃집 그 남자에게 줄 작정이다. 내가 교회라는 조직에 빌붙어 사는 기생충이 아니며, 게으름으로 인해 이웃의 자산 가치를 위협하는 그런 인물이 아니라는 것을 그에게 확인시켜줄 서류상의 증거를 제시할 것이다. 아마 그는 큰 충격을 받고 말을 더듬거리며 나에게 사과할 것이다.

하지만 오랜 시간 동안 샤워를 하고 아내에게서 아침 설교가 독창적이고 좋았다는 칭찬을 들으면 마음의 무거움과 고통은 온데간데없이 사라지고, 나를 변호하기 위해 준비하려 했던 일은 다음 주로 미룬다.

처음에는 온갖 요구들로 가득 찬 날들을 놀라움으로 맞이하는 것이 좋았다. 그런 상태는 몇 년간 이어졌다. 필요한 존재가 되는 것은 기분 좋은 일이었다. 단순히 좋은 것 이상이었다. 그런 일들은 최고의 기쁨을 가져다주었다. 목회자인 나의 관심과 참석을 원하는 거의 모든 요구들은 무척 절박한 표현으로 전달되었다. 다른 말로 하자면, 아무리 사소한 행동일지라도 중요한 일로 보였다. 거기에는 목회자가 행하는 모든 일들이 하나님이나 영원함 또는 거룩함과 연관되어 있다는 생각이 전제된 것이었다. 또한 사회학자들의 주장이 옳지 못했음을 알게 된 것도 기분 좋은 요소였다.

하지만 나의 시간을 빼앗는 무수한 요구들 가운데 단 하나도 나의 기도 생활을 요구하지 않는다는 것을 깨달았을 때, 그때까지 느끼던 큰 기쁨의 끝자락들이 닳아 없어지기 시작했다. 그 당시에도 기도는 내가 받은 소명의 가장 중심부에 자리하고 있었다. 나는 함께 살아가고 있는 사람들, 그리고 살아 계신 하나님과 활력 있는 대화를 나누는 일을 위탁받았다.

나는 하나님에 관한 기본 교육 ― 듣기, 읽기, 쓰기 ― 을 공부하기 싫어하는 아이들에게 억지로 가르치는 일을 하겠다고 의도적으로 서명하지 않았다. 오히려 나는 하나님의 존전으로 나아가는 순례의 길을 가는 사람들에게 동행이 되어주라는 소명을 받았다. 나는 세상에서 중요한 사업을 하는 바람에 자신조차 돌볼 시간이 없는 사람들이 모인 회중이나 공동체에서 선행을 베푸는 도덕적인 사환이 되기로 동의하지 않았다. 나는 하나님의 말씀을 개인적으로 듣고 응답하며 다른 이들 역시 그 말씀을 듣고 응답하도록 인도하는 책임을 맡았다.

물론 분주함은 목회 사역만이 가진 특별한 요소는 아니다. 서구

문화에서 분주함은 이미 고유한 특성이 되었다. 어떤 비평가는 다음과 같이 불평했다. "우리들은 모두 뇌 속에 택시 미터기를 달고 다닌다. 그것이 머리 속에서 똑딱거리며 시간과 공간을 돈으로 바꿔준다."[1] 그러나 유익한 잔소리보다 더 나은 무언가를 요구하는 목회의 영역이 있다. 목회자들은 서로를 상쇄해버리는 것처럼 보이는 두 가지 형식의 요구 사이에서 날마다 삶의 딜레마를 다루는 전략이 필요하다. 그 전략은 다양한 요구들 가운데 어느 하나만을 편향적으로 들어주는 것 없이 두 가지 모두를 받아들이는 것이다.

첫 번째 형식의 요구들은 목회자가 주변 사람들의 요구에 동정심을 갖고 관심을 보이며 반응할 것을 원한다. 일정한 시간의 속박에 얽매이기를 거부하고 목회자의 능력을 넘어서는 것들이다. 이런 요구들은 종종 깊은 영적인 갈급함들을 숨기고 있으므로, 틀에 박힌 말로 해소되지 않으며 그렇다고 해서 어떤 위원회에 위임할 수도 없다. 사람들의 삶은 이러한 요구들에 묶여 있어서 통찰력 있는 지각을 필요로 한다.

두 번째 형식의 요구들은 목회자가 하나님의 요구에 경외의 마음으로 응답하는 것이다. 그분의 말씀을 듣고 실제 환경 속에서 그분을 진지하게 받아들이며, 전문화된 역할을 내세워 자신의 방식을 속이지 않는 것이다. 이것은 우리가 느리게 그리고 신중하게 다가오는 경험과 교훈으로부터 알게 되는 일종의 관심이다. 존재의 중심부에는

---

[1] Wayne Oates, Workaholics, *Making Laziness Work for You* (Garden City, NY: Doubleday & Co., 1978), p. 59.

하나님을 깊이 생각하고 사랑하는 마음으로 믿는 넓고 여유 있는 자리가 있기 마련이다.

이러한 요구는 급하게 드리는 기도나 온갖 요구로 가득 찬 기도를 위한 것이 아니다. 그것은 놀라움과 예배가 발전할 공간을 가지고 있고, 기쁨과 놀이가 번성할 시간을 가진 영혼의 영역으로 들어가는 것을 의미한다.

목회자가 일상의 요구들에 앞서서 이런 형식의 요구를 가지는 것이 가능할까? 이런 요구는 수도원에 있는 수도사나 수녀들, 혹은 사막에 있는 은자(隱者)들, 그리고 평범한 운명의 한계를 뛰어넘어 살아갈 능력을 지닌 몇몇 고귀한 위인들을 위한 것이 아닐까?

목회자들이 그런 요구를 가지는 일은 가능하다. 왜냐하면 그것을 위한 성경적인 뒷받침이 있기 때문이다. 수세기에 걸쳐 목회자들은 두 가지 형식의 요구들을 화를 내거나 죄를 범하면서 딜레마로 경험하지 않고 온전히 통합할 수 있었다. 성경적인 뒷받침이란 바로 안식일을 일컫는다. 안식일을 준수하는 단일한 행동은 목회자가 규칙적인 행동과 반응의 훈련을 하는 것 이상의 의미를 지닌다. 두 형식의 요구들은 제각각 격렬하게 분출되기보다는 공시적(共時的)으로 경험된다.

안식일에 대한 정확한 이해는 안식일 준수의 선행 조건이다. 안식일은 성경적으로 이해되어야 한다. 결코 문화적인 기준으로 다가가서는 안 된다. 안식일에 관한 폭넓은 오해 가운데 하나는 그날을 단순한 '쉬는 날'로 격하시키는 것이다. 안식일은 쉬는 날이 아니다. 성경을 제대로 배우고 거룩한 예배를 인도하는 목회자가 안식일을 잘못 인식하고 그릇되게 호칭하는 것은 변명할 수 없는 행동이다. '쉬는 날'은 거짓 안식일이다. 쉬는 날에는 분명히 모종의 이득이 따른다. 하지만 안식일엔 개인을 위한 이득은 없다.

종종 목회자들은 아내나 아이들, 또는 정신과 의사에게 설득당해 안식일을 쉬는 날이라는 개념을 받아들여 일주일이 7일로 이루어져 있다는 강박관념을 떨쳐버리려 한다. 그들은 7일 동안 활동하던 때보다 엿새 동안 일할 때 더 많은 것을 얻는다. 인간의 몸과 마음은 쉬지 않고 끊임없이 일하도록 만들어지지 않았다. 정신과 육체의 건강이 하루를 쉼으로써 몰라보게 향상된다. 기분도 좋아진다. 효율성은 극대화된다. 인간 관계도 원활해진다. 그러나 아무리 이득을 얻는다 하여도 그것은 진정한 안식일이 아니라 세속화된 안식일이다.

그런 주장의 근거는 실용주의다. 일주일 가운데 하루를 쉼으로써 엿새 동안 일하는 데 도움이 된다는 말이다. 쉬는 목적은 원기를 회복하고, 동기를 향상시키며, 노력에 대한 보상을 받고, 업무에 대한 자극의 강도를 높게 유지하는 것이다. 가족의 화합과 정신 건강의 향상이라는 부수적인 효과 역시 마음을 끌기에 충분하다. 대부분의 목회자들이 안식일을 쉬는 날로 여기려는 움직임은 그들이 소명에 대한 그릇된 인식과 개념을 가지고 있다는 증거 가운데 하나다.

이와 관련된 또다른 그릇된 호칭은 '목회자의 연구'를 '직무'로 바꾼 것이다. 그것은 목회 사역을 더욱 세속화시킨 개념이다. 너무나 많은 목회자들이 더이상 서재를 성경 연구의 장소로 여기지 않고 프로젝트를 계획하는 기획실로 삼고 있지 않은가? 어휘의 변화가 눈에 보이는 해를 끼치지는 않는다. 하지만 말이란 우리의 태도를 결정하는 힘을 가지고 있다. 만일 '사무실'이라고 적혀 있는 방으로 들어가면 목회자는 직무와 관련된 일을 하게 된다. 먼저 말을 바꿔야 한다. 그러면 그 말이 우리를 변화시킬 것이다.

안식일은 '중지하다'라는 뜻을 담고 있다. 중단, 휴식, 진정하다 등의 의미도 포함된다. 그 단어 자체로는 경건함이나 거룩함을 나타내지 않는다. 안식일이라는 말은 시간에 관한 단어다. 우리가 그날을 사용하지 않는 것을 일컫는다. 보통 우리가 시간을 소모한다고 부르는 그런 개념이다.

안식일을 이해하기 위한 성경적인 콘텍스트는 창세기에 나오는 창조의 주간이다. 안식일은 일곱째 날이고 마지막 날이다. "이는 하나님이 그 창조하시며 만드시던 모든 일을 마치시고 이날에 안식하셨음이더라"(창 2:3). 우리는 하나님께서 에너지와 물질들을 존재케 하신 날들의 연속 속으로 다시 들어간다.

창조의 날들은 다음과 같은 후렴구로 연결된다. "저녁이 되며 아침이 되니 이는 첫째 날이라 … 저녁이 되며 아침이 되니 이는 둘째 날이라 … 저녁이 되며 아침이 되니." 이런 표현이 연속해서 여섯 번 나온다. 이것이 '날'에 대한 히브리식 이해 방법이다. 서구식과는 다르다. 우리들의 하루는 약간 어두컴컴한 새벽에 시끄럽게 울리는 자명

종 소리와 함께 시작된다. 그리고 저녁 시간이 한참 지난 후 전깃불을 끄면 하루가 끝난다. 우리들은 관례적으로 밤 12시 이후의 시간들은 '날'에 포함시키지 않는다. 가끔 일을 하기 위해 '날'에 포함되지 않은 한두 시간을 사용하기도 한다. 우리가 지니고 있는 '날'에 대한 개념이 히브리식과 너무 다르기 때문에 우리들은 상상력을 동원해 밤과 아침을 하루로 여기는 히브리식 표현들을 이해하려고 노력해야 한다.

관용적인 표현 이상의 것이 성경 본문에 포함되어 있다. 거기에는 운율의 느낌도 담겨 있다. 날이란 하나님께서 행하신 창조 사역의 기본 단위다. 저녁은 그날의 시작이다. 밤은 하나님께서 빛과 별들과 땅과 채소와 동물과 남자와 여자를 만들어내신 날의 출발점이기도 하다. 하지만 밤은 우리가 활동을 멈추고 잠자리에 드는 시간이다. 저녁이 되면 "나는 침실로 들어가 나의 영혼을 지켜달라고 하나님께 기도한다." 그리고 여섯 혹은 여덟 시간, 더 나아가 열 시간 정도 무의식 속으로 빠져든다. 그 상태에서 나는 전적으로 비생산적이고 아무런 금전적인 가치가 없다.

그런 다음에 잠에서 깨어나, 잠시 숨을 돌린 후에 침대에서 있는 힘을 다해 빠져나간다. 그리고 커피잔을 손에 들고 일을 시작하기 위해 문을 박차고 나간다. 제일 먼저 깨닫게 되는 사실은 모든 것들이 이미 몇 시간 전에 시작되었다는 것이다. 내가 깊이 잠들고 있는 사이에 모든 중요한 일들이 이미 진행되고 있었다. 모든 계획이 수립되어 있고, 직무가 할당되어 있으며, 사업이 진행중인 사무실로 나는 들어간다.

때때로 나는 정신을 못차리고 거의 완성된 일의 중간에 끼어들어, 이제 막 시작한다는 착각에 빠져 일에 착수한다. 하지만 일은 상당히 진척되어 나는 마무리를 눈 앞에 두고 있는 일을 방해한 것에 지나지 않는다. 나는 내가 잘못을 저지르며 일의 상태를 악화시키고 있음을 인식하지 못한 채 여전히 순수한 의도와 활기찬 목소리를 갖고 있다.

그러므로 종종 자신에게 다음 같은 질문을 던져보는 것이 현명한 행동이다. "내게 적합한 곳은 어디인가? 당신에게 추가로 도움이 필요한 곳은 어디인가? 아직 끝내지 못한 일은 무엇인가?"

저녁/아침으로 연결되는 히브리 방식의 '날' 개념은 은혜의 규칙적인 반복을 보여준다. 우리는 잠들고, 하나님께서는 당신의 사역을 시작하신다. 우리가 자고 있을 때 하나님께서는 당신의 언약을 발전시키신다. 우리는 아침에 일어나 하나님의 창조 행위에 참여하라는 부름을 받는다. 우리는 믿음과 직업 속에서 응답한다.

그러나 언제나 은혜가 앞선다. 은혜가 가장 중요하다. 우리는 우리 자신이 만들지 않은 세계 속에서 깨어난다. 우리 힘으로 획득하지 않은 구원 안에서 깨어난다. 저녁에 하나님께서는 우리의 도움없이 당신의 창조의 날을 시작하신다. 아침에 하나님께서는 당신이 시작하신 사역을 향유하고 나누며 발전시키라고 우리를 부르신다. 창조와 언약은 전적으로 하나님의 은혜이며, 우리는 매일 아침 그 은혜를 맞이한다.

조지 맥도널드(George MacDonald)는, 잠이란 우리가 깨어 있을 때에는 주지 못할 도움을 우리에게 주시기 위해 하나님께서 고안하신 것이라고 말한 바 있다.

창세기의 첫 부분과 몇 편의 시편을 연속으로 읽고 또 읽을 때마다 이처럼 심오하고 근본적인 리듬을 발견할 수 있다. 그 본문들은 하나님의 창조/구원의 말씀, 하나님의 섭리/보존의 능력, 하나님의 은혜라는 강력한 최초의 실체를 가득 담고 있다.

이와 같은 성경적인 창세기 리듬이 내 속에서 역사하면, 다른 많은 사실도 발견하게 된다. 그것은 내가 한낮에 행하던 일들을 멈추더라도 본질적인 것들은 아무것도 멈추지 않는다는 사실이다. 나는 기진맥진하거나 좌절감을 느끼지 않으면서도 잠자리에 들 준비를 한다. 왜냐하면 아직 완성하지 못하고 끝내지 못한 일이 있으므로, 기대감을 갖고 있기 때문이다. 새로운 날이 시작되려 한다! 하나님께서 창세기에서 말씀하신 언어들이 다시금 선포되려 한다.

내가 잠자고 있는 시간 동안, 하나님께서는 아침이 오기까지 나의 순종과 봉사와 언어를 사용할 준비를 어떻게 하실까? 나는 잠시 길에서 벗어나기 위해 잠을 잔다. 구원의 리듬에 몸을 맡긴다. 우리가 잠자고 있는 동안, 위대하고 신비로운 일들 — 우리에게 있는 무엇을 고안하거나 만들어낼 수 있는 능력을 월등히 능가하는 일들 — 이 진행된다.

달은 날마다 모양을 달리하고, 사자는 먹이를 잡으려 포효하며, 지렁이는 땅 속을 기어다니고, 별들은 각기 제 궤도를 돌고 있다. 또한 단백질은 우리의 근육을 회복시키고, 잠자는 동안 꿈을 꾸는 우리의 두뇌는 깨어 있는 시간에 나눈 잡다한 이야기와 온갖 계획들의 바탕에 깔려 있는 심오한 의미들을 되찾는다.

우리가 행하는 일들은 하나님의 사역의 콘텍스트 속에서 이루어진다. 인간의 노력은 그 자체로 존중되고 높임을 받는 것이 아니라 은혜와 축복의 리듬 속에 통합됨으로써 고귀하게 여겨진다. 우리는 그러한 은혜를 마음으로 이해하기 전에 이미 몸으로 경험한다. 우리는 물리적/영적 기술의 문제에 참여한다. 사상이나 교리나 덕목의 문제가 아니다. 우리 몸은 창세기의 리듬에 따라 움직인다.

안식일은 이와 같은 기본적이고 일상적인 리듬을 한 달이라는 더 큰 콘텍스트로 옮겨놓은 것이다. 축을 중심으로 회전하는 지구는 아침/저녁이라는 2박자 리듬을 제공해준다. 달은 자기 궤도를 돌면서 또다른 리듬을 가져다준다. 7일로 이루어진 한 주가 네 번이 되어 28일로 이루어지는 한 달이 이루어진다. 하나님께서는 우리에게 이처럼 7일로 이루어진 창조의 리듬을 준수하라고 명하셨다.

안식일 준수는 아침/저녁이라는 하루의 리듬을 전제로 한다. 우리는 매일 밤마다 피곤하고 졸려서 일을 멈추지 않을 수 없다. 하지만 7일째 되는 날에는 일을 멈추지 않을 수도 있다. 특히 하던 일이 탄력을 받아 순조롭게 진행되고 있을 때에는 더욱 그렇다. 일주일의 리듬을 준수하려면 의지적인 행동이 요구된다.

안식일 준수는 종종 우리의 일상을 방해하는 요소로 느껴지기 쉽다. 안식일 준수는 우리가 매일 행하는 일이 세상을 움직이게 하는 데 없어서는 안될 것이라는 가정을 점차 세워나갈 것을 요구한다. 그러면 우리는 안식일 지키는 것을 훼방거리가 아닌 기본적인 박자를 뒷받침하고 확장시킨 폭넓은 박자 단위로 깨닫게 될 것이다.

7일째마다 더욱 심오한 박자가 울려퍼진다. 거대한 종에서 흘러나오는 심오한 소리가 저녁/아침, 저녁/아침, 저녁/아침으로 매일 반복되는 팀파니 소리를 감싸고 울려퍼진다. 창조가 영광스럽게 높여지고 묵상되며, 구원이 기억되고 공유된다.

안식일 준수를 명하는 두 군데의 성경 본문을 비교해보면, 명령은 모두 동일하지만, 그 명령을 뒷받침하는 이유는 조금 다르다. 출애굽기에 제시된 이유는 하나님께서 그날을 지키셨기 때문에(출 20:8-11) 우리도 안식일을 지켜야 한다는 것이다. 하나님께서는 창조 사역을 엿새 동안 행하고 그 다음에 쉬셨다. 하나님께서 안식을 위해 하루를 따로 떼어놓으셨다면, 우리 역시 할 수 있다.

하나님께서도 오로지 안식하는 상태에서 행하실 수 있는 일들이 몇 가지 있다. 일/휴식 리듬은 하나님께서 현실 속으로 들어오신 구조 속에서 형성되었다. 하던 일을 중단하고 휴식하는 선례는 하나님께서 친히 보여주셨다. 안식일 준수는 하나님의 명령으로 주어졌다. 따라서 우리는 그 명령을 내면화하여 쉬지 않고 일을 하는 상태보다 좀더 성숙한 존재가 되어야 한다.

신명기에 제시된 안식일 준수의 이유는 애굽에서 선조들이 전혀 쉬지 못하고 400년을 지냈기 때문이라고 나와 있다(신 5:15). 단 하루도 쉬지 못했다. 그 결과는 어떠했는가? 그들은 더이상 인간으로 인식되지 않고 노예로 취급되었다. 일을 진척시키기 위한 단위에 불과했다. 하나님의 형상으로 창조된 사람이 아니라 벽돌을 만들고 피라미드를 건설하는 건설 장비였다. 인간성은 처참하게 손상되었다.

우리 가운데 어느 누구도 이웃이나 남편 또는 아내나 자녀나 회사의 직원들을 그런 식으로 대하지 못하게 하려고, 안식일을 지키라는 명령이 주어졌다. 우리가 다른 사람들을 대할 때 그들이 누구인가라는 측면보다는 그들이 무엇을 할 수 있는가 하는 면을 더 관심 있게 보기 시작하는 순간, 우리는 인간성을 훼손시키고 공동체를 어지럽게 만든다.

"나는 이번 주에 쉬지 않아도 되니까 안식일을 지키지 않겠어"라고 주장해도 소용없다. 우리들의 삶은 상당히 복잡하게 연결되어 있으므로 안식일에 일을 하게 되면 의도했든 의도하지 않았든 간에 상관없이 필연적으로 다른 사람들을 그 일에 관여하게 만드는 관계를 초래한다.

안식일 준수는 근본적인 친절과 호의다. 안식일 준수는 이웃들 속에 있는 하나님의 형상을 보존하여 그들을 우리의 필요에 따라 평가하는 것이 아니라 있는 그대로의 모습을 보게 하기 위해 명령으로 주어졌다.

십계명 중에서 일곱째 계명의 진실성과 필요성은 너무나 명백하고 별도의 설명이 필요없다는 사실에 주목하는 것은 매우 흥미롭다. 둘째 계명은 너무나 지키기 어려워 경고가 부가되어 있다. 다섯째 계명을 제대로 준수하는 것은 무척 피곤한 일이므로 좋은 약속이 함께 주어졌다.

하지만 넷째 계명은 필요하거나 논리적인 것으로 보이지 않는다. 따라서 여러 가지 이유가 그 뒤에 덧붙어 있다. 근거나 이유에 호소하는 것을 자랑스럽게 여기는 지금 시대가 확실한 근거 — 실제로 이중적인 근거다. 하나는 역사적이고 또 다른 하나는 신학적 근거다 — 에 의해 뒷받침되는 명령을 가장 무시하고 있다는 것은 역사의 아이러니가 아닐 수 없다.

모든 직업에는 나름대로 쉽게 범할 수 있는 죄악들이 내포되어 있다. 나는 의사나 변호사, 목공이나 도예가들을 위태롭게 하는 죄악을 면밀히 살펴보지는 않았지만, 목회자들이 매일 주의를 기울여 피할 필요가 있는 죄악의 올무는 유심히 관찰했다. 그것은 바로 리듬을 깨뜨리는 죄다. 은혜/직업이라는 리듬을 버리고 직업/은혜를 채택한 것이다.

하나님께서 말씀으로 모든 것을 존재케 하고 그의 팔로 자기 백성들을 구원하신 세상 속에서 일하기보다는, 그 세상을 자기 마음대로 재배열하려 한다. 그 세상 속에서 하나님의 능력의 말씀을 선포하고 자기의 선포에 대해 축복해줄 것을 하나님께 요구한다. 목회자들은 그 세상 속에서 자신의 능력 있는 팔을 펴서 압제받는 자들을 도우려 하고, 궁핍한 자들을 돕기 위해 팔을 벌리며, 자신들이 미처 돌보지 못한 자들을 보살펴달라고 하나님께 간절히 간구한다.

바로 그런 이유 때문에 안식일을 제대로 지키는 목회자의 숫자가 형편없이 적은 것이다. 목회자들은 리듬을 바꿔놓았다. 그렇게 리듬을 뒤바꿔놓은 상태에서 어떻게 일주일 가운데 하루를 쉴 수 있겠는가? 시간을 구속하라는 명령을 받았다면 어떻게 하루씩이나 일을 멈출 수 있을까? 할 말이 잔뜩 있는데 어떻게 입을 다물고 있을 수 있겠는가? 한창 때에 높은 권위를 인정받는 그런 때에 어떻게 하루 종일 아무 일도 하지 않고 보낼 수 있는가? 더군다나 해결하기에 역부족일 정도로 어려운 일을 도와달라는 부탁을 받지 않았는가?

그러나 바로 그런 이유 때문에 안식일 준수는 제안이 아니라 명령으로 주어졌다. 오로지 명령만이 불신앙적이고 은혜를 모르는 사업의 부도덕하고 빨리 변화하고 스스로 지속되는 반복 주기에 개입하여 그것을 중단시킬 수 있기 때문이다. 우리가 선한 의도를 가지고 행한다는 바로 그 부분에 명령이 개입한다.

모든 계명이 목회자들에 의해 이처럼 멸시받고 무시되며 그릇 취급되지는 않는다는 것은 무척 중요한 사실이다. 목회자들은 교인들에게 뛰어난 설교를 전달할 능력을 가지고 있다. 또한 안식일에 훌륭한 예배와 거룩한 휴식을 제공하기 위해 각별히 주의할 수도 있다. 그러나 목회자들은 자신들을 예외로 여긴다. 이상한 일이 아닐 수 없다.

제7계명을 적극적으로 설교하고서 성적으로 문란한 삶을 추구하는 목회자는 많지 않다. 제2계명을 유창한 말솜씨를 동원해 설교하고 난 후에 교회 현관에서 풍요의 여신을 새긴 신상을 판매할 목회자는 없다. 하지만 목회자들은 제5계명에 관한 교리 교육을 진지하게 가르친 후에 조금도 얼굴을 붉히지 않고 놀라운 경건함의 증거로 일

중독증에 걸린 사람처럼 안식일에도 전혀 쉬지 않고 일하는 모습을 보여준다.

안식일: 그것은 우리가 행하는 열정적인 활동으로부터 우리를 멀리 떼어놓는 잘 정돈된 고요한 시간과 공간이다. 따라서 우리는 하나님께서 과거에 행하신 일과 지금도 변함없이 행하시는 일들을 목격할 수 있다. 정기적으로 일주일에 하루를 쉬지 않는다면 우리는 자신을 너무 중요하게 여길 것이다. 도덕적인 열심 때문에 우리 눈썹 위로 흘러내리는 땀들은 우리 안에 그리고 우리 주위에서 활동하시는 하나님의 주요 활동을 보지 못하게 가로막을 것이다.

안식일 준수: 내면의 소음을 잠재우는 일. 이로 인하여 우리는 주님의 미세한 음성에 귀를 기울이게 된다. 교만으로 인한 마음의 분열을 제거하고 우리는 그리스도의 존재를 분간할 수 있다. "… 셀 수 없이 많은 곳에서, 우리의 손과 발에서, 그리고 눈에서 그분을 느낀다. 각 사람의 얼굴 모습을 통해 아버지께로 나아간다."[2]

안식일: 우리 주변의 사람들로부터 우리 자신을 분리시키는 정돈된 시간과 공간이다. 그럼으로써 주변 사람들은 목회자의 강압이나 참견 없이 하나님께 직접 나아가는 기회를 얻는다. 그들은 언제나 사람들을 조작하는 일로 치우칠 위험이 있는 목회자의 지도로부터 자유로울 필요가 있다.

안식일 준수: 완전히 달라붙어서 좀처럼 떨어지지 않으려는 사람

2　Gerard Manley Hopkins, "As Kingfishers Catch Fire," in *Poems and Prose of Gerard Manley Hopkins*, ed. W. H. Gardner(Baltimore: Penguin Books, 1953), p. 51.

들로부터 목회자 자신들을 분리하는 행동이다. 또한 목회자가 자신의 정체성을 위해 버리지 못하는 일상적인 일과들로부터 떨어지는 것이다. 그런 후에 그 모든 것들을 찬양 가운데 하나님께 돌려드린다.

목회자들은 이러한 사실을 신학적으로 이해하는 데에는 그리 큰 어려움을 느끼지 않는다. 그들은 설교단에서 그러한 내용을 억지로라도 정확하게 선포한다. 이러한 문제에서 목회자들의 신학은 정통에 속해 있고 성경적이다. 부족한 것은 목회자들의 신학이 아니라 기술이다. 안식일 준수는 믿음의 문제가 아니라 도구(시간) 사용의 문제다. 마음과 정신의 훈련이 아니라 육체의 훈련과 관련된 문제다. 안식일 준수는 경건한 사상이나 마음에서 우러나오는 찬양이 아니라 단순히 우리의 육신을 일주일에 하루씩 일상적인 흐름에서 빼내는 것이다.

대부분 목회자들은 설교단에서는 어거스틴주의자들이다. 그들은 하나님의 주권과 은혜의 탁월함과 하나님의 영광을 설교한다. "너희는 그 은혜에 의하여 믿음으로 말미암아 구원을 받았으니 이것은 너희에게서 난 것이 아니요 하나님의 선물이라 행위에서 난 것이 아니니 이는 누구든지 자랑하지 못하게 함이라"(엡 2:8-9).

하지만 목회자는 설교단을 떠나는 순간부터 펠라기우스주의자가 된다. 목회자들은 위원회 모임과 여러 가지 사업을 계획하는 회의에서 사람들의 기대를 충족시키려는 과도한 열심, 사람들을 기쁘게 하려는 열망, 그리고 모든 일의 원인을 파악하려는 조급함 등에 밀려 자신들의 선한 뜻을 삶의 기초에 놓고, 하나님을 기쁘시게 해드리는 데 있어 도덕적인 노력을 가장 중요한 요소로 주장하는 신학을 따른다.

북미에서 사역하는 목회자들의 행동 특성을 만들어내는 신학은 다음과 같다. 만일 어떤 일들이 만족스럽지 않은 상태에 머물러 있다면, 목회자인 내가 좀더 열심히 하고 다른 이들로 하여금 더욱 힘쓰도록 유도하여 그 일들을 향상시킬 수 있을 것이다. 위원회를 하나 더 증설하고, 지원자들을 더 모집하고, 하루에 두 시간 정도 추가로 일을 시키면 된다.

　펠라기우스는 이단이 아닌 것 같고 어거스틴은 성자가 아닌 것처럼 보인다. 펠라기우스가 했던 모든 말들을 따져보면, 그는 세련되고 예의 바르고 확신에 차 있다. 모든 사람들은 그를 몹시 좋아했던 것 같다. 어거스틴은 그의 젊은 시절을 부도덕함 속에서 낭비했고, 그의 어머니에 대하여 프로이드가 말하는 모종의 애정을 느꼈으며, 많은 적들을 만들었다. 하지만 신학과 목회의 대가들은 한결같이 어거스틴이 하나님의 은혜에서 시작하므로 그의 신학은 옳고, 펠라기우스는 인간의 노력으로부터 출발하기 때문에 잘못되었다는 사실에 동의한다. 우리가 설교단에서는 물론이고 설교단 밖에서도 어거스틴주의자로 행동한다면, 안식일을 준수하는 데에는 아무런 어려움도 없을 것이다. 펠라기우스가 우리의 주인이 되는 일이 어찌 일어나겠는가?

　목회자들의 행동에 내재된 펠라기우스주의는 목회자 자신들을 파문시키거나 화형대에 오르게 하지는 않을 것이다. 하지만 그것은 목회 사역을 심각하게 훼손할 것이다. 비록 개인적으로는 고통스럽지 않을 테지만, 교회 전체의 건전함과 온전함에는 커다란 재앙이 될 것이다.

안식일 준수를 뒷받침하는 두 가지 성경적인 근거들은 기도와 휴식이라는 안식일 활동으로 발전한다. 출애굽기에 제시된 근거는 하나님에 대한 묵상으로 우리를 인도한다. 그것은 기도가 된다. 신명기의 근거는 사회적인 여가로 우리를 인도한다. 그것은 휴식이다. 기도와 휴식은 서로 깊이 부합되며 광범위한 내적 연관성을 가진다.

다양한 영역의 철학자와 신학자들이 그 부분에 대하여 설명하고 의견을 제시했다.[3] 장 칼뱅은 그의 안식일을 위에서 말한 두 가지로 가득 채웠다. 유머 감각도 없이 엄격한 생활을 했다는 그의 명성은 이러한 사실을 이해하는 데 별로 도움이 되지 않는다. 그는 아침에는 기도로 교인들을 인도하고 오후에는 제네바 시민들과 함께 스키틀(skittle, 원반으로 9개의 핀을 넘어뜨리는 놀이 — 옮긴이) 놀이를 했다.[4] 요즘 활동하고 있는 시인인 오든(W. H. Auden)은 우리가 가장 고귀한 두 가지 요소를 잃어가고 있다는 사실에 놀랐다. 두 가지 요소란 진심으로 웃을 수 있는 능력과 기도하는 능력이다. 그는 더 나은 기도와 더 나은 놀이를 위한 건전한 언어들을 표현할 수 있게 해달라고 간청했다.[5]

시편 92편은 시편에서 특별히 안식일에 할애된 본문이다. 이 시의 서두는 표준적인 안식일 행위들을 병렬식으로 제시하고 있다.

---

[3] Hugo Rahner, *Man at Play* (New York: Herder and Herder, 1972).
[4] Tilden Edwards, *Sabbath Time* (New York: Seabury Press, 1982), p. 20.
[5] May Sarton, *Journal of a Solitude* (New York: W. W. Norton & Co., 1973), p. 98.

지존자여 십현금과 비파와 수금으로 여호와께 감사하며
주의 이름을 찬양하고 아침마다 주의 인자하심을 알리며
밤마다 주의 성실하심을 베풂이 좋으니이다(시 92:1-3).

기도는 무엇이고 놀이는 무엇인가? 놀이를 제거해버린 청교도의 안식일은 완전히 실패였다. 기도를 제거해버린 세속적인 안식일은 그보다 더 열악했다. 안식일 준수는 놀이와 기도 모두를 포함한다. 두 가지 활동은 동일한 날을 엇비슷하게 공유하지만 상호 보충적인 온전함을 위해 서로를 필요로 한다. 하지만 두 가지를 하나로 결합하는 것은 쉽지 않다.

'출애굽기의 안식일'과 '신명기의 안식일'을 상세히 말하는 것이 훨씬 쉽다. 조지 시한(George Sheehan)은 한때 이런 글을 썼다. "놀이의 사람은 기도의 사람에 못지않게 이해하기 어려운 대상이다."[6] 하지만 어린아이들은 두 가지를 항상 함께한다. 그들은 놀이와 기도가 어른들이 이해하고 있는 것처럼 이질적인 습관이 아니라 오히려 우리 속에 깊이 내재되어 있는 본질적인 무언가를 회복시켜준다는 것을 보여준다. 뉴먼(Newman)은 "기도와 놀이를 동시에 행하는 일은 오랫동안 사랑받아왔지만 한동안 잊혀졌다"고 말했다.

렘브란트(Rembrandt)의 동판 그림은 예수님께서 존경의 눈빛으로 자신에게 몰두하고 있는 어른들을 가르치시는 장면을 보여주고 있다.

---

[6] George Sheehan, *On Running*(Mountain View, CA: World Publications, 1975), p. 196.

그들 곁에서 한 어린아이가 팽이를 가지고 놀고 있다. 렘브란트는 예수님께서 하신 말씀이 무엇인가를 말하고 있지 않다. 나는 그가 우리에게 기도하는 법을 가르치고 있다고 생각한다. 아이는 노는 법을 우리에게 가르쳐준다.

나도 20년 전에 이와 유사한 일을 겪었다. 예배 시간에 교인들을 위한 중재 기도를 인도한 후에 눈을 떴을 때, 우리 아이가 자기 공을 따라서 교인들이 기도하는 사이에 예배당 중앙으로 기어나온 것을 알았다. 처음에는 무척 당황했다. 하지만 나중에 그런 나의 반응에 대해 회개했다. 그 아이의 놀이가 우리의 기도에 비해 하나님의 영광을 드러내지 못했단 말인가?

시편 92편은 기도와 놀이를 앞뒤로 배치해놓고 그 다음에 세 개의 은유를 이용해 평행선상에 있는 행동들을 자세히 말해준다. 그럼으로써 우리에게 안식일 준수에 관한 연속되는 세 장의 그림을 보여준다.

첫 번째 은유는 음악적인 것이다. 우리는 기도하고 "십현금과 비파와 수금"(시 92:1)의 정숙한 소리와 더불어 뛰논다. 놀이와 기도는 교훈과 즐거움을 하나로 결합시키는 음악가의 기교와 같다. 음악은 우리 내면 깊은 곳에 있는 무언가를 활기차게 만든다. 우리의 육체는 음악과 리듬에 동화되고 살아 있음을 경험한다. 선율과 화음은 전혀 음악적이지 않은 일상적인 대화의 불평과 불만이라는 영역에서 우리를 이끌어낸다.

또한 자아의 울타리에 가둬두는 온갖 요구와 푸념으로부터 우리를 건져낸다. 훌륭한 음악 연주는 별로 힘들이지 않고 쉽게 하는 것처럼 보인다. 하지만 무척 쉽게 느껴지는 자연스러움 뒤에는 엄청난 양의 연습이 자리하고 있다. 이러한 훈련은 무척 힘겹지만 성가시거나 짐이 되지 않는다. 그러나 이것은 우리가 외적인 자아의 담을 넘어 진정한 아름다움으로 우리를 이끌어주는 지각과 열망으로 들어가는 용인된 방법이다.

어떤 방법으로든 자신의 한계를 넘어설 때 우리는 하나님과 더욱 가까운 위치에 있다. 시편에 기록된 거의 모든 기도가 음악적으로 표현되었다는 명백한 증거를 담고 있는 것은 무척 중요한 사실이다. 칼 바르트(Karl Barth)는 모차르트의 음악이 자신을 "태양이 비칠 때나 폭풍우가 몰아칠 때, 밤이나 낮이나 항상 만족스럽고 질서 정연한 세계의 입구로 데려다주었다"고 말했다.[7]

현명하고 많은 학식을 갖춘 한 무신론자가 고대 로마에 나타나, 능란한 말솜씨로 사람들을 현혹했다. 그는 하나님은 없고, 목적도 없고, 의미도 없으므로, 어떤 일이든 모두 허용된다고 주장했다. 그는 자신의 주장을 더욱 돋보이게 하기 위해 광장에 모인 사람들 가운데 무식해 보이는 어느 목동을 지목했다.

그는 구경꾼들 앞에서 그 목동을 놀려주려 했다. 무신론자는 날카로운 논리로 목동을 놀려댔고, 현란한 웅변술로 그를 정신 못차리게 했다. 그는 다음과 같이 자랑스럽게 말하며 자기의 말을 그쳤다.

---

[7] Karl Barth, "A Letter of Thanks to Mozart," in *Wolfgang Amadeus Mozart*, trans. Clarence K. Pott(Grand Rapids: William B. Eerdmans, 1986), p. 22.

"이제 당신 차례요." 목동은 피리를 꺼내 즐거운 음악을 연주하기 시작했다. 얼마 지나지 않아 광장에 모인 모든 사람들은 흥에 겨워 춤을 추었다.

두 번째 은유는 동물이다. 기도와 놀이는 들소의 야생성과 같다. "그러나 주께서 내 뿔을 들소의 뿔같이 높이셨으며 내게 신선한 기름을 부으셨나이다"(시 92:10). 동물의 야생성은 속박되지 않는 충만함을 드러낸다. 동물들이 자연 속에서 뛰어다니고 하늘로 상승하며 껑충거리며 다니는 모습을 볼 때 우리 마음에는 기쁨이 넘친다. 독수리는 먹이를 향해 수직으로 하강한다. 회색곰은 감자 줄기처럼 먹을 것을 찾기 위해 높은 산의 잔디를 사정없이 뜯어낸다. 흰꼬리 사슴은 개울을 뛰어넘는다.

기도와 놀이는 마치 그와 같다. 길들여지지 않은 들짐승과 같다. 우리는 의도적으로 취했던 자세를 버리고 가면을 내던진다. 남의 이목을 꺼리지 않는다. 우리는 우리 자신이 된다.

에릭 에릭슨(Erik Erikson)은 여기에 대하여 다음과 같이 설명한다.

놀이에 대한 모든 설명과 정의 가운데 가장 간략하고 가장 뛰어난 것은 플라톤의 『법률(Laws)』에서 찾아볼 수 있다. 그는 진정한 놀이의 모델을 어린아이나 동물의 새끼들이 지닌 이리저리 뛰려는 욕구에서 발견했다. 제대로 뛰어오르기 위해서는 땅을 도약대로 사용하는 법을 배워야 한다. 또한 탄력 있고 안전하게 착지하는 방법도 반드시 배워야 한다. 이 말은 주어진 범위 안에서 허용되는 자유를 시험해보아야 한다는 의미다. 즉 중력이 허용하는 한계 속에서 어디까지 뛸 수 있는지 알아야 한다는 말이다. 따라서 놀이가 보편화되어 있는 곳에는 어디서나 항상 놀라운 요소들이 드러나기 마련이다. 그것은 단순한 반복이나 습관화를 넘어서는 것이다.[8]

위의 구절에서 놀이를 기도라는 단어로 바꿔보라. 그렇게 하더라도 의미는 동일하다.

세 번째 은유는 울창한 나무다. 기도와 놀이의 사람은,

종려나무같이 번성하며 레바논의 백향목같이 성장하리로다
이는 여호와의 집에 심겼음이여
우리 하나님의 뜰 안에서 번성하리로다
그는 늙어도 여전히 결실하며
진액이 풍족하고 빛이 청청하니 (시 92:12-14).

기도와 놀이는 다음과 같은 특성을 함께 나눠 가진다. 둘은 모두 발전하며 시간이 지날수록 성숙해지며, 쇠퇴하는 법이 없다. 기도에 충실하고 놀이에 몰두하는 것은 죄에 의해 좌우되는 삶이 가진 쇠약해지려는 성향을 반대로 바꿔놓는다. 그것들은 삶을 손상시키는 것이 아니라 오히려 삶을 강화시킨다. 우리에게 생명력을 불어넣고, 피

---

8 Erik Erikson, *Toys and Reasons* (New York: W. W. Norton, 1977), p. 17.

로감을 몰아낸다. 우리를 새롭게 하고, 결코 지치게 하지 않는다. 놀이와 기도는 지루함에 대항하고, 걱정을 감소시키며, 우리의 몸과 영혼이 서로 교류하고 친밀하게 함으로써 우리를 인간성의 충만함 속으로 밀어넣고, 잡아당기고, 인도한다.

쉴러(Schiller)는 "인간은 자신이 인간이라는 말의 충분한 의미를 깨닫고 있을 때에만 놀이를 즐긴다. 그리고 놀이를 할 때 그는 완전히 인간이 된다"[9]고 말했다.

요한 하위징아(Johann Huizinga)는 상당한 두께의 매우 학문적인 『호모 루덴스(Homo Ludens)』라는 책을 썼는데, 그 책은 놀이가 제대로 이루어질 때 문화가 건강하다는 사실을 잘 설명하고 있다.[10] 놀이는 인간을 위한 독특한 행동 방식이다. 놀이를 억제하거나 등한시하면 문화는 비인간화된다.

하위징아는 그 사실을 경고하기 위해 책을 썼다. 인간의 문명이 진보할수록 그 문명은 이상하리만큼 인간 자체와는 거리가 멀어진다. 또한 깜짝 놀랄 정도의 뛰어난 기술을 선보일 때에는 인간의 공통된 인간성이 빈곤한 수준 이하로 떨어져버린다. 인간은 인간 이하의 존재가 된다. 기도하지 않고 놀이를 하지 않으면 인간은 폐허나 다름없는 거리를 어슬렁거리는 존재로 전락하고, 인생은 단지 무언가를

---

[9] Norman Brown, *Life against Death*(Middletown, CT: Wesleyan University Press, 1959), p. 33에서 인용.

[10] Johann Huizinga, *Homo Ludens*(Boston: Beacon Press, 1955). 「호모 루덴스」(연암서가)

획득하는 과정으로 변질된다.

    목회자들은 안식일을 준수하고 이땅을 다시 가꾸는 일의 선봉에 서야 한다. 우리가 살고 있는 이땅은 모든 놀이의 장소와 기도의 처소와 더불어 세상에 속한 무지막지한 불도저에 의해 야만적으로 황폐화되어가고 있다.

    앞에서 말한 세 가지 은유는 안식일 준수를 대담하면서도 필연성을 거부하는 무관심으로 묘사하기 위해 하나로 결합되어 있다. 본문은 이와 같은 사실을 잘 말해준다. 세 가지 놀이/기도의 은유는 악이라고 하는 엄청난 사실에 깊이 관심을 기울이고 있는 시편 속에서 발전되었다. 이 시편은 기도하는 마음으로 임하는 놀이와 즐거운 마음으로 드리는 기도를 양편에 두고 중심부에 아래와 같은 내용을 담고 있다.

> 여호와여 주께서 행하신 일이 어찌 그리 크신지요
> 주의 생각이 매우 깊으시니이다
> 어리석은 자도 알지 못하며 무지한 자도 이를 깨닫지 못하나이다
> 악인들은 풀 같이 자라고 악을 행하는 자들은
> 다 흥왕할지라도 영원히 멸망하리이다
> 여호와여 주는 영원토록 지존하시니이다
> 여호와여 주의 원수들은 패망하리이다
> 정녕 주의 원수들은 패망하리니
> 죄악을 행하는 자들은 다 흩어지리이다(시 92:5-9).

안식일 시편의 저자는 의도적으로 듣기 좋은 말만 하거나, 환상에 빠져 사람들이 가진 힘겨운 역경들을 제거하려 하지 않는다. 그는 악인이 '풀같이 생장'하는 것을 보고 너무 놀라 얼이 빠졌다. 그는 죄악을 행하는 자가 다 흥왕하는 모습에 깜짝 놀랐다. 하지만 그는 앞서 나가며 기도와 놀이의 안식일을 힘껏 지킨다.

매주 안식일을 준수하는 목회자는 이 세상의 황폐한 상태를 충분히 인식한다. 어쨌든 그들은 휴식하며 기도한다. 그 이유는 그들이 냉혹하게 이기적이거나 경박하기 때문이 아니다.

안식일을 지키는 그런 행위들이 그들 자신뿐만 아니라 상처 입은 세상을 위한 하나님의 뜻이라는 확신을 품고 있기 때문이다. 무언가 실질적인 일을 해야 한다는 압박감에 시달리고 있음에도 불구하고 기도와 놀이를 위해 하루를 따로 떼어놓는 것은 너무도 태평스러운 무모함이다. 목회자들은 기도와 놀이의 시간을 보내면서 그것이야말로 다른 어떤 일보다 더욱 실제적이라는 사실을 발견한다.

안식일을 준수하는 기술은 그리 복잡하지 않다. 일주일 가운데 하루를 선택하고(바울도 일주일 중에 어느 날이든 상관 없다고 생각한 것처럼 보인다, 롬 14:5-6), 그날의 일을 중단하면 된다.

하루를 선택했다면 그날을 제대로 지켜야 한다. 일에 대한 본능과 습관이 우리를 가만히 놔두려 하지 않기 때문이다. 그날은 실용적인 일을 하기 위한 날이 아니다. 일을 함으로써 가치를 증명하고 그 일 때문에 날 자체를 정당화하는 그런 날이 아니다. 공허하고 비실용적인 시간 속으로 들어가는 일은 어려울 뿐 아니라 특별한 보호를 필요로 한다. 지금껏 우리는 시간이 돈이라고 배워왔기 때문이다.

세속화된 현대는 심각하게 분열되어 있으므로 안식일 준수에 대한 세밀한 부분까지 의견 일치를 본다는 것은 불가능하다. 우리는 서로를 위한 실제적인 지침을 규정할 수 없다. 하지만 안식일 준수를 명하는 계명이 선한 의도라는 안개 속으로 흩어져버리지 않도록 하기 위해, 위험을 무릅쓰고 나의 사적인 내용을 서술하려 한다.

내가 염려하는 위험이란 누군가 나의 모습을 흉내내거나, 또는 "말도 안돼, 도대체 왜 이렇게 하는지 알 수 없군"이라 말하며, 나의 서투른 행위의 근저에 깔린 온전하고 통전적인 안식일 준수의 본래 의미를 잊어버리는 것이다. 소로(Thoreau)의 전례를 따라 나의 사례를 서술하게 된 것에 대해 먼저 용서를 구한다. "내가 잘 알고 있는 사람이 있다면 아마 내 자신에 대해 그리 많은 말을 하지 않을 것이다. 불행하게도, 나는 이러한 주제에 대해 나의 좁은 경험에 의해 제한받는다."

월요일은 나의 안식일이다. 그날엔 아무 약속도 하지 않는다. 아주 긴급한 일은 처리하지만, 그런 일은 드물다. 안식일을 지키는 일에 아내가 동참한다. 우리는 함께 점심을 준비하여 배낭에 넣고, 쌍안경을 챙기는 것도 잊지 않는다. 15분에서 1시간 정도 차를 타고 가서 강을 따라 내려가거나 산을 오르기도 한다. 도보 여행을 시작하기 전에 아내와 나는 함께 시편을 읽고 기도한다. 그렇게 기도한 후에는 아무런 말도 하지 않는다. 우리는 침묵 속으로 들어가 점심을 먹기 위해 멈출 때까지 두세 시간 동안 아무 말도 하지 않는다.

우리는 한가로이 걷고, 자기를 비우며, 그곳에 있는 것들에 우리 자신을 개방한다. 고사리, 꽃향기, 새소리, 툭 튀어나온 화강암, 참나무와 플라타너스, 비, 눈, 진눈깨비, 바람 등이 우리와 함께한다. 어떤 날씨에도 견딜 수 있도록 옷을 준비해 가서, 주일에 교회에 가는 것보다 더 좋지 못한 날씨를 만났다는 이유로 안식일 준수를 취소하는 일이 절대 없도록 한다. 교인들이 그들의 안식일을 필요로 하는 것과 동일하게 우리 역시 안식일을 필요로 한다. 태양이나 우리의 위가 점심시간임을 가르쳐주면, 우리는 샌드위치와 과일, 강과 숲을 주신 것에 대해 감사 기도를 드리며 침묵을 깬다.

그때부터는 자유롭게 대화를 나누며, 풍경과 자기 생각과 관찰했던 것들과 느낌들에 대해 말한다. 크고 작음에 상관없이 마음에 떠오르는 것은 무엇이든 말한다. 늦은 오후에 집으로 돌아와, 휴식을 취하든지 잡다한 일을 하든지 또는 책을 읽기도 한다. 나는 습관적으로 저녁 식사 후에는 가족들에게 편지를 쓴다. 그 정도다. 시내산의 우레나 다메섹으로 가는 길의 밝은 빛은 없다. 밧모섬의 환상도 없다. 그날은 고독과 침묵을 위해 구별해놓은 날이다. 아무 일도 하지 않는다. 그저 그 자리에 존재한다. 시간의 성화다.

그날의 거룩함을 보존하기 위한 특정한 규정은 세워놓지 않았다. 그날을 사용하지 않고 고요히 그날 속에 존재하기 위해 따로 구별해놓겠다는 약속만 있을 따름이다. 무언가를 얻기 위한 날이 아니라 하나님께서 이미 행하신 일들을 목격하고 반응하기 위한 날이다.

하지만 목회자들도 도움을 받아야 한다. 안식일 준수는 개인적인 차원에서 행할 수 있는 일이 아니다. 목회자들은 교인들의 도움을 필요로 한다. 교인들은 자기들의 안식일을 지키기 위해 목회자의 도움을 필요로 한다. 목회자가 안식일을 준수하려면 교인들의 도움이 필수적이다. 나는 종종 장로들과 집사들에게 이런 말을 한다.

"우리가 교인과 목회자로서 연관을 맺고 있는 가장 위대한 실체는 바로 하나님입니다. 우리 주변에 있는 거의 모든 사람들은 그런 사실을 알지 못하고, 관심조차 가질 수 없습니다. 하나님께서 우리로 하여금 그에 대해 관심을 갖지 않는 세상에서 그분을 우리 삶의 결정적이고 중심적인 실체로 알고 반응하도록 하기 위해 주신 방법은 안식일 준수입니다. 우리 모두는 규칙적인 간격을 두고 각자의 일을 멈추고 하나님의 일을 깊이 생각해보아야 합니다. 우리끼리 말하는 것을 그치고 하나님께 귀 기울여야 합니다. 하나님께서는 우리에게 이것이 필요한 것을 아시고 안식일을 통해 그 방법을 우리에게 주셨습니다. 안식일은 기도와 놀이의 날입니다. 하나님 그분을 즐거워하는 날입니다.

저의 직무 가운데 하나는 여러분이 매주일에 안식일을 축하하며 지킬 수 있도록 인도하는 것입니다. 그러나 그날은 저에게 안식일이 아닙니다. 저는 주일 아침마다 흥분된 마음으로 잠에서 깨어납니다. 그날은 제가 일하는 날입니다. 월요일이 저의 안식일입니다. 그러므로 그날을 제대로 준수하려면 여러분의 도움이 필요합니다. 여러분의 기도가 필요합니다. 그날 제가 교회 행정이나 상담 등에 관여하지 않으려면 여러분이 협력해주셔야 합니다.

제가 부주의하게 다른 여러 가지 일에 참견하여 안식일을 제대로 준수하지 못하는 것을 보신다면 충고해주시기 바랍니다. 목회자들 역시 그들을 보살펴줄 목회자가 필요합니다. 여러분들이 저의 목회자가 될 수 있는 한 가지 방법은 하나님께서 명하신 안식일을 지키도록 도와주시는 것입니다."

그들은 내 부탁을 들어주었다. 나를 기꺼이 도와주었다. 목회자들도 안식일을 준수해야 하고 그러기 위해서는 자신들의 도움이 필요하다는 것을 알면서도 돕지 않을 교인들은 거의 없을 것이다.

아내는 지난 14년 동안 우리가 함께 지켜온 안식일의 일기를 꾸준히 써왔다. 그 일기의 제목은 '엠마오로 가는 길'이다. 아마 당신이 내용을 대충 훑어본다면 별로 감동받지 않을 것이다. 새의 이름들, 들꽃들, 짧은 대화, 날씨에 대한 간단한 메모 등이 그 속에 담겨 있기 때문이다. 하지만 그런 내용 이외의 여백에는 충만함과 존재함으로 가득 차 있다. 왜냐하면 안식일 준수는 우리가 행한 일이 아니라 행하지 않은 일과 주로 관련되어 있기 때문이다.

'엠마오로 가는 길'이라는 일기 제목은 더글라스 스티어(Douglas V. Steere)와 대화를 나누던 중에 정했다. 스티어는 루터교에서 피정 훈련을 맡고 있던 늙은 프러시아 노인에 대한 이야기를 들려주었다. 그 노인의 어투에는 독일식 발음이 강하게 배어나왔다고 한다. 그는 남성들의 피정을 전문적으로 가르쳤다. 많은 남성들이 피정을 위한 장소로 모이면, 그는 먼저 그들의 여행 가방을 열게 해서 모든 위스키를 압수했다. 그런 후에 두 사람씩 짝을 지어 내보내면서 그가 '이-마우스 도정(ee-mouse walks)'이라 부르는 과정에 임하게 했다. 스티어는 오랜 시간 동안 '이-마우스 도정'이 도대체 무슨 말인지 궁금했다고 말했다.

그러다가 어느날 그는 프러시아 출신의 피정 교사가 그의 학생들을 '엠마오로 가는 길'로 내보냈다는 것을 깨달았다. 두 명의 제자가 예수님께서 그들과 동행하신다는 것을 깨닫지 못하고 대화하며 걸었던 그 길로 학생들을 내보냈다. "그들이 서로 말하되 길에서 우리에게 말씀하시고 우리에게 성경을 풀어 주실 때에 우리 속에서 마음이 뜨겁지 아니하더냐 하고"(눅 24:32).

이것은 비록 고요한 가운데 일어나지만 안식일 준수의 행위 속에서 축적되어가는 인식과 기도를 살짝 변경해놓은 것의 일종이다. 이제 일정한 리듬이 생겼다. 그 리듬과 더불어, 우리는 직접 의도하지 않더라도 자연스럽게 기도할 시간을 갖게 되었다.

두 번째 각— 성경

성경에 대한 그리스도인들의 관심은

언제나 하나님의 말씀을 듣는 것에 있었지

도덕적인 기록들을 분석하는 데 있지 않았다.

성경에 대한 관심으로 인해 생겨나는 일반적인 행동은

성경책을 분석적으로 읽는 자가 아니라

말씀을 열정적으로 듣는 자가 되기를 소망하며

말씀에 귀기울이려는 의지를 함양하는 것이다.

4
눈을 감고 귀를 열라

목회 사역의 행위들이 이 사역을 포기하게 하는 결과를 가져오게 만든다는 것은 대단한 아이러니다. 우리는 각자의 사역을 하다가 그 사역을 떠난다. 성경을 읽고, 가르치고, 설교하는 가운데 그런 일이 벌어진다. 우리는 성경에 귀기울이기를 그친다. 그로부터 성경을 첫 번째 자리에 두려는 의지는 꺾인다.

성경을 읽는 것은 하나님께 귀를 기울이는 것과 동일한 행위가 아니다. 성경을 읽는다고 해서 반드시 하나님의 음성을 듣는 것은 아니다. 하지만 그 두 가지는 마치 동일한 것처럼 취급받는다. 일반 그리스도인들보다 성경 읽기에 더 많은 시간을 할애하는(그들의 헌신이 아니라 직업 때문에) 목회자들은 정당화되지 않는 이러한 가정을 지나치게 자주 사용한다.

이런 일들은 상당히 자주, 그리고 아주 교묘하게 일어나기 때문에 우리는 정신을 바짝 차리고 하나님의 말씀을 듣는 것이 하나님의 말씀을 읽는 일로 변질되는 경우들을 주시해야 한다. 그런 다음에 하나님의 말씀을 들을 수 있는 열린 귀를 회복해야 한다.

성경에 대한 그리스도인들의 관심은 언제나 하나님의 말씀을 듣는 것에 있었지, 도덕적인 기록들을 분석하는 데 있지 않았다. 성경에 대한 관심으로 인해 생겨나는 일반적인 행동은 성경책을 분석적으로 읽는 자가 아니라 말씀을 열정적으로 듣는 자가 되기를 소망하며 말씀에 귀기울이려는 의지 — 멀리 바라보는 눈이 아니라 가까이에서 듣는 귀 — 를 함양하는 것이다. 하지만 목회 사역을 행하다 보면 이처럼 말씀에 귀를 기울이려는 열정이 감소되거나 아예 사라져버리는 때가 있다.

정말 그런 일이 일어난다면, 목회 사역을 규정하고 명료하게 해주는 본질적인 각 가운데 하나가 사라지는 것이다. 목회자가 성경을 거부하거나 소홀히 할 때 그런 일은 일어나지 않는다. 오히려 성경을 읽는 그 행위 속에서 일어난다. 성경 읽기 그 자체가 사역을 무너뜨리는 치명적인 결과를 초래할 것이다.

듣기와 읽기는 동일한 행위가 아니다. 두 행위는 각기 다른 감각을 사용한다. 들을 때에는 귀를 사용한다. 읽을 때에는 눈을 사용한다. 우리는 목소리를 듣는다. 하지만 읽는 것은 종이 위에 기록된 글이다. 이러한 차이는 매우 중요하고 상당히 복잡한 결과를 가져온다. 듣기는 사람과 사람 사이에 일어나는 행위다. 거기에는 두 명 또는 그 이상의 사람이 아주 가까운 거리에 있어야 한다는 조건이 붙는다. 읽기에는 한 사람과 한 권의 책이 필요하다. 그 책은 누군가에 의해 기록되었으며, 저자는 몇 킬로미터 떨어진 가까운 곳에 살고 있을 수도 있지만, 수세기 전의 사람일 수도 있다.

듣는 사람은 말하는 사람에게 관심을 집중해야 하며, 말하는 사람에 의해 어느 정도 좌우된다. 읽는 사람의 경우는 전혀 그렇지 않다. 책이란 읽는 사람이 마음대로 좌우할 수 있기 때문이다. 책은 이곳에서 저곳으로 자유롭게 옮길 수 있고, 일시적인 기분에 따라 펼쳐 보거나 닫아버릴 수도 있고, 읽기도 하지만 읽지 않을 수도 있다.

내가 책을 읽을 때에, 그 책은 내가 자기에게 집중하고 있는지 그렇지 않은지 알지 못한다. 하지만 내가 누군가의 말을 듣고 있다면, 그 사람은 내가 자신에게 관심을 기울이는지 그렇지 않은지 쉽게 알 수 있다. 듣기에서는 나 아닌 다른 사람이 그 과정을 시작한다.

그러나 읽기에서는 내가 책을 읽어나가기 시작한다. 내가 책을 펴고 그 속에 기록된 말들에 집중한다. 나는 혼자 힘으로 읽어나갈 수 있다. 하지만 듣기는 나 혼자 할 수 없다. 듣기에서는 말하는 사람이 주도권을 가진다. 읽기에서는 내가 주도권을 가지고 있다.

많은 사람들이 듣기보다는 읽기를 훨씬 더 좋아한다. 읽기는 감정적으로 많은 것을 요구하지 않으며, 읽는 사람의 개인적인 편리함에 맞춰 얼마든지 주변 요소들을 변경할 수 있다. '읽기'를 설명하는 가장 전형적인 광경은 아침 식사를 하는 자리에서 신문에 파묻혀 있는 남편의 모습이다.

그는 유럽 어느 국가에서 일어난 최신 스캔들 기사를 읽기 좋아하고, 어제 벌어졌던 운동 경기의 점수를 확인한다. 자기와 잠자리를 함께하고, 커피를 따라주며, 계란 프라이를 해주는 부인의 음성보다는 앞으로도 절대 만날 일이 없을 몇몇 컬럼니스트들의 의견에 더 매료된다.

사랑과 희망을 약속하는 부인의 생생한 음성은 심오한 감정적인 깊이와 지적인 측면을 지니고 있다. 그런 것들은 『뉴욕 타임즈』『월스트리트 저널』『크리스천 사이언스 모니터』 등의 잡지에서 얻을 수 있는 정보들의 수준을 훨씬 능가하는 뛰어난 수준이다.

이처럼 살아있는 사람의 음성에서 그는 다채로운 역사와 도저히 믿을 수 없을 정도로 복잡한 감정의 시스템, 그리고 이전에는 결코 들어보지 못한 말들의 결합 — 그런 말들은 그를 놀라게 하고, 감동시키고, 기쁘게 하고, 또는 화가 나게 할 수 있다 — 에 접근할 수 있다. 살아서 호흡하는 사람에게는 몇 가지 정보를 얻는 것보다 그런 감정의 표현이나 말들이 더 매력적인 것처럼 보인다. 정보란 생생한 감동을 가져다주지 못한다. 그처럼 읽기는 우리의 듣기 능력을 향상시켜주지 못한다. 오히려 경우에 따라서 읽기는 듣기를 방해한다.

믿음의 사람들이 성경을 읽으려 하는 목적은 말씀 가운데 자신을 계시하신 하나님께 귀를 기울이는 범위를 확장시키고, 다양한 시대와 장소에서 하나님께서 말씀하신 방식에 익숙해지며, 그분이 말씀하실 때 사람들이 반응했던 다양한 모습들을 알기 위해서다.

그리스도인들은 하나님께서 말씀으로 실체를 존재하게 하신다는 확신을 가지고 있다. 창조가 세계의 모양을 형성하고 구원이 이루어진다. 또한 그리스도인들은 우리 역시 말씀으로 모양을 이룬 창조의 결과이며 구원 행위의 수혜자라는 신념을 가지고 있다. 우리는 말씀이 말씀되어질 때 존재하게 되었다. 따라서 우리는 우리 속에서 되어져가는 일들을 제대로 깨닫기 위해 말씀에 귀기울여야 한다.

에즈라 파운드(Ezra Pound)의 시에 나오는 쉘윈 모벌리(H. Selwyn Mauberley)는 읽는 자/듣는 자의 기쁨을 표현했다. "내게 말하라, 그 모든 것들을. 나는 귀를 쫑긋 세우고 그 소리에 빠져들겠노라!"[1]

하지만 읽는 사람이 듣는 일에 도달하지 않으면 어떻게 되는가? 그리스도인들은 여러 믿음의 공동체에 참여한다. 공동체는 모든 사람들이 참여하는 성경 읽기를 통해 성경 속에서 하나님의 말씀을 듣도록 그들을 지도한다. 또한 성경 본문으로 설교하고, 성경의 의미를 가르친다. 하지만 그런 활동에 참여하는 자들이 성경 읽기 속에서 하나님의 음성에 귀기울이지 않고 단순히 그것을 자신들의 거래를 위한 도구로 사용한다면 어떻게 될까? 신문을 읽고 있으면 테이블 건너편에서 들려오는 아내의 소리를 무시하는 남편처럼 된다면 어떻게 되는가? 다름 아닌 성경이 방해를 받는다.

인쇄된 말씀이 들려지는 말씀을 탈취하는 데 기여하는 세 가지 요소가 있다. 첫째는 뛰어날 정도로 꾸며진 이야기이며, 둘째는 부적절한 교육, 그리고 셋째는 결점을 가지고 있는 직무 내용 설명서다. 이

---

1   Ezra Pound, "Hugh Selwyn Mauberly," in *Selected Poems* (London: Faber & Faber, 1928), pp. 173-187.

러한 요소들을 거론하는 것이 성경에 있는 하나님의 말씀에 눈이 아닌 귀로 집중하는 태도를 회복하는 첫 번째 단계다.

뛰어난 수준으로 날조된 이야기는 이동 가능한 활자를 일컫는다. 1437년, 구텐베르그는 다른 곳으로 이동이 가능한 활자를 발명했고, 얼마 가지 않아 책이 인쇄되어 유럽에 사는 모든 사람들이 책을 소유하게 되었다. 그 이전까지 모든 책은 힘들게 손으로 써야 했다. 그래서 책값도 비싸고 희귀했다. 특히 방대한 분량의 책인 성경은 그중에서도 가장 비싼 축에 속했다. 책을 훔쳐가지 못하도록 도서관 책상에 고리로 묶어놓았다. 책이 희귀했기 때문에, 책을 읽는 사람들도 그리 많지 않았다. 주변에 읽을 거리가 거의 없는데 책을 읽고 싶어하는 마음이 무슨 소용이 있었겠는가?

성경이 읽혀질 때에는 항상 큰 소리로 낭독되었다. 그런 방식으로 책을 접할 수 없는 대다수의 사람들이 말씀에 접근할 수 있었다. 이와 같은 환경에서 기록된 말씀은 살아 있는 음성으로 회복되었다. 읽기는 음성을 사용하는 행위였고 공동체가 참여하는 행사였다.

아하수에로왕은 밤에 잠을 이루지 못하여 기분 전환이 필요할 때, 추리 소설을 구해 혼자 읽다가 잠들지 않았다. 신하가 책을 읽는 소리를 들었다. 사도 요한의 일곱 교회에 속한 그리스도인들이 밧모섬의 환상에서 비롯된 하나님의 말씀에 집중하기 위해 한 자리에 모였을 때, 그들은 그 말씀을 눈으로 읽지 않았다. 그들은 귀로 그 말씀을 들었다. "이 예언의 말씀을 읽는 자와 듣는 자와 그 가운데에 기록한 것을 지키는 자는 복이 있나니 때가 가까움이라"(계 1:3).

첫 그리스도인 수도사인 안토니우스(St. Anthony)는 젊고 부유한 통치자가 성경을 크게 읽는 소리를 우연히 들었고, 그는 그 말씀을 예수님께서 자신에게 직접 말씀하신 것으로 믿었다.

구텐베르그가 인쇄 기술을 발명하기 이전 시대의 사람들은 '자기 혼자' 글을 읽지 않았다. 그들은, 비록 자신의 목소리일지라도, 책 내용이 울려퍼지는 자리에서 원저자의 음성이 반향되는 소리를 들었다. 한 사람은 큰 소리로 책을 읽었고, 나머지 사람들은 침묵 속에서 그 소리를 들었다.

하지만 구텐베르그의 발명품은 모든 상황을 바꿔놓았다. 공동체에 모여 낭독되는 내용을 듣기만 하던 사람들이 다른 사람들과 완전히 분리되어 고요하게 혼자서 책을 읽게 되었다. 대량 생산되고 싼 값에 출판되는 책들은 사람들 사이에 책을 읽고 싶어 하는 동기를 부여했다. 이로 말미암아 읽고 쓰는 능력이 폭넓게 확산되었다. 그 결과 한 자리에 모여 낭독되는 내용을 듣던 공동체의 행사는 조용하고 시각적인 개인의 행위로 바뀌고 말았다.

인쇄술이 발명되기 이전 시대에 기록된 글이 낭독되어 반향될 때, 기록된 글과 생생한 음성과의 관계는 완전히 밀착되어 있었다. 하지만 거의 모든 독서가 고요한 가운데 이루어지는 요즘에는 글과 살아 있는 음성의 연결 고리가 완전히 끊어지고 말았다.

수백만 권의 성경이 출판되고 배포되는 현상은 종종 대단한 은혜로 여겨진다. 맞는 말이다. 하지만 "이처럼 성경에 쉽게 접근할 수 있는 용이함이 오용되면 오히려 저주가 된다. 우리가 더 많은 책들을 읽고, 더 많은 그림을 보고, 더 많은 음악을 들으면, 마치 폭식한 후에 일어나는 결과처럼, 교양 있는 마음가짐이 아니라 소비적인 마음을 가지게 된다. 읽고, 보고, 들은 것은 즉시 잊어버리고, 어제 읽은 신문의 내용보다 더 희미한 흔적만을 남겨 놓는다."[2]

그렇다고 해서 내가 광범위하게 배포된 요한복음을 다시 회수하고 싶다는 말은 아니다. 언제나 그렇듯이, 구텐베르그가 물려준 유산은 장단점이 뒤섞여 있는 선물이므로 우리는 그로 인한 결과를 제대로 대처하기 위해 준비되어 있어야 한다. 월터 옹(Walter Ong)은 아주 오랫동안 이러한 현상에 대해 관심을 가지고 살피다가, 6세기 동안 마음껏 인쇄술의 혜택을 누린 우리들이 다음과 같은 상태에 이르렀다는 확신을 갖게 되었다.

우리는 글을 마음대로 읽고 쓰는 문화 속에서 성장했지만, 이제는 그 문화에 예속된 굴욕적인 포로가 되고 말았다. 이제 아무리 막대한 노력을 기울이더라도 현대인들은 다른 이들을 통해 구술된 말이 실제로 무엇을 의미하는가를 깨닫는 것이 여러 면에서 몹시 어렵다는 것을 깨달았다. 현대인들은 구술된 말이 일반적으로 용인된 무언가의 변형이라

---

[2] W. H. Auden, *Secondary Worlds* (New York: Random House, 1968), p. 128.

고 여기거나 그것이 반드시 문서화되어야 한다는 생각을 지니고 있다.[3]

또한 성경에 기록되고 인쇄된 말씀은 하나님의 말씀과 동일한 것처럼 되었다. 우리는 글로 인쇄된 성경을 가지고 있으면 하나님의 말씀을 가지고 있다고 가정하고 거기에서 멈춘다. 성경은 논의의 여지없이 하나님의 말씀과 동일시되고, 거의 모든 우리 믿음의 조상들이 글로 인쇄된 '성경'을 '하나님의 말씀'으로 동등하게 이해하지 않았다는 사실은 희미하게라도 인식하지 않는다.

성경과의 관계에서 개인화된 '나'는 더이상 없다. 언제나 '우리'만 있다. 말씀을 구체적인 것으로 이해하여 그 위에 '자리'를 잡지도 않는다. 왜냐하면 언제나 그것이 순간적으로 울려퍼진 일회적인 것으로 이해되기 때문이다. 공동체를 아래 앉혀놓고 행한 연설 정도로 받아들이는 것이다(강대상이나 설교단은 교인들의 자리보다 더 높이 솟아 있는데, 그러한 배치는 단지 설교를 듣기 쉽게 할 뿐만 아니라 설교의 본질을 상징적으로 알리는 역할도 한다. 회중들은 성경을 업신여기거나 낮게 보지는 않지만 항상 그 말씀에 순종하는 마음으로 말씀 아래 앉는다).

그렇다고 해서, 모든 것을 잃어버린 것은 아니다. 여전히 세계 전역에는 성경이 큰 소리로 낭독되는 곳이 있다. 물론 그 성경을 듣는 사람들은 자기 집에서 편안한 가운데 성경 읽는 것을 더 좋아하는 경향이 있다. 믿는 자들 사이에서 하나님은 인간에게 글을 주시는 분이

---

3 Walter Ong, S. J., *The Presence of the Word*(New Haven: Yale University Press, 1967), p. 19.

아닌 '말씀'하시는 분으로 인식된다. "성경 본문 속에 있는 하나님의 마음이 말로 구술되는 것은 압도적인 힘을 가지며"[4] 비록 구텐베르그의 발명 이후 수세기가 지난 지금도, 말씀은 사람들이 하나님 존전에 나와 예배드리는 시간에 낭독되는 소리를 통해 말씀 그 자체를 유지하기에 충분할 정도로 강력하다.

듣기를 학교 교육에 포함시키면서부터 부적절한 교육이 이루어지게 되었다. 듣기는 인격적인 상호 교류 속에서 수행되는 다분히 개인적인 활동이다. 스승과 도제, 선생과 학생, 부모와 자녀 사이에서 일어나는 활동이다. 그와 같은 관계 속에서 마음이 훈련되고, 상상력이 고양되고, 사고가 확장되고, 개념이 검증되며, 행동 양식이 성숙된다. 모든 것들이 중요시되는 상황에 거하며, 인간 사회가 만들어낸 직계 속에서 살아가고 있음을 깨닫기 때문이다.

진정한 듣기에는 마음과 몸의 구분이 없다. 듣기는 내면과 외면, 외부의 세계와 내부의 영혼의 통합을 촉진한다. 듣기를 위한 고전적인 방법 — 대화, 모방, 논의 — 은 모두 개인적이다. 도제는 스승의 모습을 유심히 관찰한다. 스승은 도제가 기술을 익히는 과정을 관심 있게 살펴본다. 학습은 몸짓, 억양, 자세, 리듬, 감정, 애정, 칭찬 등에서

---

4 Walter Ong, S. J., *Orality and Literacy* (New York: Methuen, 1982), p. 75.

표현되는 관계를 통해 발전한다. 또한 위에서 말한 모든 요소들은 언어의 바다 — 음성과 침묵 — 에서 구현된다.

학습의 전형은 유아와 부모의 관계다. 그와 같은 관계 속에서 아이나 부모 모두 성숙되며, 더욱 커다란 세상 속에서 온전한 인격체로 살아갈 수 있는 능력을 함양한다. 학습에 대한 이러한 모델은 일상적인 상황 속에 상당히 깊이 스며들어 있고 오랜 세월 동안 큰 효력을 발휘했다. 따라서 실험실에서 재현될 수 있는 복잡한 학습 과정의 편린들을 더 선호하여 관계 속에서 이루어지는 학습 모델을 버린다는 것은 생각조차 못할 일이다.

하지만 실제로 그런 일들이 계속 일어났다. 앞에서 말하는 실험실이란 바로 학교다. 오늘날의 '학교'는 학교라는 단어의 원래 의미에서 퇴색하여 잘못 불리고 있다. 헬라어 스콜레(schole)는 '여가(leisure)'를 의미한다. 헬라인들에게 있어서 학교는 대화와 게임을 통해 여유 있는 인격적인 관계를 배양하기 위해 제공된 안전한 공간과 시간이었다. 대화 또는 게임을 지도하긴 했지만 방해하는 경우는 없었다. 일정한 학년과 기간과 과목을 정해놓은 현대의 학교는 헬라의 학교와 몇 광년은 떨어져 있다.

학교 생활과 학습은 전혀 다른 말이다. 학교는 개인들을 전혀 중요하게 취급하지 않는다. 사실을 암기하고, 정보를 습득하고, 시험을 통과한다. 선생님들은 획일화된 행동을 이끌어내려고 시도하는 감독의 책임을 위임받았다. 획일화된 행동이란 모든 학생들이 되도록 비슷하게 행동해야 한다는 것을 뜻한다.

그리고 학교에서는 책에 있는 정보를 가능한 한 개인적인 생각으로 더럽히지 않고 자기 두뇌로 옮기면 상을 준다. 학교에서 개인은 최저 한도로 축소된다. 표준화된 시험이 시행되고, 통제되는 선생님들과 정보 지향적인 학생들이 있다.

어린이들을 동시에 집중시키기란 어려운 일이므로, 진정한 학습은 몇 년 동안 학교에 대한 불안정한 우위를 유지한다. 하지만 학습과 학교 생활의 비율은 가차없이 뒤바뀌고 만다. 단 한 명의 선생님도 자기 이름을 기억해주지 않고, 학교 성적이 가장 추상적인 언어인 숫자로 변환되는 고등학교를 졸업하기 위해, 학습이 학교 생활로 대치되는 일은 얼마든지 가능하고 일반화되었다. 다분히 복잡하고 개인적인 과정인 학습은 그런 식으로 학습자의 성과를 숫자로 요약하지 않는다.

우리 사회에서 그런 학교 제도를 거부하거나 벗어날 수 있는 도피 방법은 없다. 우리는 모두 학교라는 집단의 산물이다. 그와 같은 상황에서 터득한 읽기 능력은 필연적으로 오로지 정보에 관심을 기울이게 된다. 우리는 모두 실제적이고, 유용하며, 관련 있는 것만을 읽어야 한다고 배웠다. 대부분의 목회자들은 20년 또는 그 이상의 세월 동안 그와 같은 훈련을 받았다.

목회자들은 시험을 통과하기 위해, 헬라어 동사를 분석하는 방법을 배우기 위해, 그리고 교회 운영 방법을 알기 위해 책을 읽었다. 목회자들이 추운 겨울밤에 기분 전환을 위해 가끔 책을 읽었다면, 그것은 중요한 독서로 취급되지 않았다.

목회자들은 글의 뉘앙스와 암시를 포착하고, 기록된 글 뒤에 있는 생생한 음성의 의미나 의도를 파악하기 위한 교육을 20년 동안 체계적으로 받지 못했다. 결과적으로 그들은 은유를 달가워하지 않고 모호한 표현을 보면 화를 내기도 했다.

그러나 이러한 요소들은 피조물 가운데 가장 예측하기 힘든 존재인 인간의 필요 수단이다. 인간은 가장 개인적이고 최상의 것에 대해 그와 같은 언어를 사용한다. 학교는 읽기에 대한 우리의 태도를 편협하게 만들었다. 우리는 지금 어떤 일이 진행되고 있는지 파악하여 그 속에서 자신이 얻을 수 있는 길을 알고 싶어 한다.

그것이 자신에게 주어진 일을 하거나 또는 더 나은 일을 구하는 데 유용하지 못하다면, 아예 쳐다보지도 않는다.

읽기를 학교 생활과 철저하게 연관지음으로써, 우리는 무언가를 읽을 때 그 속에 담긴 정보를 찾는 습관을 갖게 되었다. 책을 기록하고 그 속에서 말하고 있는 저자와 관계를 형성하여 무슨 소리가 들리는지 귀를 기울일 수 있는 수준까지 나아가는 일은 거의 없다.

물론 언어는 정보를 제공하고, 책은 그러한 정보를 담고 있어 편리하게 접근할 수 있다. 그러나 언어의 주된 활동은 정보를 제공하는 것이 아니라 관계를 유지하는 것이다. 그런 사실은 언어가 문자로 기록되더라도 변하지 않는다.

책을 기록하는 주된 목적은 저자와 독자 사이에 관계를 형성하는 것이다. 그렇게 함으로써 독자는 저자의 이야기에 귀를 기울이고 그 이야기들 속에서 독자 자신을 발견할 수 있다. 저자의 노래를 듣고 함께 노래하며, 저자의 주장을 경청한 후에 그들과 변론하고, 저자의 대답을 듣고 다시금 그들에게 질문한다.

성경이야말로 전적으로 이러한 종류의 책이다. 정보를 수집하려는 마음에 성경을 비인격적으로 읽는다면, 그것은 성경을 완전히 잘못 읽는 것이다.

인쇄를 통한 말의 확산은 그 말이 가진 가치를 떨어뜨리고 목회자의 사역을 더욱 어렵게 만든다. 학교는 책을 단순한 정보의 그릇 정도로 취급함으로써 말의 가치 절하에 한몫을 담당했다. 책이 담고 있는 내용을 모두 비우게 되면(책에 담긴 정보를 모두 획득하면), 책들은 폐기된다. 아마 그런 이유 때문에 미국에서 매년 그렇게 많은 성경이 판매되는 것 같다.

종이 가방처럼 취급받는 성경은 유용함을 가져다주는 것은 물론이고 세례, 신앙 고백, 결혼, 회심, 위로, 기념, 외로움, 상실감, 분노 그 외의 모든 것들에 대한 거룩한 정보도 제공한다. 채소를 집으로 가져온 후에는 종이 가방을 버린다. 채소를 다시 구입해야 할 때에는 다른 종이 가방을 구한다. 종이 가방 성경을 판매하는 상점은 얼마든지 널려 있다.

참으로 우리의 현실이 그렇다. 오늘날의 읽기 문화를 가장 잘 보여주는 것은 신문이다. 신문을 모두 읽은 다음에는 곧바로 버린다. 구텐베르그 이전 사람들은 아무도 다 읽은 책을 내버리지 않았다. 글을 담고 있는 모든 것들은 한때 이땅에 살았던 이들의 음성을 담은 기록이고 그 목소리를 독자의 귀에 다시 재생해주는 수단이었기 때문이다.

기록된 말은 상징이었다. 상징이란 구술된 말과 동일한 것이 아니라 그 말에 접근할 수 있게 하는 수단이다. 고대 그리스에서는 시각적인 표시, 티켓, 그리고 어떤 때에는 찌그러진 동전이 상징으로 사용되었다. 계약 당사자들이 상징으로 이용하는 물건을 반으로 나눠 하나씩 가지고 있었다.[5]

훌륭한 책은 모두 그와 같은 상징이다. 저자와 독자가 나눠져 있지만 짝을 이루는 부분을 하나씩 가지고 있다. 여기서 말하는 두 가지 부분이란 입과 귀다. 입은 말하고 귀는 듣는다. 성경은 바로 그런 측면에서 훌륭한 책이며 좋은 상징이다.

소비자 중심 사회에서 그릇된 직무 내용 설명서는 소비자가 작성한다. 역사적으로 볼 때, 아주 독특한 현상이 지금 우리 시대에 일어나고 있다. 원인은 다양하지만 결과는 똑같다. 모든 사람이 소비자다. 우리는 자기 중심적으로 생각하는 훈련을 받은 후에 소비자처럼 행동한다. 우리는 구입하는 물품에 따라 다른 이들에게 알려진다.

우리나라의 건전함과 우리 삶의 성공을 일인당 국민 소득과 국민 총생산에 따라 측정한다.

국민들이 자신들의 수입을 소비하지 않고 모아두기만 한다면, 그 나라는 금방 약해진다. 우리가 비용 효과성을 계산하지 않고 영구적

---

5 Ong, *The Presence of the Word*, p. 323.

이고 아름다운 물품을 만드는 데 많은 시간을 투자한다면, 경제는 순식간에 타격을 입을 것이다. 구입은 하지 않고 너무 오랫동안 구경만 한다면, 사람들의 움직임을 방해하게 된다. 가격은 계산하지 않고 지나치게 많은 것을 거저 준다면, 그것은 시장을 어지럽히는 행위다.

공직에 진출하기 위해 선거에 뛰어든 정치가가 "4년 전보다 생활이 더 나아졌습니까?"라고 물으면, 모든 사람들은 '나아지다'라는 말을 소비할 돈을 더 많이 가지고 있느냐는 의미로 이해한다. 개인은 소비하는 만큼 가치를 가진다.

이런 상황으로부터 예외가 될 수 있는 목회자는 하나도 없다. 교육을 담당한 사람들은 재화의 획득을 강도 높게 훈련시킨다. 마셜 매클루언(Marshall McLuhan)은 미국의 광고비 예산이 학교 예산의 몇 배에 이른다고 근심스런 어조로 말했다.

또한 광고 회사를 운영하는 사람들은, 몇몇 사람을 제외하고, 학교를 운영하는 사람들보다 훨씬 뛰어나다고 했다. "교실은 이러한 광고로 인한 교육의 화려함과 엄청난 금전적인 성공, 그리고 광고가 누리는 특권과 도저히 맞설 수 없다 … 광고는 사람들을 즐겁게 해주는 것인 양 위장하고 있으며 사람들의 의지와 욕망을 조작하면서도 지적인 측면은 무시한다."[6]

내가 소비자라는 신분으로 사회적인 정체성을 인정받는다면, 내가 만나는 사람들에 대한 나의 주된 기대는 이미 비용을 지불할 준

---

6 Marshall McLuhan, *The Mechanical Bride*(New York: Vanguard Press, 1951), p. 72. 「기계 신부」(커뮤니케이션북스)

비를 하고 있는 내가 그들로부터 무엇을 얻을 수 있는가라는 것으로 귀착되는 결과가 뒤따라온다. 백화점에서는 상품을 구입하고, 의사에게서 건강을 구입하고, 변호사에게서 법적인 능력을 매입한다. 이런 종류의 사회에서 살고 있는 우리 교인들은 목회자인 나에 대해서도 상업적인 기대감을 가지고 있지 않겠는가?

요즘 시대의 존경받는 거의 모든 직업이 상업화로부터 자유로울 수 없는 것이 사실이지만, 그렇다고 해서 목회 사역마저 그래야 할 이유가 있는가? 목회자들이 자신의 양떼들을 마치 매니저들이 수퍼마켓을 운영하는 것과 동일한 원리로 조작하려는 것은 소비 중심 사회의 영향을 받은 목회자들의 부끄러운 행동에 지나지 않는다.

다음과 같은 질문은 나의 행동 가운데 무의식적으로 내 속에서 작용한다. 교인들은 그들의 목회자인 나에게 무엇을 원하고 있는가? 물론 어떤 것들은 더 나은 삶의 영역에 포함되어 있다. 격려, 통찰력, 위로, 그들로 하여금 험한 세상 속에서 더 나은 상태에 이를 수 있게 하는 교리들, 즉 그들을 고양시키는 요소들이다. 물론 목회자들은 교인들의 요구에 응해야 하는 위치에 있다.

목회자 자신들에게 사례를 지불하는 사람들이 원하는 일을 선한 양심을 가지고 해줄 수 있는데, 그들을 기쁘게 해주지 못할 이유가 무엇인가? 또한 목회자의 양심이 교인들에 의해 지지를 받는다면, 그것은 선한 양심이라 해도 무방하지 않은가? 이와 같은 소비주의가 목회자들이 인식하지 못하는 사이에 그들을 좌우한다. 목회자들의 삶에 속한 모든 요소들 가운데 소비주의와 이런 저런 면에서 접촉하지 않은 것은 하나도 없다.

이와 같은 획득주의 양식은 문화 전반에서 당연시되고 그로 인해 얻어지는 것도 있으므로, 목회자들이 성경에 접근할 때 그들의 시각에 영향을 미치지 않을 수 없다. 목회자들이 성경을 읽기 위해 책상에 앉을 때, 이미 그들의 눈에는 최종적으로 어떤 결과를 얻을지 훤히 보인다. 목회자들은 교인들의 삶을 위해 유용한 무언가를 찾으려 하고, 교인들이 가지고 있는 좋은 물건을 배달하는 사람이라는 기대를 충족시키고 싶어 한다.

누군가 나에게 "성경을 읽어도 얻어지는 것이 없었다"고 말한다면, 나는 무조건적으로 다음과 같은 반응을 보인다. "성경 읽는 법을 가르쳐드리겠습니다. 그래서 당신이 성경에서 무언가를 얻도록 해드리겠습니다." 나의 말 속에서 큰 효력을 갖는 단어는 '얻다'라는 말이다. 당신이 더 뛰어난 소비자가 될 수 있도록 돕겠다. 바로 그때부터 모든 과정은 거의 되돌릴 수 없는 지경까지 멀리 나아간다. 교인들과 나는 성경을 유용한 물건으로 취급하는 데 동의한 것이다. 거기에서 무언가를 얻을 수 있게 되었기 때문이다.

교인들의 기대에 따라 좌우되는 목회자인 나는 그들의 유익을 위해 돕는다. 어떤 지점에서 나 자신 역시 선을 넘어선 그런 행동을 한다. 설교를 위해 흥미 있는 본문을 찾고, 심리적으로 안정을 준다는 이유로 병실에서 읽기에 좋은 본문을 찾으며, 삼위일체라는 진리의 증거를 위한 본문을 찾는다. '찾다'라는 동사가 최고의 위치를 차지한다. 이제 나는 더이상 음성을 듣지 않는다. 순종과 믿음 안에서 반응해야 마땅한 하나님의 음성을 듣지 않는다. 다른 이들이 불러야 비로소 존재하는 자로 전락한다. 나는 더 나은 일을 하기 위해 사용할 수 있는 무언가를 찾는다. 왜냐하면 내가 그 일을 탁월하게 수행한다면 사람들이 나에게 더 많은 사례를 줄 것이기 때문이다.

이렇게 강력하면서도 눈에 쉽게 띄지 않는 세 가지 요소들은 우리의 등 뒤에서 조용히 작동하면서 하나님의 말씀을 듣게 하는 통로인 성경의 본질을 파괴한다. 우리는 이러한 상황에 거의 침식됐다.

"큰 고기의 뱃속에서 밖으로 나가는 것"은 가능할까?

물론 가능하다. 하지만 쉽지 않다. 분석은 문화적으로 감금되어 눈과 귀가 멀어버린 우리를 끄집어내는 지렛대다. 성경 읽기 자체가 본질적으로 완전함을 갖지 않는다는 사실은 쉽게 알 수 있다. 읽기는 네 박자 — 말하기, 쓰기, 읽기, 듣기 — 로 진행되는 순서에 속한 하나의 요소일 뿐이다. 책은 말하는 사람이 같은 장소 또는 같은 시대라는 제약에 얽매이지 않고 듣는 사람과 연결될 수 있는 방편을 제공한다는 특성을 갖는다. 중간에 자리한 두 가지 요소는 첫 번째 요소(말하기)와 마지막 요소(듣기)에 비해 부차적인 것이다.

책(저자와 독자를 연결하는)이 그 사이에 있다. 말하는 사람의 입과 듣는 이의 귀 — 입과 귀는 모두 살아 있는 기관이다 — 를 연결하는 매개체다. 쓰기와 읽기는, 두 가지는 책과 관련된 요소인데, 말하는 소리와 듣는 귀를 위해 유용한 활동들이다. 쓰기와 읽기가 입과 귀를 위한 봉사의 자리를 지키지 않고 스스로의 권리를 내세우는 행동이 된다면, 그런 활동들은 살아 있는 기관(organ) 대신 생명력 없는 대상(object)처럼 중요하지 않은 것들을 가장 중요한 실체의 자리에 가져다놓게 될 것이다.

언제나 그렇듯이, 읽기는 위에서 말한 네 가지 요소 가운데 중간의 두 요소를 끄집어내어 거기에 나름대로의 가치를 부여하기 때문에 네 가지 요소의 연속성을 파괴한다. 우리는 그러한 파괴적인 일이 이미 일어나고 있다는 것을 거의 파악하지 못한다. 왜냐하면 네 가지 요소 가운데 한쪽 끝에 있는 생생한 목소리와 다른 끝에 있는 듣는 귀를 제거해버리고, 기술 사회가 선호하는 비인격적인 목적을 위해 책을 쓰고 읽는 것을 더욱 돋보이게 하기 때문이다.

그러나 몇몇 사람들은 그런 현상을 주목한다. 시인들, 부모, 그리고 배우자들은 쉽게 그와 같은 현상을 파악한다. 왜냐하면 말들(words)이 더이상 말하고 듣는 중에 생생하게 살아 있지 않은 순간 그들이 가진 정체성의 본질적인 측면들이 의심을 받기 때문이다. 또한 목회자들 역시 그런 현상에 주목해야 한다. 그들은 다른 이들의 삶의 방식에 연루되어 있으며, 상당히 개인적이며 관계를 중시하는 실체에 헌신한 자들이기 때문이다. 목회자들의 직무는 현대의 문화로부터 충분한 거리를 유지하는 것이다. 그럼으로써 하나님께서 말씀하신다는 신학적인 확신이 하나님의 말씀을 듣기에 충분한 시간과 공간을 확보하게 되고, 그들은 단순히 글을 읽는 수준에 머물지 않게 된다.

목회자들은 단순히 주목하는 차원에 머물러 있지 말아야 한다. 반드시 대항해야 한다. 주변 환경을 생각한다면, 그것은 결코 쉽지 않은 일이다. 구텐베르그는 내가 소유하고 어디든 가져갈 수 있는 저렴한 책을 내게 주었지만, 동시에 내가 그 책의 내용을 주머니나 지갑 속에 가지고 다닐 수 있다는 환상도 심어주었다.

나의 소유이므로 내가 그것을 마음대로 좌우할 수 있다고 착각한다. 학교 생활은 천국의 장식과 지옥불의 온도에 대한 믿을 만한 정보를 구할 수 있는 권위 있는 교과서를 내게 주었다. 나의 소비주의는 어두운 밤에 더 멋진 생활을 할 수 있도록 가르쳐주고, 교인들에게 영원한 생명에 걸맞는 삶을 살도록 격려하는 법을 보여주는 베스트셀러 서적을 가져다주었다.

나는 살아있고, 교육을 받았으며, 모든 책들을 이런 식으로 취급하는 세상 속에서 살아가고 있다. 더 나아가 세상은 '거룩한'이라는 형용사를 붙인 책이라는 이유 때문에 예외로 여기고 특별한 대우를 하지 않는다. 하나님께서 들려주시는 말씀과 인간의 듣는 귀 — 이 두 요소는 성경의 쓰기, 읽기, 복사, 번역 등을 야기시킨 출발점이다 — 는 조용히 그리고 기품 있게 판매되었다. 바울은 이 사실을 제대로 알고 있었다. "율법 조문은 죽이는 것이요(the letter kills)"(고후 3:6).

바울은 "영은 살리는 것이니라"라는 말씀을 믿으며 소망을 잃지 않았다. 영은 죽은 육체뿐 아니라 죽은 영혼과 죽은 의문(문자, letters)도 소생시킨다. 우리는 구텐베르그의 발명품을 비판적으로 평가할 수 있고, 학교 제도에 대해 불평할 수도 있으며, 애덤 스미스(Adam Smith)를 폄하할 수도 있다. 하지만 거기에 덧붙여 그에 대해 무언가를 해야만 한다. 그러나 이미 무언가 이루어졌다. 그 행동이 정확히 어디에서 일어났고 어떻게 작용했는지 파악한다면, 그것으로부터 많은 도움을 얻을 수 있다.

시편 40편 6절에서 멋지게 표현된 은유는 훌륭한 중심축을 제공한다. 그 본문 속에 이런 내용이 담겨 있다. "주께서 내 귀를 통하여 내게 들려 주시기를(aznayim karitha li)." 어떤 성경 번역자도 본문을 그대로 직역하지 않은 것은 놀랄 만한 일이다. 그들은 모두 이 부분을 의역하는 쪽을 선호해서, 의미는 적절하게 전달했지만 그 속에 담긴 은유는 영영 잃어버리고 말았다.

"당신께서 제게 열린 귀를 주셨나이다(thou hast given me an open ear — RSV)." 이 부분에서 은유를 상실한 것은 묵인할 수 없는 일이다. 히브리 성경에서 사용한 동사는 '파다(dig)'의 과거형 'dug'였다.

귀가 없는 사람의 머리를 상상해보라. 아마 이상하게 보일 것이다. 눈, 코, 입은 다 있는데 귀가 없다. 귀가 있어야 할 자리에 부드럽고 평평한 피부와 도저히 뚫을 수 없는 단단한 뼈가 있다. 하나님께서 말씀하시는데 아무런 반응이 없다. 시편 본문에서 말하는 은유는 분주한 종교적인 행위에 빠져 하나님의 음성에 반응하지 못하는 것을 보여준다. "주께서 내 귀를 통하여 내게 들려 주시기를 제사와 예물을 기뻐하지 아니하시며 번제와 속죄제를 요구하지 아니하신다 하신지라"(시 40:6).

본문에 등장하는 사람들은 어떻게 그런 예물을 알고 여러 제사들을 바치는 방법을 어떻게 알았을까? 그들은 출애굽기와 레위기에 있는 제사 규정들을 읽었고 거기에 나온 명령들을 따랐다. 그들은 종교적인 사람들이 되었다. 그들의 눈은 토라에 기록된 글들을 읽었고 그에 따라 의식이 행해졌다.

그들은 성경 말씀을 정확하게 읽었고 의식을 올바로 집행했다. 그들이 '요구치 아니하신다'라는 말씀을 어찌 읽지 않았겠는가? 그들은 흠 없는 동물, 돌로 만든 제단, 희생의 불을 위한 명령을 따르는 것보다 더욱 중요한 행동을 해야 했다.

하나님께서 말씀하시고 그들은 그 말씀에 귀를 기울여야 했다. 하지만 인간이 듣지 않는 상태에서 하나님께서 말씀하시면 무슨 소용이 있는가? 결국 하나님께서는 곡괭이와 삽을 들고 단단한 두개골을 뚫어서, 내면의 깊은 곳 — 마음과 정신 — 까지 접근할 수 있는 통로를 확보하셨다. 편편한 두개골을 상상하는 대신, 쓰레기들 — 문명화된 세계의 잡음들, 난무하는 험담, 하찮은 잡담 — 로 가득 차서 더이상 물을 내지 못하는 우물 같은 것을 떠올려도 무방할 듯하다. 우리 귀는 세상 것으로 꽉 막혀 있어서 하나님의 음성을 듣지 못한다. 블레셋 사람들이 우물들을 막아버리자 다른 우물을 팠던 이삭처럼, 하나님께서는 세상적인 잡음으로 가득 찬 우리의 귀를 다시 파신다.

그로 인한 결과는 성경의 회복이다. 눈을 감고 귀를 열게 된다. 히브리의 제사에는 율법의 낭독이 포함되어 있었다. 그러나 시간이 갈수록 율법 낭독은 모종의 행위와 시각적인 행사로 변질되었다. 성경 두루마리를 읽는 일은 보여주기 위한 행위에 불과했고, 말씀의 내용들은 제사를 드리는 그릇 속에 파묻혀버렸다. 왜냐하면 제사를 위한 규정이 그것을 요구했기 때문이다.

이제 귀가 새롭게 열리고, 음성이 들려오기 시작한다. 말씀을 듣는 자는 즉각적으로 반응한다. "그때에 내가 말하기를 내가 왔나이다 나를 가리켜 기록한 것이 두루마리 책에 있나이다 나의 하나님이여 내가 주의 뜻 행하기를 즐기오니 주의 법이 나의 심중에 있나이다 하였나이다"(시 40:7-8). 이제 읽기의 행위는 듣기의 행위로 변화된다. 읽는 자로 하여금 듣는 자가 되라고 명령하는 말씀이 담긴 성경을 새롭게 깨닫는다. "나를 가리켜 기록한 것이 두루마리 책에 있나이다." 눈으로 읽혀지기만 하던 두루마리에 기록된 말씀은 이제 귀에 들려지며 마음속으로 깊이 파고든다. "내가 주의 뜻 행하기를 즐기오니 주의 법이 나의 심중에 있나이다."

하나님의 말씀('주의 뜻')은 한때 기록된 말씀('주의 법') 속에서 객관화되었지만, 이제는 응답과 예배의 말('나의 심중') 속에서 개인화된다. 읽기의 행위는 듣기의 행위로 변한다. 기록된 내용이 다시 음성으로 들려온다. "내가 많은 회중 가운데에서 의의 기쁜 소식을 전하였나이다 여호와여 내가 내 입술을 닫지 아니할 줄을 주께서 아시나이다"(시 40:9). 하나님의 말씀은 더이상 기록된 상태로만 남아 있지 않는다. 그 말씀은 음성으로 들려진다. 말씀이 눈에서 귀로 옮겨지며 그로 인해 마음도 말씀에 사로잡힌다.

듣기가 회복되었다. 역동적인 순서는 다시 원상태로 돌아왔다. 시편 40편은 하나님의 말씀을 듣는 것으로 시작했다. "내가 여호와를 기다리고 기다렸더니 귀를 기울이사 나의 부르짖음을 들으셨도다"(시 40:1). 이제 시편 기자는 귀를 기울인다. 하나님께서 그의 두꺼운 두개골을 뚫으셔서 말씀을 들을 수 있는 통로를 열어주셨다. 하나님의 생생한 음성이 인간의 귀에 들려진다.

이로 인한 결과는, 하나님의 말씀이 역사할 때마다 언제나 그렇듯이, 복음('의의 기쁜 소식' '주의 성실과 구원', 시 40:9-10)이다. 중세 시대에는 동정녀 마리아가 임신한 통로가 귀였다고 흔히들 생각했다.

물론 성경 듣기는 성경 읽기를 전제로 한다. 듣기 위해서는 먼저 읽어야 한다. 하지만 전혀 귀를 기울이지 않으면서도 읽을 수는 있다. 정확하게 그리고 이해하면서 성경을 읽는 것은 해 아래에서 가장 어려운 일들 가운데 하나다.

고전학자인 길버트 하이트(Gilbert Highet)는 성경을 읽으면서 적어도 성경 읽는 시간의 절반 이상을 곤혹스러워하지 않는 사람은 성경 읽기에 온 정신을 쏟지 않은 사람이라고 했다. 읽기에서 듣기로 옮겨 갈 때, 우리는 도저히 해결하기 힘든 몇 가지 어려움을 복합적으로 만나게 된다. 듣기에 힘쓰려는 여러 번의 시도들이 다시금 읽기의 옛 관습으로 되돌아가려는 것을 볼 때마다 의아하지 않는가?

다행히 우리에게는 이러한 어려움들을 해결하기 위한 방법이 남아 있지 않다. 우리 속에서 말씀으로 자신을 계시하실 하나님께서는 그 말씀을 주시며 말씀을 듣기 위한 방법도 제공해주신다. 사도 요한은 창조를 이루고 구원을 실현시키신 하나님의 말씀이 예수 그리스도 안에서 육신이 되었다고 말한다. 예수님은 하나님의 말씀이다.

요한의 복음서는 많은 부분을 할애하여 예수님께서 사람들로 하여금 하나님과 대화하도록 이끄시는 모습을 보여준다. 더이상 하나님에 대해 읽는 차원 — 아마 그들은 그런 식의 읽기에 능통했을 것이다 — 에 머물러 있지 않고, 하나님께 귀를 기울인다(도저히 가능할 것이라고 생각지도 못했던 일이다).

대화에 임했던 자들은 곧 믿음으로 예수님을 따른다. 가나에서의 마리아, 한밤중에 찾아온 니고데모, 사마리아 여인, 베데스다 연못의 중풍병자, 논쟁적인 바리새인, 예루살렘의 눈먼 자들, 나사로의 누이들. 이러한 모든 대화는 십자가에 달리시기 전날 밤의 심오한 대화 — 마지막에 기적적인 전환이 일어나는 — 로 집약된다. 아들과 나눈 대화는 제자들로 하여금 아버지께로 나아가게 했다.

요한복음 어디에서도 하나님의 말씀이 주변 상황과 상관없이 개별적으로 제시되지 않았다. 돌에 새겨지거나, 간판 위에 그려지거나, 책에 인쇄되지 않았다. 말씀은 언제나 소리로 들려졌다. 말씀이 말씀되어지고 들려졌으며, 의문시되고 응답되었고, 거절당하고 순종을 이끌어내었고, 마지막으로 기도로 나타났다.

초대 교회 그리스도인들은 이러한 대화 속에 깊이 빠져들었고, 그런 경험은 그들의 성경 읽기 방식을 변화시켰다. 이제 모든 말씀이 음성으로 들려진다. 그들은 성경의 모든 본문에서 예수님께서 말씀하시는 음성을 들었다. 그들은 설교를 하거나 가르칠 때 본문을 해설하지 않았다. 그들은 '예수'를 선포했다. 생생한 음성을 지니신 살아 있는 인격체를 전했다. 그들은 성경에서 예수님을 '읽지' 않았다. 그들은 마치 처음 그 말씀을 듣는 것처럼 귀를 기울였다.

그 말씀은 태초부터 하나님과 함께 계셨고, 만물이 그로 말미암아 지은 바 되었으며, 그들은 그 말씀을 들었고 눈으로 보았고 주목하고 손으로 만졌다. 이제 하나님의 말씀을 들음으로써 부활 속에서 살아나게 되었다. 예수님의 죽은 몸이 다시 살아났다. 모세의 죽은 글씨도 마찬가지로 살아났다.

마태, 마가, 누가는 사도 요한이 사용한 것과 다른 방법을 채택했지만 여전히 우리가 눈보다는 귀의 감각에 더욱 의지할 것을 강조하듯이 복음서를 기록했다. 공관복음은 예수님을 선생으로 묘사한다. 그의 특징은 비유를 가르침의 형태로 사용한다는 것이었다. 비유는 진리에 이르는 간접적인 방법이다.

특별히 비유는 진리에 지나치게 익숙해서 자신들이 거기에 대해 우월한 위치에 있다고 생각하는 사람들의 방어벽을 넘어서는 데 매우 유용하다.

공관복음 저자들은 자신이 전개하는 상이한 강조점에 적합한 비유를 나름대로 선택했다. 하지만 그들은 가장 우선되는 비유가 네 가지 밭이 등장하는 씨 뿌리는 비유라는 데 동의한다. 그 비유는 말씀을 듣는 것에 대한 비유다. 씨 뿌리는 비유는 입구와 같은 비유다. 예수님께서 말씀하실 모든 말들을 지키는 그러한 비유다. 이 비유는 하나님의 말씀을 단순한 책 정도로 격하시키려는 우리의 선택권을 허용하지 않는다.

말씀의 주요 표적은 우리의 '귀'다. 예수님께서는 하나님의 말씀이라는 씨를 우리 귀에 뿌리셨다. 길가와 같은 귀에서는 씨가 싹트지 못하고, 돌밭 같은 귀에서는 씨가 뿌리를 내리지 못한다. 가시떨기 같은 귀에서는 씨가 자라지 못한다. 하지만 좋은 땅 같은 귀에서 씨는 많은 열매를 맺는다. 인류의 역사에서, 이 지구상에서 일어나고 있는 가장 위대한 사건은 하나님께서 말씀하시는 것이다.

예수님의 명령이 주어진다. "들을 귀 있는 자는 들으라"(막 4:9). 그 명령은 초대교회 공동체를 통해 수십 년 동안 울려퍼졌고, 요한계시록이 시작되는 부분에서 다시 들려졌다. "이 예언의 말씀을 읽는 자와 듣는 자와 그 가운데에 기록한 것을 지키는 자는 복이 있나니 때가 가까움이라"(계 1:3).

그리고 이어서 말씀을 들으라는 예수님의 유명한 명령이 일곱 차례에 걸쳐 제시된다. 말씀에 싫증을 느끼는 모든 독자들을 설교단 앞에 서거나 예배당에 앉도록 이끄시는 명령이다.

거기에서 깨닫게 하고, 책망하며, 명령하고, 격려하고, 용기를 주며, 초대하고, 이전의 것들을 끝내게 하고, 다시금 시작하게 하며, 모든 만물을 새롭게 하시는 말씀을 생생하게 듣도록 부르신다.

"귀 있는 자는 성령이 교회들에게 하시는 말씀을 들을지어다"(계 2:7, 11, 17, 29, 3:6, 13, 22, 13:9).

선한 양심을 가진 목회자라면 성경에 기록된 말씀을 그저 눈으로

만 읽는 문자 정도로 남겨두는 데 만족할 수 있겠는가? 목회자들의 직무는 사람들의 귀와 연관되어 있다.

> 침묵하는 사랑이 기록한 글을 읽는 법을 배우라.
> 사랑의 화사한 재치를 눈으로 듣는 법을 배우라.[7]

---

7   William Shakespeare, Sonnet 23, in *Shakespeare's Sonnets*, ed. Douglas Bush and Alfred Harbage(Baltimore: Penguin Books, 1961), p. 45.

5
주해 작업의 필수 조건, 묵상

허먼 멜빌(Herman Melville)의 『화이트 재킷(White Jacket)』에 보면 한 선원이 심각한 위장병에 걸린 이야기가 나온다. 그 배의 의사였던 커티클 박사는 단순한 물집 정도를 넘어서는 질병에 걸린 환자를 만나 자신의 의술을 드러낼 수 있게 된 것을 기뻐했다. 그는 맹장염이라는 진단을 내렸다. 몇몇 선원들은 그의 의술에 감동했다. 맹장염에 걸린 선원이 수술대 위에 눕혀지고 수술 준비가 끝났다.

커티클 박사는 날렵한 솜씨와 뛰어난 의술로 수술을 진행했다. 그는 정확하게 수술할 부위를 절개하고, 병에 걸린 맹장을 잘라냈다. 그리고 수술대 주변을 둘러싸고 있는 선원들에게 흥미 있는 해부학적인 내용을 상세하게 설명했다. 지금까지 사람의 복부 속을 본 적이 없는 선원들은 신기하기만 했다. 그는 자신의 일에 몰두했고, 누가 보더라도 훌륭하게 수술을 진행했다.

인상적인 수술이었지만, 옆에서 보조하는 선원들은 감명을 받은 것이 아니라 거의 얼이 빠졌다. 수술을 마치고 봉합할 때쯤 그 환자는 이미 오랜 시간을 수술대 위에 죽은 상태로 누워 있었던 것이다. 커티클 박사는 수술에 열중한 나머지 그 사실을 알아차리지 못했다. 주변에 있었던 선원들은 의사의 권위에 눌려 겁을 먹고 그런 사실을 말해주지 못했다.[1]

성경 주해도 일종의 수술이다. 역사와 문화와 문법의 단층을 조심스럽게 잘라낸다. 골격만 남은 구문과 문법적인 조직들을 수술대에 눕힌다. 본문을 전달하는 과정에서 부주의하게 삽입된 잘못들을 제거한다. 수세기에 걸쳐 번역되는 가운데 스며들어온 오류들을 바로잡는다. 감춰진 부분들이 눈으로 볼 수 있도록 노출될 때는 믿을 수 없을 정도로 복잡하고 흥미로운 기관의 구조를 관찰한다.

이런 작업은 교회가 성경을 이해하는 데 필수적이다. 목회자들은 이 작업을 위해 훈련받아왔다. 주해의 기술에 대해 말한다면, 현시대를 사는 목회자들이 이전 세대의 사람들에 비해 훨씬 많은 기술을 가지고 있다. 현대의 목회자들이 이전 시대의 사람들에 비해 월등하게 뛰어난 주해 기술들을 가지고 있는 것에 비교한다면, 첨단 전자 장비 및 원자력 장비와 화학 기술을 동반하고 진행되는 오늘날의 수술은 그들의 선조가 행했던 것보다 그리 진보한 것이라 할 수 없다.

---

1 Herman Melville, *White Jacket*(Evanston, IL: Northwestern University Press, 1970).

요즘 목회자들은 제롬보다 히브리어를 더 많이 알고 있고, 어거스틴보다 더 뛰어난 역사적 방법들을 활용하며, 칼뱅보다 비교 문법을 더 잘 이해하고 있다. 어느 시골 교회를 담당하고 있는 21세기의 목회자는 백여 년 전에 활동한 모든 신학 교수들이 끌어모을 수 있는 것보다 더 많고 뛰어난 주해의 도구를 즉시 구입할 수 있다. 발견된 사본, 고고학적 발굴, 문헌학적 연구로 인한 새로운 자료들이 신학교 도서관의 책상 위에 산더미처럼 쌓여 있다. 이러한 자료들을 연구하고 평가하며 성경 본문을 역사적, 신학적으로 이해한 사람들은 가장 뛰어난 수준에 있는 것처럼 여겨진다.

아마 우리는 초대교회 시대의 독자들에 비해 성경 본문을 더욱 정확하게 읽을 수 있을지도 모른다. 하지만 우리가 아직도 알지 못하는 것들은 너무나 많으며, 앞으로도 도무지 깨닫지 못하게 될 내용도 있을 것이다. 성경학자들과 신학 서적들이 우리에게 제공해주는 것은 정말 깜짝 놀랄 정도로 엄청나다.

이와 같은 풍부한 주해 자료와 기술에 접근하지 못할 목회자는 없다. 오히려 정반대로, 목회 사역에 임하는 자들은 때때로 뛰어난 주해 능력을 갖추라는 요구를 받는다. 신학 교육을 받는 데 아무런 제약이 없고, 교수들은 많은 내용을 가르치고, 도서관에는 훌륭한 자료들이 쌓여 있다. 그리고 공부를 위한 시간도 충분히 있다.

그렇지만 언제나 좋은 것만은 아니다. 어디를 가든 목회자들은 능숙한 근면함으로 성경을 항상 연구해야 한다. 교인들은 목회자 주변에 모여들어, 무언가 말해달라고 요구하며 신경을 자극한다. 중간에서 그만두는 것은 수치스러운 일처럼 보인다. 목회자는 그런 일에 익숙하고, 더 많이 알고 있으며, 성경 이야기의 기원에 대해 설명하기를 남보다 더 즐기며, 전통의 중요성과 동사의 어근이 갖는 의미를 말해 주는 것을 좋아한다.

그러나 중요한 사실은 환자가 죽었다는 것이다. 목회자가 아무리 훌륭한 주해 기술을 본문에 적용했다고 하더라도, 교회와 성경의 주된 관심사인 하나님, 즉 살아 계셔서 말씀하시는 하나님에 대한 올바른 이해는 없다. 목회자들은 커티클 박사처럼 기술적인 기교는 뛰어나지만 인간적인 차원에서는 무감각한 상태로 직무를 수행한다. 비록 미국의 목회자들이 탁월한 학문적 훈련을 거쳤다고 하더라도, 과거의 어떤 시대에 속한 목회자들보다 성경을 묵상하는 부분에 있어서는 당혹스러울 정도로 훈련받지 못한 것처럼 보인다.

아무리 풍부한 기교적인 주해 기술이라도 '환자' — 하나님의 살아 있는 말씀으로서의 성경 — 의 아픔을 돌보지 못한 잘못을 상쇄할 수는 없다. 목회자의 주해적인 직무는 그러한 말씀의 생명력을 보존하는 것과 직결되어 있다. 교회의 생명력을 유지하는 데 적절하고 목회자의 소명과 조화를 이루려면, 주해는 반드시 묵상을 동반한 주해이어야 한다.

묵상을 동반한 주해는 새로운 것이 아니다. 그런 종류의 주해는 교회가 생긴 이후로 지금까지 계속되었다. 이 말은 현재 이루어지는 그릇된 주해를 치유하는 것은 혁신이 아니라 회복이라는 의미다. 묵상을 동반한 주해로의 회복은 현재의 주해와 관련된 어떤 사실이나 통찰력을 내버린다는 것이 아니다. 목회자들은 성경 본문을 선포하고 가르치는 직무를 위임받았으므로, 문법, 신학, 역사 등과 같은 모든 영역에서 가능한 한 많은 내용을 알고 있어야만 한다. 주해를 소홀히 하는 목회자는 고소를 당해야 마땅하다.

목회자가 정확한 주해 과정을 거치지 않는다면, 그것은 마치 의사가 소독하지 않은 더러운 메스로 수술을 집도하는 것이나 다름없다. 묵상을 동반한 주해는 기술적인 주해를 무시하거나 경시하지 않는다. 오히려 성실한 주해를 강조한다. 하지만 멜빌이 백여 년 전 지금 시대에 대해 말했던 것처럼, 기술은 치료법이 아니며 정보는 지식이 아니다. 몸 속에, 그리고 책 속에는 살아 있는 무언가가 있다. 그런 사실을 망각하거나 무시하고 설교단에 올라 말씀을 선포하는 목회자는 커티클 박사를 우스꽝스럽게 모방한 것이나 다름없다.

묵상을 동반한 주해의 회복은 말씀이 처음부터 그리고 근본적으로 인쇄된 글이 아닌 소리의 현상이었다는 인식과 더불어 시작된다. 말씀은 기록되기 이전에 말씀되어졌다. 말씀은 읽혀지기 전에 귀로 들려졌다. 성경에 기록된 대부분의 말씀들은 기록되기 이전에 오랜 시간 동안 음성으로 존재했다. 그러한 말씀들은 기록되기 전에 몇 년, 수십 년, 또는 몇 세기 동안 예배 공동체에서 선포되고 교육되었으며, 노래로 불려지고 기도로 사용되었다.

말씀들은 입에서 귀로 전해졌다. 그 말씀들은 도서관 서고에 꽂혀 있지 않고 여러 세대를 거치며 귀에서 귀로 전파되었다. 육신이 되신 말씀이신 예수님께서 쓰신 유일한 글자는 땅에 쓰신 것밖에 없고 얼마 가지 않아 곧 지워졌다.

그분이 땅에 쓰신 유일한 글들은 이미 없어져 우리에게 전해지지 않았다. 우리의 구원을 위해 필요한 그분의 말씀들은 모두 음성으로 들려졌고, 음미되었고, 묵상의 재료가 되고, 선포되었으며, 여러 번 반추되고 교육되었다. 그리고 신앙 공동체 속에서 대담한 입술과 열정적인 귀의 역동적인 상호 작용 속에서 기억되고 반복되었다.

이처럼 신앙 공동체가 보여준 철저한 구전의 전통은 성경 본문들의 근저에 흐르는 무한하고 은밀한 실체다. 그런 전통은 말씀을 말씀 자체로 묵상할 수 있도록 이끌어준다. 하나님께서 자신을 말씀으로 계시하신다는 사실은 성경 주해를 필연적으로 해야 하는 목회자들에게 이루 말할 수 없이 중요하다.

음성은 내부에서 시작되어 다른 사람의 내부로 향해 간다. 시각은 외형만을 다룬다. 소리는 내면을 다룬다. 소리는 내면 깊은 곳에 있어서 '발음'되면, 즉 '외면화'되면 다른 사람의 귀에 들려지고 이어서 그 사람 속에서 내면화된다. 나의 목소리는 나에게서 나오지만, 다른 이의 외면이 아닌 내면을 향해 울려퍼진다. 월터 옹은 이 문제에 대해 어떤 사람보다 더 철저히 연구한 사람이다. 그는 "말이란 어떤 이의 내면이 외면을 통해 다른 이의 내면을 부르는 것"²이라고 말했다.

소리는 시각의 세계보다 훨씬 더 많은 부분에서 우리들에게 활력을 불어넣는다. 우리는 마음 깊은 곳의 생각과 감정을 말로 표현한다. 결코 그것들을 보여줄 수 없다. 우리 속에 무엇이 들어 있는지 보여주지는 못하지만, 말로 누군가에게 들려줄 수 있고, 이를 통해 누군가가 우리 마음속에 들어오도록 허락한다. 서로를 잘 알게 되고 또한 친밀한 관계를 형성하게 되는 것은 사진이 아닌 대화를 나눔으로써 가능하다.

옹은 하나님께서 자신의 내면을 우리 내면 속으로 계시하신 수단은 그림이 아니라 말씀이라는 사실을 드러내기 위해 애썼다. 그는 목회자들이 반드시 터득해야 하는 주해 방법에 대한 생각을 다음과 같이 밝혔다.

> 소리로서의 말은 내면과 신비(아무리 친밀하더라도 접근하기 어려울 때가 많다)에 신호를 보낸다 … 내면과 신비는 오늘날을 살아가는 우리가 지켜야 하는 존재의 두 가지 측면이다. 소리는 또한 거룩함 — 개인의 거룩함과 하나님의 거룩함 — 에 신호를 보낸다. 거룩함은 접근하기 어려운 것이므로, 어느 정도의 거리감을 유지해야 한다.
> 즉 엄격히 구별되는 것이라는 인식이 있어야 한다. '카도쉬(kadosh)'라는 히브리어는 일반적으로 '거룩한'이라는 의미로 번역되지만, 그 단어

---

2   Walter Ong, *The Presence of the Word* (New Haven: Yale University Press, 1967), p. 309.

의 어근은 '구별하다'라는 의미를 담고 있다.

음성화된 말은 어떤 면에서 언제나 근본적으로 접근 불가능하다. 말은 우리에게서 달아나고, 손에 잡히지 않고, 움직이지 못하게 고정시키려고 애쓰면 도망가버린다. 말은 우리가 직접 들어갈 수 없는 깊은 내면에서 나오므로, 다른 사람의 개인적인 의식은 그의 입에서 어떤 의미로 들려지는가에 따라 판단해야 한다.[3]

이와 같은 현상학적인 사실, 즉 모든 말은 음성으로 시작한다는 사실은 모든 말들이 중요한 사건임을 뜻한다. 그러나 널리 알릴 수 있는 신문 기사와 같은 사건이 아니라, 우리 속에 들어오고 우리가 관계되어 있는 계시적인 사건이다. 비록 기록된 이후에도 말은 활동성을 가진다. 바로 이것이 성경에 대한 신학적 사실이다. 하지만 이것은 성경 속에 있는 말이든 그렇지 않은 말이든 상관없이 모든 말들에 관한 생물학적/물리적 사실이다.

눈으로 볼 수 있는 것은 활동적이지 않다. 그러나 귀로 들려지는 사실은 활력을 갖지 않을 수 없다. 우리가 어떤 소리 — 속삭이는 소리, 천둥치는 소리, 나무가 쓰러지고, 개가 으르렁대고, 아기가 우는 소리 — 를 들을 때는 어떤 사건이 일어났으므로 바짝 정신을 차리고 있는 것이 좋다.

성경이 하나님이나 교리 또는 도덕과 종교적인 역사에 대한 정보

---

3 Ibid., p. 315.

를 제공해주기 위해 기록된 책이라는 그릇된 학문적인 경향이 널리 퍼져 있는데, 불행히도 그런 경향에 동조하는 목회자들도 있다. 그것은 죽음을 자초하는 치명적인 잘못이다. 학교에서 사용하는 교과서는 그런 종류의 책이지만, 성경은 결단코 그 정도의 책이 아니다.

또한 예배 공동체인 교회는 그런 주장에 동조하거나 진지하게 고려한 적이 없다. 그보다 더 크고 더 역동적인 사실을 인식해야 한다. 예배 공동체의 신앙 행위는 말로 이루어진 기반 속에서 형성되고 새롭게 된다. 하나님께서는 성경 속에서 활동하셨고 지금도 활동하신다. 물론 모든 사람이 그 사실을 믿지는 않는다. 그러나 교회의 학자들과 신학자들은 그 사실을 믿는다. 성경은 계시다. 살아 계신 하나님께서 자신을 계시하실 때, 그로 인해 발생하는 결과는 살아 있는 진리다.

그러나 진리가 기록되는 순간 우리는 역설 앞에 무릎 꿇게 되는 자신의 모습을 발견한다. 종이 위에 묻어 있는 잉크는 살아 있지 않다. 어떻게 살아 있는 말씀이 죽은 글자라는 전달 수단에 의해 옮겨질 수 있는가? 목회자들은 이러한 역설 속에서 자신의 사역을 수행한다. 인간의 손으로 기록된 죽은 문자가 하나님에 의해 살아 있는 말씀으로 들려진다. 그러나 이러한 방식이 성경을 대하는 일반적인 경향은 아니다.

책은 우리가 보는 것이지 듣는 것이 아니다. 우리는 책을 사기도 하고 팔기도 한다. 책을 펴기도 하고 덮기도 한다. 빌려줄 때도 있고 빌리기도 한다. 그리고 성경은 책의 형태로 우리의 감각 경험에 다가

왔기 때문에, 우리가 살아 있는 계시의 말씀을 생명 없는 정보로 잘못 이해하는 일은 얼마든지 일어날 수 있다.

교회의 직무(목회자들은 이러한 직무를 수행해야 하는 막중한 책임을 맡고 있다)는 이러한 오해를 방지하는 것이다. 즉 계시가 정보로 취급되는 것을 방지하는 일이다. 계시는 언제나 인격적인 역사와 인격적인 반응을 포함하고 있다. 정보는 비인격적인 사실들과 추상적인 개념을 담고 있다.

나의 목회적인 관심은 성경의 영감에 대한 특정한 신학적 주장을 반박하는 것이 아니다. 단지 성경에 대해 이스라엘과 교회가 중단없이 일치하는 사실을 서술하고 있다. 내가 말하는 일치된 사실이란 살아 계신 하나님께서 생생한 말씀을 들려주시며, 성경은 그 말씀을 글로 기록해서 보여준 책이라는 것이다. 우리는 말씀된 하나님의 말씀을 다시 듣기 위하여 성경을 읽는다. 그리고 성경을 읽을 때 우리는 그분의 말씀을 듣는다. 어쨌든 그 말씀은 살아 있다.[4]

말씀들이 기록되었다 — 이 신비로운 책이, 이처럼 놀라운 문장들이 — 는 사실은 아무리 인정해도 지나치지 않다. 말씀이 선물로 기록되었다는 것은 비할 데 없이 놀라운 사실이다. 하지만 그런 사실을 제대로 인식하지 못하면 말씀은 미신(성경을 토템으로 취급)하는 것

---

4 '어떻게 해서든지'라는 말을 사용한 신학자들 가운데 나에게 많은 도움을 준 작품을 쓴 학자는 칼 바르트다. Karl Barth, *Church Dogmatics*, I/1, 2(Edinburgh: T. & T. Clark, 1936, 1956), and Hans Urs von Balthasar, *The Glory of God*(San Francisco: Ignatius Press, 1982), 1:527-677. 「교회교의학」(대한기독교서회)

처럼 더럽혀지거나 오만함(진리를 다른 사람에게 강제로 주입하기 위한 곤봉처럼 성경을 사용하는 것)으로 굳어진다.

말씀은 읽혀질 때 보다는 들려질 때 전혀 다르게 작용한다. 분별력 있는 인식이 성경 읽는 자들을 끊임없이 압박하여 예배 속에서 원래의 본문으로 되돌아가게 하고 그로 인하여 하나님의 말씀을 듣게 한다.

헬라 문화와 히브리/기독교 문화 사이의 비교는 이런 점에서 교육적으로 유익하다. 고대 히브리와 고대 헬라는 그들의 주된 감각적인 방향이 달랐다. 히브리인들은 무언가를 이해한다는 것을 듣는 것으로 생각하는 경향이 있었던 반면, 헬라인들은 눈으로 보는 것 가운데 하나라고 여겼다.[5]

노스럽 프라이(Northrop Frye)는 헬라 문화가 누드 조각과 드라마라는 두 가지 강력한 시각적 요소를 중심으로 회전한다고 주장했다.[6] 극장에서 드라마의 대사가 흘러나왔지만, 극장 자체(극장이라는 단어 theasthai는 '보다'라는 의미를 가진다)가 주요한 시각적 경험이었다. 많은 신들과 여신들을 포함하고 있었던 그들의 종교는 여러 신들을 구별하기 위해 상(像)이나 그림들을 많이 가지고 있을 수밖에 없었다.

헬라 문화에서 신이란 시각화되고 또한 대화의 주제가 되었다. 올림포스산의 판테온은 드라마를 위한 줄거리와 게임의 후원자와 신전

---

5   Ong, *The Presence of the Word*, p. 3.
6   Northrop Frye, *The Great Code*(New York: Harcourt Brace Jovanovich, 1982), pp. 117-118.

을 위한 여러 신상들을 제공했다. 신들은 인간의 삶의 외부에 자리하고 있었다. 신들의 활동과 대화는 시각적으로 인식되었고, 사람들이 볼 수 있는 구경거리였다.

그와 반대로 히브리/기독교 문화는 두 가지 청각적인 요소를 중심으로 회전한다. 눈에 보이지 않는 하나님께서 시내산에서 모세와 당신의 백성들에게 말씀하시고, 말씀이 예수 그리스도 안에서 육신이 되었다. 히브리인들과 뒤에 이어지는 그리스도인들은 신상들을 배격하고 연극을 만들어내지 않았다.

그들은 유일신이신 하나님의 말씀을 들었다. 그분의 말씀은 그들로 하여금 정체성을 찾게 했고 그들을 순례와 제자도의 길로 불러냈다. 그들은 서로 만났을 때 신상을 바라보거나 드라마를 구경하지 않았다. 그들은 명령을 듣고 기도로 응답했다. 그들과 헬라인들 간의 차이점은 근본적이고 혁신적이었다.

히브리인들과 그리스도인들은 자신들과 헬라 사람들 사이에 있는 엄청난 차이점을 알고 있었다. 또한 시각적인 것을 중시하는 헬라인들이 종교에 대항해 말씀 중심의 신앙을 보존해야 할 필요성도 강하게 느꼈다. 그러므로 그들은 누드 조각과 극장을 멀리했다.

현대의 시각으로 보면 그런 모습이 고상한 척 하는 것처럼 보이고, 아마 그런 상태에 빠진 사람들도 있었겠지만, 근본적으로 그런 태도는 그들을 탐미주의의 종교로 이끌고 도덕적/영적인 신앙의 열정을 버리도록 유혹하는 신상과 드라마가 지닌 강력한 시각적 충동의 위험을 막아주는 방어물이 되었다.

그들은 말씀에 순종하며 귀를 기울이는 열정이 얼마나 쉽게 즐거운 것을 구경하는 차원으로 희석될 수 있는지 알고 있었으므로, 항상 자신들이 청각적으로 하나님께 집중하고 있는지 점검했다. 그들은 주변에 둘러싸인 온갖 종류의 신상들이 과거보다 더 열악한 상태로 자신들을 비천하게 만들어놓았다는 것도 알아차렸다. 유흥으로서의 종교는 언제나 다른 것보다 더욱 매력적이지만, 진리에서는 멀리 떨어져 있었다. 말씀과 비교해보면 그런 종교는 정말 형편없는 것이다.

바울은 비아냥거리는 투로 갈라디아 사람들에게 무엇을 더 좋아하는지 물었다. "이제는 너희가 하나님을 알 뿐 아니라 더욱이 하나님이 아신 바 되었거늘 어찌하여 다시 약하고 천박한 초등학문으로 돌아가서 다시 그들에게 종 노릇 하려 하느냐"(갈 4:9).

헬라화 된 팔레스틴에서 헤롯 대왕은 정열적인 건축가로서 나라 전역에 걸쳐 거대한 원형 경기장을 일곱 개나 건설했다. 그는 헬라와 관련된 모든 것들을 지나칠 정도로 좋아했고, 백성들이 헬라식 사고와 문화에 완전히 종속되기를 원했다. 원형 경기장들은 거대한 헬라와 로마의 신상으로 장식되었고 수많은 사람들을 수용할 수 있었다. 그는 원형 경기장에서 공연되는 드라마나 경기를 통해 사람들로 하여금 헬라의 문화에 완전히 몰두하도록 만들어, 자신의 왕국이 세계에서 가장 뛰어난 문화와 동등한 수준을 가진 정도가 되게 할 작정이었다.

일곱 도시에 건설된 원형 경기장들은 뛰어난 건축학적 특성들을 가지고 있었다. 가이사랴, 다메섹, 가다라, 카내사, 시도볼리, 빌라델비아, 그리고 예루살렘 등에 경기장이 세워졌다. 예루살렘의 것을 제외한 모든 경기장들은 부분적으로 파괴되었지만 여전히 명백하게 알아볼 수 있고 상당히 장엄한 모습을 유지하고 있다.7 1세기의 어떤 건축물도 크기나 아름다움의 측면에서 그 경기장들을 따라갈 수 없다.

거기에 비하면 회당들은 닭장에 불과하다. 헤롯에 의해 재건된 예루살렘 성전은 많은 돈을 들여 화려한 모습을 갖추었다. 물론 헤롯은 믿음 때문이 아니라 선전하기 위해 그 전을 지었다. 헤롯은 유대인들을 헬라화시키려고 백성들의 환심을 사기 위해 애썼다.

헬라식 원형 경기장의 수와 전략적으로 정해진 위치를 염두에 둘 때, 신약 성경 어디에도 거기에 대한 언급이 단 한 번도 없다는 사실은 정말 믿기 어려울 정도다. 그것은 마치 워싱턴에서 일어난 엄청난 역사적 사건은 상세하게 기록하면서 아름다운 건물로 가득 찬 워싱턴의 훌륭한 건물들과 기념비에 대해서는 전혀 언급하지 않는 것처럼 도무지 생각조차 할 수 없는 것이다. 그러나 그와 같은 생략은 성경을 기록한 저자들의 삶의 중심에 무엇이 있었는지 가르쳐줌으로써 큰 위안을 가져다준다. 즉 신앙 공동체는 눈으로 보는 것이 아니라 귀로 들음으로써 형성되었다는 사실이다.

주님은 그들과 함께하며 복음을 전파하고 가르치며, 병을 고치셨

---

7   헤롯이 예루살렘에 원형 경기장을 건설했다는 사실은 요세푸스의 기록에서 찾을 수 있다. 쉬크(C. Schick)라는 사람이 1887년에 예루살렘 남쪽에서 원형 경기장을 발굴했으나, 그것이 헤롯 시대에 세워진 것인지는 확실하지 않다. *Interpreters Dictionary of the Bible*(New York: Abingdon Press, 1962), 4:615.

다. 주님에게는 추종자가 그리 많지 않았다. 그분은 자신의 사역의 대부분을 세상에 잘 알려지지 않은 상태에서 행하셨다. 신앙 공동체는 말하여지고 들려지고, 노래되고 기도 드려진 복음의 내용을 기록할 때, 장래에 무수한 군중들이 매주 극장을 가득 메울 것을 염두에 두고 기록하지 않았다. 그런 식으로 성경을 기록하지 않았다. 그와 같은 취지는 전혀 없었다. 그러한 요소들은 모두 외형적으로 드러나는 하나의 쇼였다.

그와 정반대로 성경 저자들은 그들의 내면 세계를 관통하고 그들 속에 새로운 생명을 탄생시키는 말씀을 들었다. 그들은 자신들이 경험한 것을 기록했다. 치료하고 복을 주며 구원을 베풀고 판단의 기준이 되는 말씀을 기록했다. 그들이 경험한 사실들 가운데 상(像)으로 만들어지거나 무대 위에서 드라마로 상연된 것은 하나도 없다.

그들 자체가 하나님의 형상이었고, 그들 자체가 구원의 비극/희극적 줄거리였다. 그로 인한 결과는 성경이다. 사람들이 모인 곳에 눈으로 볼 수 있는 신상이나 극장은 없었지만, 그들에게는 소리로 들려지는 말씀이 있었다. 말씀은 우리 속에 막대한 에너지와 목적들을 형성하며, 우리의 처음과 우리의 끝(arch and telos)을 제시한다.

묵상을 동반한 주해는 말씀을 소리로 듣는 것을 의미한다. 그것은 자신의 내부에서부터 계시된 말씀이다. 또한 말씀을 그 말씀이 주어진 형태로 받아들인다는 뜻이다. 말씀이 말씀되어진 방식은 그 말씀이 들려주는 내용 못지않게 중요하다. 형태를 바꾸는 것은 메시지를 바꾸는 것이며, 때로는 메시지를 훼손하기도 한다. 성경 말씀은 성경 이야기 속에서 우리에게 주어졌다. 묵상을 동반한 주해란 그 이야기를 주의깊게 듣는 것을 말한다.

결국 모든 말씀은 이야기가 된다. 내러티브(Narrative)는 가장 기본적인 이야기 형태다. 묵상이 포함된 주해의 회복이, 말씀은 본질적으로 소리로 들려졌다는 인식과 함께 시작된다면, 말씀이 함께할 때 그 말씀이 이야기를 형성한다는 인식 또한 성숙될 것이다. 말하기 위해 입을 열 때마다, 우리는 반드시 이야기를 말하게 된다. 무슨 소리를 듣기 위해 귀를 기울이면, 우리는 얼마 가지 않아 모종의 이야기를 듣게 된다.

말씀을 하나로 모으기 위한 가장 일반적이고 자연스러운 방법은 이야기 형식을 사용하는 것이다. 말(words)이란 분리된 상태에서 생겨나지 않는다. 말들은 긴밀하게 서로 연결되어 있다. 말들이 연결되면 내러티브가 형성된다.

말들은 비담화적인 방식으로도 사용된다. 명령하고, 확인하고, 지시하고, 한담하며, 저주하고, 설명하고, 가르칠 때 주로 그러하다. 그러나 이처럼 특수한 상황에서 말을 할 때에도 언제나 듣는 사람의 이해를 돕는 상황을 제공하는 함축된 담화와 같은 콘텍스트가 있기 마련이다.

어린아이들은 이런 사실에 대한 영원한 증거다. 아이들은 실질적인 언어 지식을 습득하자마자, 이야기를 들려달라고 요구한다. 이야기를 들려주는 사람들은 어른들이다. 인간은 언어 속에서 이야기를 들으며 삶을 시작한다. 그리고 운이 좋다면, 이야기를 들려주면서 이 생의 삶을 끝맺는다. 그 사이에서 우리는 생계를 위해 바삐 움직이고, 주식 시장의 시세를 점검하고, 컴퓨터 프로그램을 배우고, 이야기를 수집한다. 종종 우리는 좀더 실제적인 언어를 사용하기 위해 이야기 들려주기와 듣기를 중단하기도 한다.

이야기에 대한 이와 같은 깊은 사랑과 이야기를 들려주는 행위는 인간의 역사에 걸쳐 계속 이어졌다. 모든 이들이 이야기와 밀접하게 연관되어 있다. 문맹 상태에 있는 원시인들도 이야기를 말한다. 수준 높은 교육을 받은 과학자들도 이야기를 읽는다. 그 양자 사이에 속해 있는 모든 사람들은 하루 중에 이야기를 듣고, 말하고, 읽는 때가 반드시 있다.

이야기에 대한 보편적인 요구와 이해는 언어를 사용하는 존재인 인간의 본질과 인간이 사용하는 언어의 본질 속에 뿌리내리고 있다. 심오한 차원에 이르면 우리는 이야기가 우리 자신들과 우리가 살고 있는 세계를 설명하기 위해 가장 적절하고 유일한 방법이라는 것을 깨닫게 된다. 또한 우리가 사용하는 말이 적절하게 효력을 발휘하도록 밀접하게 이어질 수 있는 형태가 이야기라는 것도 알게 된다.

말이 실제로 개인적으로 내면의 것을 드러내고 단순한 의사 소통을 위한 정보의 신호가 아니라면(한 개인의 내면에서 흘러나와 다른 사람의 내면에 소리로 전달되는 것이 말의 목적이며 실제적인 수행 방식이라면), 말로 들려지는 것은 이야기다. 말은 사전의 개념 목록에 내용을 덧붙이지 않는다. 말은 자유롭게 떠도는 신탁으로 굳어지지 않는다. 말은 이야기가 된다. 말은 말과 연결되고, 상호 관련 속에서 일관성을 가진 의미들을 보여준다. 또한 말과 말은 서로 밀착된 상태로 사람들과 상황들을 묘사하고, 사람들 사이의 시간과 공간 속에서 계속 발전한다.

세포가 증가되어 인간의 몸을 이루듯이, 사람의 말은 점점 증가되어 이야기가 된다. 모든 말이 이야기라는 의미는 아니다. 모든 세포가 몸이 아닌 것과 동일한 맥락에서 그렇다. 하지만 신체를 가지고 있는 사람들은 온전한 몸을 유지하며 몸 속에서 완전하게 살아가는 것을 당연하게 여긴다. 하지만 몸을 이루는 조직의 단면에서 몇몇 세포를 현미경으로 관찰하는 것은 몸을 이해하기 위해 매우 유용한 방법이 되는 때가 종종 있다. 그리고 말을 어원적으로 분해하고 문장을 통사론적으로 분석하는 것이 이야기를 이해하기 위한 목적으로 유용할 때도 많다. 하지만 언어는 말이 유기적으로 연결된 결정체인 이야기를 통해 완전하게 제 기능을 발휘한다.

우리 가운데 어느 누구도 언어가 형성하는 모든 이야기를 듣거나 인식하기에 충분할 정도로 오래 살지 못한다. 그러나 개별적인 인간의 신체가 모든 인간의 몸을 대표적으로 보여주듯이, 이야기 역시 마찬가지다. 어떤 신체나 어떤 이야기는 원래부터 다른 몸이나 이야기에 비해 더 건전하고 훈련을 통해 성숙되거나 발전되어 있으므로, 더 많은 관심을 받는다.

성경은 믿음의 사람들을 위해 건전하게 발전된 이야기다. 성경은 하나님께서 자신을 계시하기 위해 사용하신 언어들이 상당히 완벽한 이야기 형태로 기록되어 있다. 우리가 하나님의 말씀을 성경에서 들을 때, 이야기가 형성된다. 우리 내면에 형성되는 것은 다른 어떤 것 ― 조직 신학, 도덕적 교훈, 금언 ― 이 아닌 이야기라는 사실은 주해 작업을 위한 설득력 있는 함의를 담고 있다. 말이 무언가를 드러내는 특성을 가진 것처럼, 이야기는 듣는 사람의 내면에 다시금 이야기를 형성한다는 특성을 가지고 있다.

이야기가 어른에게는 어울리지 않는다고 함부로 취급되는 이유는 무엇인가? 어찌하여 열심을 가진 목회자들 사이에서 이야기가 참으로 중요한 것이 아닌 것처럼 천대받는 이유는 무엇인가? 그것은 그야말로 무지의 소산이다. 이야기는 가장 발전된 언어의 형태이며, 언어를 표현할 수 있는 가장 중요한 형태다. 목회자들은 성경 말씀이 신앙 공동체의 마음과 기억 속에서 살아 역사하도록 유지해야 하는 특별한 책임을 맡았다. 따라서 성경에 기록된 이야기들을 제대로 이해하고 평가하는 일은 목회자들에게 필수적이다.

인간의 신체가 기본적인 골격을 유지하고 있는 것처럼(머리, 몸통, 두 팔, 두 다리 등), 이야기 역시 기본 구조를 가지고 있다. 모든 이야기를 자세히 살펴보면 모두 다르지만(마치 모든 사람의 몸이 다르듯이), 이야기의 기본 요소들은 언제나 동일하다. 성경의 본질적인 내러티브 형태에 대한 우리의 인식을 날카롭게 하고 그것을 제대로 이해하며 존중하기 위해, 우리는 다섯 가지 요소들을 구분할 필요가 있다.

먼저, 이야기에는 시작과 끝이 있다. 모든 이야기는 시간 속에서 형성되었고 과거와 미래에 의해 제약을 받는다. 이처럼 이야기를 둘러싸고 있는 커다란 구조는 처음과 마지막의 온전함과 좋음을 설명한다. 우리는 이야기의 시작에 해당하는 어느 시대로 돌아가면 선하고 온전한 무언가(창조, 에덴, 아틀란티스)를 발견한다. 그리고 앞으로 도래할 어떤 시기에 도달할 멋진 장소를 가지고 있다(약속의 땅, 천국, 유토피아).

둘째, 재앙이 일어난다. 우리는 더이상 좋은 출발의 연속선 위에 있지 않다. 우리는 재앙에 의해 흠없이 온전했던 처음 상태로부터 분리되었다. 물론 온전하고 멋진 결말도 우리와 거리가 멀어졌다. 달리 말하자면 우리는 곤경에 빠져 있다.

셋째, 구원이 계획된다. 몇 가지 희미한 기억들은 우리가 지금 상태보다 훨씬 나은 상태로 만들어졌음을 상기시킨다. 하지만 우리가 원래의 좋았던 상태를 회복하기 위해 무언가 할 수 있다는 희미한 소망들은 항상 제자리에 머물러 있다. 온전한 시작과 운명, 그리고 현재의 악한 상태 사이를 채우고 있는 긴장감 속에서, 우리를 지금의 곤경으로부터 이끌어내고 지금보다 더 나은 모습으로 살아가며 궁극적인 목적지로 데려다주기 위해 모종의 계획이 수립된다.

이 계획은 두 가지 행위와 더불어 발전된다. 하나는 전쟁이고 다른 하나는 여행이다. 우리는 온전한 존재가 되는 것을 방해하는 세력과 싸워야 한다. 또한 우리는 힘들고 익숙하지 않은 지역을 통과하여 진정한 본향에 이르는 길을 발견해야 한다. 보통 전쟁과 여행이라는 주제는 뒤얽혀 있다. 전쟁과 여행은 내면적(자아 속에서 일어나는)인 동시에 외면적이다.

넷째, 등장 인물들이 나타난다. 사람들의 행동은 중요하다. 사람들은 이름과 인격을 가지고 있다. 또 그들은 나름대로 결정을 내린다. 사람들은 일렬로 정렬한 군인들처럼 행동하지 않고 제멋대로 움직인다. 갈등과 여행 과정에서 나름대로의 개성이 자라난다. 인격과 상황은 역동적인 상호 작용을 한다. 어떤 사람들은 더 나은 상태에 이르고, 어떤 이들은 그보다 못한 처지에 머문다. 동일한 자리에 머무르는 사람은 아무도 없다.

다섯째, 모든 것이 중요하다. '이야기'는 '저자'가 있음을 그 존재 자체로 암시하므로, 우연히 생겨난 이야기는 하나도 없다. 시간을 메꾸기 위해 대충 꾸며진 것은 없다. 체호프(Chekov)는, 저자가 첫 장에서 총을 탁자 위에 올려놓았다면, 누군가 마지막 장에서 방아쇠를 잡아당겨야 한다고 말했다. 저자의 마음속에서 모든 말들은 다른 말들과 긴밀히 연결되어 있으며, 모든 상세한 내용들은, 처음에 어떻게 우리에게 다가오는지 상관없이, 충분한 시간을 두고 자세히 살필 때 비로소 이해되기 시작한다.

세상에 있는 모든 이야기들은 이러한 특성들을 가지고 있다. 다섯 가지 요소들은 함축적이거나 구체적일 수 있지만, 언제나 이야기 속에 스며 있다. 강조점과 정도의 다양성, 그리고 관점의 이동과 세밀한 내용의 고안 등과 함께 이야기는 비극, 희극, 서사시, 고백, 살인 사건을 다룬 추리 소설, 로맨스 등으로 발전한다.

시인, 드라마 작가, 소설가, 어린아이, 그리고 부모들은 이런 요소들을 수백만 가지의 다양한 형태로 발전시켰다. 그런 무수한 이야기들 가운데 몇 가지가 글로 기록된다.

성경에 기록된 내용은 여러 문화와 언어, 그리고 오랜 세월로부터 유래한 문제들을 담고 있는 광범위하게 뒤얽힌 이야기들이다. 그 속에는 많은 사실들과 사람들이 여러 다양하고 상이한 방법으로 기록되었다. 그러나 겉으로 드러나는 상이성에도 불구하고, 성경의 내용은 이야기로 제시된다.

노스럽 프라이는 신앙인이나 신학자로서가 아니라 문학 비평가로서 성경을 접한 인물인데, 그는 주의 깊게 성경을 연구한 후에 다음과 같이 매우 중요한 요소들에 대해 자신 있게 말했다. "내러티브에 대한 강조, 그리고 성경 전체가 내러티브 구조로 둘러싸여 있다는 사실은 성경을 훌륭하다고 여겨지는 여타 종교 서적과는 완전히 별개라는 중요한 특성이다."[8]

성경의 기본 줄거리는 성경의 처음 다섯 책인 '토라'에 서술되어 있다. 창조는 "하나님의 보시기에 좋았더라"라는 리듬의 반복과 더불어 우리 기억을 사로잡는 뛰어난 시작이다.

약속의 땅은 멋진 결말이다. 모세는 가나안 땅의 경계까지 백성들을 인도하여 거기에서 백성들의 귀에 신명기 설교를 들려주었다. 그 사이에 타락의 비극에 이어 순례의 여정 — 에덴에서 바벨로, 바벨에서 우르로, 우르에서 팔레스타인으로, 팔레스타인에서 애굽으로, 애

---

[8] Frye, *The Great Code*, p. 198.

굽에서 광야로, 광야에서 요단강으로 — 에서 발전되는 구원의 줄거리가 제시된다.

그리고 가족들 간의 갈등, 애굽 사람과 아말렉 족속과 가나안 족속과의 전쟁이 이어진다. 아브라함, 이삭, 야곱, 요셉, 그리고 모세를 통해 주요 인물의 발전 과정이 진행되고, 그 외에도 소규모로 여러 인물들의 모습이 그려진다. 족보, 제사 규정, 사회적인 기록, 음식 규정 등이 포함되어 있으며, 존재하는 모든 것들의 세밀한 중요성이 강조된다.

이러한 이야기는 복음서에서도 반복된다. 동정녀 탄생은 훌륭한 출발점이고 승천은 훌륭한 마무리다. 헤롯의 유아 살해와 광야에서의 유혹 등으로 재난이 다가온다. 구원의 줄거리는 갈릴리에서 예루살렘에 이르는 여행, 사탄과 질병과 바리새인과 그리고 제자들과의 대결 또는 갈등을 통해 이어진다.

예수님의 성격이 이야기 전체에서 두드러지고, 베드로와 야고보와 요한이 강력한 조연의 역할을 통해 부각된다. 지리와 연대, 그리고 대화의 자세한 부분까지 세심하게 배려된다. 어느 것 하나도 소홀하게 취급되지 않는다. 참새 한 마리나 머리털 하나도 제외되지 않는다.

동일한 이야기가 유월절 주간에 좀더 압축되어 들려진다. 예루살렘 입성이 훌륭한 시작이며, 부활이 멋진 결말이다. 유다의 배신은 비극이다. 구원은 재판과 군인들의 매질, 십자가 처형이라는 갈등 부분과 베다니에서 다락방, 그리고 겟세마네와 재판정과 골고다와 무덤이라는 여행을 통해 구원의 줄거리가 형성된다.

예수님의 말씀과 행동은 구원의 삶을 매우 구체적으로 보여주며,

그분이 말씀하고 행하신 모든 것은 계시로 제시된다. 세밀한 내용 모두가 중요한 의미를 담고 있다. 마리아의 향유, 백부장의 고백 역시 그 속에 포함된다.

토라와 복음서에 명시된 내러티브는 다양한 책들을 정경화하는 작업을 거쳐 배열됨으로써 성경 전체가 확대되었다. 히브리 정경은 세 부분으로 형성되었다. 토라(창세기부터 신명기까지)는 기본 이야기를 기록해두었다. 선지서(여호수아부터 말라기까지)는 기본 이야기를 오랜 세월에 걸친 새로운 상황 속에 도입시켰다.

그럼으로써 기본 이야기가 단순히 과거에 있었던 일들을 암송하는 차원의 것이 아니라 현재에도 믿음과 순종의 대상임을 강조한다. 시가서(시편에서 역대기)는 이야기에 대한 사색적인 반응을 제공한다. 그 이야기를 자신의 것으로 흡수하여 지혜(욥기와 잠언)로 거기에 반응하며 찬양(시편)으로 반응한다.[9]

신약도 구약과 병렬 구조를 갖는다. 복음서는 기본 이야기를 새로운 율법 속에서 말한다. 서신서는 이야기가 좀더 확대된 세계 속에서 들려지고, 전파되고, 가르친다는 점에서 선지서에 상응한다. 서신서에서는 지중해를 중심으로 무수한 지리적 문화적 배경을 통해 여행과 갈등이 끊임없이 이어진다(사도행전은 여기에서 이중적인 역할을 한다. 토라와 선지서의 역할이다. 누가복음을 기록한 누가는 사도행전에서 네 복음서를 다

---

9 월터 브루그만(Walter Brueggemann)은 이러한 정경적인 배열이 신앙 공동체에서 도입될 수 있게 하는 심오하고 광범위한 교육적인 방법들을 보여주었다. *The Creative Word*(Philadelphia: Fortress Press, 1982). 「기독교교육」(한들)

섯 권의 토라로 멋지게 확대시켰다. 그는 베드로와 바울의 선지자적/사도적 삶을 그 속에서 소개했다).

야고보서와 요한계시록은 시가서에 해당한다. 이야기로 인하여 삶이 만들어지고 믿음 안에서 그 이야기를 듣고 또한 전하는 사람들의 반응이 지혜(야고보서)와 찬양(요한계시록) 속에서 요약되었다.

주해에서 반드시 강조되어야 하는 것은 성경이 이와 같은 정확한 정경적인 형태로 우리에게 전해졌다는 사실이다. 성경은 이야기 속에 잠언, 명령, 서신, 환상, 판례, 노래, 기도, 족보 등과 같은 모든 장르를 끌어모은 상당히 포괄적인 내러티브 구조다. 또한 내러티브와 심상의 독특한 구조다.[10]

이런 내러티브에 대한 인식을 잃어버리거나 희미해지면 주해는 치명적인 영향을 받게 된다. 성경의 모든 말씀은 이런 저런 방법으로 성경 자체의 거대한 내러티브 콘텍스트에 조화되며, 따라서 어느 한 문장과 그로부터 삼백 년 후에 기록되어 85쪽이나 떨어져 있는 문장은 마치 바로 곁에 있는 다음 단락처럼 보인다. 내러티브 의식이 존중되고 제대로 갖춰지면 모든 내용은 유기체적 — 이야기식으로 — 으로 연결되고 의미가 확장된다.

우리는 존 던(John Donne)과 같은 설교가가 작성한 내러티브로 가

---

[10] 이와 같은 문헌은 상당히 많다. *Theology Today* 32(1975)에 수록된 이야기에 대한 평론집은 뛰어난 방향성을 제공한다. 한스 프라이(Hans Frei)는 성경의 내러티브가 현대의 주석계에서 어떻게 사라졌는지에 대한 최고의 설명을 제시한다. *The Eclipse of Biblical Narrative*(New Haven: Yale University Press, 1976).

득 찬 주해에서 생생한 유기적인 느낌을 발견한다. 존 던의 본문은 "언제나 성경이라는 광대한 미궁 속으로 촛불을 들고 인도하는 인도자처럼 우리를 인도한다." 던은 그가 설교하던 교회와는 비교할 수 없을 정도로 더 광대한 건물 같았다.[11]

말이 글로 기록되는 순간, 그 말은 즉시 '문맥과 상관 없는' 무언가로 변한다. 목소리, 공기 중의 냄새, 뺨을 스치는 바람 등 이런 모든 것이 사라진다. 언어를 사용하면서 그것이 실제로 작용하는 방식을 주의깊게 살펴보면, 우리가 말을 하고 말을 듣는 생생한 콘텍스트가 참으로 중요하다는 것을 알 수 있다. 배경, 어조, 억양, 몸짓, 날씨 등 이런 모든 요소들이 전부 중요하다.

이런 콘텍스트의 대부분은 저술의 행위 도중에 모두 소실된다. 그러나 한 가지는 사라지지 않는다. 기본적인 내러티브 형식 자체, 즉 이야기 속에 형성된 언어는 그대로 남아 있다.

우리가 가진 모든 콘텍스트 가운데 단 한 가지라도 관심의 대상에서 제외되지 않도록 주의를 기울여야 한다. 창세기에서 요한계시록까지의 콘텍스트, 토라와 복음서에 기록된 기본 이야기, 선지서와 서신서를 통해 역사 속으로 들어온 이야기, 시편과 요한계시록에 수집된 반응과 마지막에 대한 기대 등이 모두 한결같이 중요하다.

대부분의 오해는 잃어버린 개념이 아니라 잃어버린 콘텍스트 때문에 생긴다. 우리가 나 아닌 다른 존재들의 의미 — 결혼 생활에서,

---

11 Frye, *The Great Code*, p. 209.

국제 관계에서, 재판정에서 — 를 놓치는 이유가 무엇인가? 언어를 이해하지 못하기 때문이 아니라, 콘텍스트를 알지 못하기 때문이다.

상담가나 치료가처럼 듣는 일을 전문으로 하는 사람들은 누군가를 이해하기 전에 그들의 이야기를 듣는 데 상당한 시간을 할애한다. 그들은 대화를 시작한 처음 20분 동안 오로지 상대방의 말만 듣고 여러 정보를 얻는다. 왜 그렇게 오랜 시간이 필요할까? 그들은 무엇을 듣는가?

간단히 말하자면, 콘텍스트다. 가정과 직장, 학교와 이성관계, 감정과 꿈처럼 자기와 대면하고 있는 한 인간 속에서 교차하는 모든 콘텍스트를 듣는다. 어느 한 콘텍스트에서 사용된 단어는 다른 콘텍스트 속에서 의미가 뒤바뀐다. 다른 사람을 친밀하게 이해하는 데에는 오랜 시간이 소요된다. 어쩌면 평생을 함께하더라도 충분하지 못할지도 모른다. 많은 콘텍스트에 익숙하게 되면, 우리가 지닌 이해의 폭은 그만큼 더 넓어진다.

성경을 읽을 때나 식사 테이블에 둘러앉아 대화를 나눌 때, 콘텍스트와 연결되지 않는 분리된 문장은 오해만 불러일으킨다. 문장들을 많이 알수록, 우리 마음과 생각에 새겨진 내러티브의 의미는 더욱 깊어지고 좀더 많은 이해의 영역을 활용할 수 있다. 마태복음은 출애굽기와 이사야와 분리되면 이해할 수 없다. 창세기와 신명기와 연결되지 않은 로마서는 수수께끼에 불과하다. 요한계시록은 에스겔과 시편이 없으면 단어 맞추기 퍼즐처럼 보일 것이다.

말은 겉으로 드러난 소리다. 말은 구체화된 이야기를 만든다. 묵상을 동반한 주해란 그처럼 드러난 소리를 향해 우리 내부의 문을 연다는 것을 의미하고, 그 말에 따라 변화되기 위해 말로 형성된 이야기에 우리 삶을 복종시킨다는 것을 뜻한다. 여기에는 말에 대한 시인의 존경심과 사랑에 빠진 연인의 반응과 같은 태도가 포함된다.

따라서 묵상을 동반한 주해는 다음과 같은 두 가지 요소를 포함한다. 그것은 계시된 말씀에 대한 개방성과 구체화된 말씀에 대한 복종이다. 말은 이중적인 영역을 가지고 있다. 말은 그 말의 출처로부터 나온 의미를 전달하고, 또한 그 말의 목적지에 영향력을 전달한다. 모든 말은 이런 저런 방식으로 그와 같은 작업을 수행한다.

하나님께서는 자신을 계시하고 우리를 변화시키기 위한 수단으로 말씀을 사용하셨다. 그 말은 곧 하나님께서 무엇을 말씀하셨고 어떻게 그 말씀을 주셨는지에 대해 우리가 반드시 관심을 기울여야 한다는 의미다. 묵상을 동반한 주해는 난해하지 않다. 공상도 아니다. 그것은 단지 도구를 고려하여 사용한다는 의미다. 도끼를 괭이로 착각해 정원을 파헤치는 데 사용해서는 안 된다.

6
가자 노트

나는 가자(Gaza)로 가는 길에서 목회자로서 수행해야 하는 성경 해석학을 위한 핵심을 발견했다. 에디오피아의 내시는 성경을 읽었지만 제대로 이해할 수 없었다. 빌립은 그가 성경을 이해하도록 인도해주었다. 두 사람은 공통되는 부분이 하나도 없는 것처럼 보인다. 나라도 같지 않았고, 인종도 달랐다. 그 아프리카인은 예루살렘에서 예배를 마치고 돌아가는 길이었고, 빌립은 성령의 이끌림을 받아 그 자리로 왔다. 내시는 고향인 에디오피아로 돌아가는 중이었다. 그는 에디오피아 여왕 간다게의 모든 국고를 맡고 있는 큰 권세를 가진 사람이었다. 빌립은 가이사랴로 가는 도중이었다. 그곳에서 그는 네 딸과 함께 살고 있었다.

그들은 정확한 분별력을 다루고 개인적인 신뢰를 포함하는 대화를 나누기에는 이상할 정도로 어울리지 않아 보인다. 하지만 그들은 5백 년 전에 기록된 미묘하고 애매한 문장을 이해하는 과정을 통해 그렇게 어려운 일을 해냈다. 그것도 아주 잘해냈다. 성경의 그러한 구절들을 통해 만남과 놀라운 이해가 가능하게 되다니, 놀라운 일이 아닌가. 그들 사이에 일어났던 일도 아주 중요하다. 달려가서 병거를 따라잡고, 말씀을 듣기 위해 병거로 청하여 자리에 앉히고, 기꺼이 세례를 받았다.

해석학은 빌립이 던졌던 것과 같은 질문으로 시작한다. "읽는 것을 깨닫느뇨"(행 8:30). 빌립이 사용한 헬라어에 담긴 느낌을 제대로 번역하기는 힘들다. "ginoskeis ha anaginoskeis?(기노스케이스 하 아나기노스케이스?)" 읽는 것과 이해하는 것 사이에 있는 차이점은 그다지 대수롭지 않는 것처럼 보이므로(헬라어 동사에서 접두사 ana가 하나 더 붙었을 뿐이다), 우리는 이사야가 기록한 내용과 우리가 읽는 내용을 갈라놓고 있는 심연을 쉽게 인식하지 못한다.

레싱(Lessing)은 기록된 내용과 읽는 내용 사이의 간격을 '더러운 도랑(dirty ditch)'이라고 불렀다. 우리가 알고 있는 많은 내용 — 단어의 사전적 정의, 양피지의 특성, 제2이사야서에 대한 신학 — 은 끝없는 우리의 무지함의 심연을 살짝 가리고 있는 덮개에 불과하다. 우리는 오랜 세월 동안 성경 본문을 이해하지 못하는 것에 익숙한 상태로 병거를 타고 달려왔다. 열성적인 신앙 덕분에 예루살렘을 오가는 여행을 마다하지 않았다. 그러다가 적절한 시기에 던진 질문은 병거를 멈추게 했다.

내시는 빌립의 질문에 이렇게 대답한다. "지도하는 사람이 없으니 어찌 깨달을 수 있느뇨"(행 8:31). 내시는 이렇게 묻고 있는 것이다. "당신이 나를 지도해주겠습니까?" 그가 선택한 단어는 매우 중요하다. '설명(explain)'이 아니라 '지도(guide)'를 택했다. '설명'과 '지도'에 해당하는 헬라어 단어들은 '인도하다'라는 동일한 동사 어근을 가진다. 또한 본문 속에서 공통된 방향을 가지며 본문에 대한 동일한 관심을 나타낸다. 그러나 '설명자(exegete)'는 본문의 의미를 이끌어내지만, '인도자(hodegete)'는 당신을 본문의 길(hodos)로 인도한다.

목회 성경적 해석학은 주해를 전제로 하지만 그보다 더 많은 것을 포함한다. 에디오피아 내시는 빌립이 자신의 인도자로서 병거에 동승해주기를 원했다. 여기에는 약간의 시간이 소요된다. 빌립은 한 가지를 선택해야 했다. 병거 곁에 서서 성경에 대한 정보만 제공하고 묻는 질문에 대답하며, 자신에게는 수월한 주해 작업을 해줄 것인가, 아니면 그 낯선 사람과 더불어 영적인 탐구 과정에 직접 참여할 것인가? 나라면 어떻게 했을까? 황야의 지도만 판매하는 상점 주인과 직접 그 여행에 동참하여, 위험을 감수하며, 요리하는 것을 돕고, 험한 기후를 함께 견뎌주는 사람은 전혀 다르다. 빌립은 지도(hodegesis)해주기로 결심했다. 그는 병거에 올라 여행에 동참했다.

세 번째 질문은 이것이다. "선지자가 이 말한 것이 누구를 가리킴이냐 자기를 가리킴이냐 타인을 가리킴이냐"(행 8:34). 빌립은 '타인'이라고 대답한 후에, 그를 예수님께 인도했다. 루터(Martin Luther)는 우리가 언제나 그리스도께로 나아가도록 재촉하는 것(was Christum triebet)을 인식하는 안목을 가지고 성경을 읽어야 한다고 주장했다.

이런 태도는 본문의 명백한 의미에 대한 무지한 무관심이나 저자의 역사와 문화에 대한 근거 없는 경멸과 아무런 상관이 없다. '어린 양'과 '예수'를 연결하는 정도로 서툴게 성경을 훑어나가는 어리석은 방식 역시 공통점이 없다.

여기에서 말하는 것은 그런 방식보다는 성경을 많이 읽고 그리스도를 많이 경험함으로써 생겨나는 확신이다. 성경의 모든 말씀이 육신이 되신 말씀이신 예수님 안에서 문맥적으로 긴밀하게 연결되어 있다는 확신이다. "성경을 많이 읽고 예수를 많이 경험하라." 이것이 바로 빌립이 제시한 해석학을 위한 교육 과정이다. 빌립과 다른 집사들과 사도들은 자신들의 핍박받는 삶을 정당화시킬 근거를 찾기 위해 성경을 샅샅이 뒤지지 않았다. 그들은 단지 명백한 진리에 깨어 있었을 뿐이다.

성경이 하나님의 말씀이고 예수님이 하나님의 말씀이라면, 두 말씀은 서로 완전하게 조화를 이룰 것이다. 성경은 예수님 안에서 하나님의 말씀이며, 예수님은 성경 안에서 하나님의 말씀이다. 빌립과 제자들은 그런 사실을 자신들의 신앙과 예배의 삶에서 시험해보았다. 그 사실은 진리로 밝혀졌다. 그들은 자신들의 해석학적 원리를 가지고 있었다.

"보라 물이 있으니 내가 세례를 받음에 무슨 거리낌이 있느냐"(행 8:36). 질문은 질문을 낳는다. 그리고 나중에 제시된 질문은 앞의 것에 비해 더욱 깊이가 더해진다. 이같은 네 번째 질문은 인간의 가장 깊고 가장 내면에 있는 것을 드러내고 있다. 영원한 생명이 자리잡고 형성되는 마음의 중심이 표출된다. 해석학은 삼단 논법의 명쾌함으로 한 지점에서 다른 한 지점으로 옮겨다니는 조직적인 관리 과정이 아니다. 그것은 정처없이 흘러간다. 우회하기도 한다. 때때로 난처함 속에서 기다리고, 때로는 놀라움에 휩싸인다. 하지만 언제나 목적지가 있다.

성경은 남의 말 하기를 좋아하는 우리의 호기심을 충족시키거나 우리의 천박한 행동을 억제하기 위해 주어진 것이 아니다. 성경은 우리 삶을 점검하고 신앙을 갖도록 초대한다. 이사야의 두루마리를 통해 기록된 하나님의 말씀은 빌립의 지도로 말미암아 미로처럼 복잡한 상태에 빠진 내시의 마음속에 환한 길을 열어주었고, 그로 하여금 본질적인 질문을 던지게 하였다. "내가 세례를 받음에 무슨 거리낌이 있느냐." 모든 신앙적인 질문들은, 형태는 모두 제각각이지만 인내를 가지고 꾸준히 추구하다보면 결국 세례에 도달하게 하는 탐구의 요소들을 가지고 있다.

마지막 질문은 더 많은 정보를 요구하는 질문이 아니라 새로운 생명을 위한 간청이었다. 이사야의 두루마리 위의 잉크와 가자에 있는 시냇물의 물은 동일한 요소였다. 즉 그로 인해 이해하고 순종하는 신앙이 더욱 수월하게 생겨났다. 가자의 해석학은 세례를 지향(가정)하고 기쁜 마음으로 자신의 길을 가게 한다.

성경 읽기는 자율적인 행동이 아닌 것처럼 보인다. 가자로 가던 도중 병거에서 이사야서의 글을 혼자서 읽던 내시는 성령의 인도하심을 받은 빌립에 의해 방해를 받았다. 성령은 사람들을 한데 모아 성경을 보게 하신다. 성경을 읽고, 질문하고, 신앙의 사람으로 변화되기를 원하신다. 성경을 읽으면서 의문이 생겼던 내시는 그 질문을 들어주는 인도자와 함께했다.

세 번째 요소는 비록 죽었으나 말씀으로 두루마리 속에 살아 있는 이사야였다. 그리고 눈에 보이지 않지만 성령으로 임하신 예수님께서 네 번째 참여자가 되셨다. 그런 일들은 계속 되고 있다. "두세 사람이 내 이름으로 모인 곳에는 나도 그들 중에 있느니라"(마 18:20).

나는 인생의 많은 시간들을 가자로 가는 길과 같은 상태에서 보냈다. 어떤 때에는 병거 곁에서 함께 달리기도 하고, 질문을 던지기도 했다. 때로는 병거에 올라타서 다른 질문을 받고, 이사야의 글을 해석하기도 하고 그로 인해 해석되기도 했다.

> 나는 두렵고 떨리는 마음으로 성경 본문을 번역하거나 해석해야 했다. 하나님의 말씀과 인간의 말 사이에서 도저히 피할 수 없는 긴장감에 사로잡혔다. ― 마르틴 부버(Martin Buber)[12]

나는 성경을 신앙의 본문이 아닌 로르샤흐 테스트(Rorschach test, 잉크의 얼룩들을 해석하는 성격 검사법의 하나 ― 옮긴이)처럼 여기는 많은 사람들을 알고 있다. 그들은 본문으로부터 무엇을 읽어내려 하기보다는

---

12 Martin Buber, *Meetings*, ed. Maurice Freedman(La Salle, IL: Open Court, 1973), p. 54.

겉에 쓰여진 잉크만을 본다. ─ 엘런 굿맨(Ellen Goodman)[13]

언어의 주인이신 하나님께서는 그것을 듣는 우리들의 주인도 되신다. ─ 칼 바르트(Karl Barth)[14]

성경은 우리 주 그리스도가 입으신 옷이다. 그리스도는 그 속에서 자신이 발견되며 드러나게 하신다. 이 옷은 오랜 세월에 걸쳐 짜여졌고 도저히 잘라내거나 나눌 수 없도록 하나로 만들어졌다. ─ 마르틴 루터(Martin Luther)[15]

주해의 가능성을 구성하는 요소들 중에는 방법론도 포함된다. 그러나 본문과 관련된 경험은 전혀 다른 것이다. 아마 그것은 다른 어떤 것들보다 더 필수적이고 중심적인 요소일 것이다. ─ 제임스 바(James Barr)[16]

언어는 단순히 말하기만을 포함하지 않는다. 말로부터 소리로, 소리에서 개념으로, 개념에서 이해로, 이해에서 감정으로, 그리고 암기와 행동으로, 마지막으로 다시 말로 돌아감으로써 행동을 수반하게 되는 완전

---

13 Ellen Goodman, *The Baltimore Sun*, June 15, 1979.
14 Karl Barth, *Church Dogmatics I/1*(Edinburgh: T. & T. Clark, 1936), p. 208. 「교회교의학」(대한기독교서회)
15 Barth, *CD I/2*(Edinburgh: T. & T. Clark, 1956), p. 484에서 인용.
16 James Barr, *Old and New in Interpretation*(London: SCM Press, 1966), p. 199.

한 원을 얻어라고 한다. 말을 듣는 사람이 진정으로 그 말을 들을 수 있는 자가 되기 전에, 무언가 그의 속에서 선행되어야 한다. 그는 먼저 기대감을 가지고 있어야 한다. — 오이겐 로젠스톡 우에시(Eugen Rosenstock-Huessy)[17]

성경 읽기는 위기의 행동을 불러온다. 며칠이 가고 몇 주가 지나면서 성경 읽기는 지금의 세계 — 신문과 텔레비전이 대화와 관심사를 위해 매일 일정한 양의 정보를 큰 접시에 담아 우리에게 제공해주는 세계 — 와는 전혀 다른 세계로 우리를 이끌어간다. 그곳은 하나님께서 어디서나 그리고 언제나 활동하시는 세계다. 하나님이 제1의 원인이 되는 세계다. 하나님이 다른 것에 밀려 연기되는 일이 없는 세계다. 모든 것이 하나님과 관계를 맺고 있고 하나님이 관계되지 않는 것은 하나도 없는 그런 세계다.

성경 읽기는 문화의 제약을 받고 직무와 절차를 우선시 하는 태도의 방향을 현기증이 날 정도로 완전히 전환시키는 것을 포함한다. "성경 이야기는 마치 호머의 글처럼 우리에게 비위를 맞추지 않으며, 우리를 기쁘게 하고 마음을 사로잡기 위해 아첨하지도 않는다. 성경 이야기는 우리에게 복종할 것을 명령한다. 그와 같은 명령을 거부한다면, 우리는 반역자처럼 취급된다."[18]

---

[17] Eugen Rosenstock-Huessy, *Speech and Reality* (Norwich, VT: Argos Books, 1970), p. 145.
[18] Erich Auerbach, *Mimesis* (Princeton: Princeton University Press, 1953), p. 15.

성경은 우리가 복음을 위해 분주하게 배열해놓고 정돈해놓는 편리함들에 이의를 제기할 것이다. 성경 읽기가 우리에게 가져다줄 위기는 감정적인 격렬함이나 극적인 변화와 같은 것이 아니라 진지한 인식이다. 매일 반복될 그 인식은, 우리가 믿음과 소명으로 헌신해야 할 현실 세계는 거룩하게 구성된 세계로서, 하나님께서 그 속에서 우리를 부르셨다는 것이다. 결코 이 세계는 인간이 만들어낸 세계가 아니며, 우리가 기분이 좋을 때 마음대로 하나님을 그 세계 속으로 불러낸다는 것은 더더욱 사실이 아니다. 이 세상 문화 속에 있는 모든 것들은 하나님 없이도 인식될 수 있다. 그러나 성경의 세계에 있는 모든 내용들을 인식하는 것은 하나님 없이는 완전히 불가능하다.

그러나 목회자의 빈번한 성경 읽기는 우리의 의식 속에서 성경의 근원적인 생소함을 감소시켰다. 우리가 어느 부분으로 들어가든지 상관없이 마음속에서 일어나던 위기 상황들이 사라지고 있다. 하지만 그러한 인식을 잃어버리는 것은 생명을 잃어버리는 것이나 다름없다. 목회자들은 항상 깨어 있기 위해 싸워야 한다. 주위에 민감한 탐지 장치들로 알람 시스템을 설치해야 한다.

카프카(Kafka)는 우리가 나약한 친밀함 속으로 자주 그리고 치명적으로 퇴보하는 것에 대해 질책했다.

우리가 읽고 있는 책이 마치 망치로 머리를 내리치듯이 우리를 일깨우지 못한다면, 그것을 읽을 이유가 어디 있겠는가? 그런 책을 읽는다고 행복해지겠는가? 차라리 그런 책은 가지고 있지 않는 것이 행복할 것이다. 아니 필요하다면 아예 자기가 만드는 책이 더 많은 행복을 가져다줄지도 모른다. 그러나 우리가 반드시 가지고 있어야 할 책은 마치 불운처럼 우리에게 다가오고, 사랑하는 사람의 죽음처럼 우리를 깊은 비탄에 빠지게 하는 그런 책이다. 그런 책은 우리 속에 얼어 있는 바다를 깨뜨리는 도끼와 같다.[19]

가공되지 않은 있는 그대로의 성경을 다루지 못하거나 그럴 의지가 없는 목회자는 성경을 사람들의 구미에 맞도록 변질시키는 행위의 포로가 되고 말 것이다. 그는 성경에 제시된 세밀한 내용들 — 다루기 어렵고, 불합리한 듯이 보이고, 매일 일어나는 사소한 일들 — 을 의식적으로 은폐하고 그 대신 듣기 좋게 기록된 일반적인 내용만 부각시킨다. 목회자는 무엇보다도 신앙과 관련된 일을 하고 일상적인 것의 천박함을 넘어서는 시각을 가지기 위해 도움을 구하는 자들이다. 세심함은 소설에서 뛰어난 효과를 발휘한다. 하지만 그것은 명백한 진리 속에서만 온전히 사용될 수 있다.

소설가들은 독특한 표현으로 냄새와 소리와 감정을 표현하는 것을 연습한다. "그녀는 기분이 우울해졌다"라는 문장은 훌륭한 소설에서 찾아보기 힘들다. 그보다 오히려 작가는 어떻게 그레첸이 샘 곁에 있다가 친구들 앞에서 기분이 상했는지 표현한다. 그것은 마치 지난 밤에 자기 집에서 오래 전부터 내려오는 사슴 고기 칠리 요리법을

---

[19] George Steiner, *Language and Silence*(New York: Atheneum, 1970), p. 67에서 인용.

에델에게만 가르쳐주었는데, 바로 그 에델 때문에 2층 엘리베이터 안에 갇히게 된 것 같은 기분이었다는 식으로 느낌을 나타낸다.

그러나 성경은 소설이 아니다. 성경은 진리다. 따라서 성경은 어떤 상황에도 적용할 수 있도록 두세 단어로 심오한 내용을 드러내야 한다. 추상적인 진리는 훌륭한 포스터다. 보편화된 표어는 일종의 범퍼 스티커처럼 눈길을 사로잡는다. 성경을 해석하고 성경의 고유한 존엄성을 보존할 수 있는 형태로 성경의 내용을 전달하는 것이 목회자의 직무가 아닌가?

성경 저자들은 지금보다 훨씬 소박하고 단순했던 시대에 살았다. 그때에는 이야기를 들려주고 그 이야기에 재미를 더하기 위해 세밀한 내용을 정교하게 다듬을 시간이 많았다. 지금 시대는 그때와는 전혀 다른 세계다. 다급하고, 현실적이며, 실용성을 강조하는 시대다. 따라서 목회자들은 여러 가지 고유한 업무와 사람들 사이에서 해야 하는 많은 일들 사이에서 성경에 제시된 익숙하지 않은 지명들과 발음하기 어려운 이름들을 모조리 치워버리고, 성경을 초월주의(transcendentalism, 미국에서는 R. W. Emerson으로 대표되는, 경험보다도 직관적, 영적인 것, 영적인 사고를 강조하는 철학 — 옮긴이)의 진부한 표현으로 바꾸어, 선한 마음은 가지고 있지만 분주하고 예의를 강조하는 설교에 의해 쉽게 감동받는 사람들이 쉽게 조작할 수 있는 수준으로 만들어놓는다.

실제로 요즘 사람들은 칼릴 지브란(Kahlil Gibran)의 과장되고 평범한 글들을 사도 바울의 진지한 무뚝뚝함보다 확실히 더 선호한다. 결끄러운 성경 내용을 부드럽게 만드는 것이 최근의 성경 해석학에서 상식처럼 되었다.

물론 나 역시 다른 목회자들보다 더 많은 위기를 겪는 것을 원하지 않는다. 또한 나 자신과 교인들 모두를 위해 무슨 일이든 최대한 쉽게 해결해나가고 싶다. 하지만 그게 그리 쉬운 것은 아니다. 또한 성경을 읽는 중에 어렵고 세밀한 내용들이 현대 문화의 부드러운 형태로 부식되는 것을 예방하기 위해 혼신의 힘을 기울여야 한다. 성경은 요약이 불가능하다는 특성을 가지고 있다. 성경은 추상화를 거부한다. 성경은 명확하고, 구체적이며, 지리적이고, 연대기적이다. 성경의 본문에 있는 연령이 지금 시대와 같지 않다는 것은 문제가 되지 않는다.

목회자는 시대가 원하는 대로 행동하지 말아야 한다. 목회자가 반드시 피해야 할 것은 성경에서 원리들을 추출해내며, 복음으로부터 진리들을 걸러내는 행위다. 에리히 아우어바흐(Erich Auerbach)는 성경에 있는 사실주의에 대한 광범위하고 강력한 실례들을 제시했다. 그런 특성은 모든 성경 본문들을 다른 고대 문학과 구별하여 두드러지게 하며 현실에 대한 우리의 인식을 새롭게 해준다. 그에 따르면 성경 저자들은 '평범한 일상 생활 속으로 뛰어들어' '거기에서 마주치는 것은 무엇이든' 중요하게 여기고, 실제적인 일에 집착했고 경험을 개념 속에 조직화하는 것을 거부했다.[20]

성경을 몇몇 진리와 도덕과 교훈으로 증류시키기 위해 쏟는 지대

---

[20] Auerbach, *Mimesis*, p. 44.

한 관심은 게으름의 또다른 표현일 뿐이다. 게으른 목회자는 이름들, 도시들, 그리고 편리함을 추구하는 현대인의 개념에 어울리지 않는 복잡한 내용과 다루기 어려운 기적들을 다루는 성가신 일을 하고 싶어 하지 않는다.

특히 미국의 목회자들은 성경 연구를 '스틸 사진'으로 바꿔놓았다. 그것은 성경의 풍부한 내러티브에서 개념과 도덕만을 추출한 불법 추출기다. 물론 사람들은 그것을 좋아한다.

그들은 순수 진리로만 가득 찬 보온병과 같은 삶을 추구하여 성경의 상세한 내용이나 자신들의 삶에 있는 사사로운 사건들을 언급하려 하지 않는다. 이처럼 깨끗한 증류수만 마시다보면 정원을 돌보는 수고와, 감자를 캐는 일과, 음식을 준비하고 요리하는 일과, 그것을 먹고 소화시키는 모든 일들을 무시하게 된다.

증류된 액체는 곧바로 혈관으로 들어가 순식간에 기분을 좋게 한다. 하지만 사실 그것은 독이다. 우리는 생물학적으로나 영적으로 이러한 100퍼센트 순수한 물질을 섭취할 수 없도록 만들어졌다. 우리는 무수한 말들과 문장들, 이야기와 노래들을 인식하고 음미하고, 그것들을 곰곰이 생각하며 받아들이고, 우리에게 건강한 삶을 가져다주는 모든 비타민과 효소와 칼로리를 흡수할 수 있는 복잡한 정신적/감정적 소화 체계를 가지고 있다.

성경으로부터 진리를 걸러내는 행위는 '영지주의'의 대표적인 트레이드 마크다. 영지주의는 물질은 악하고 다음과 같은 성경의 역사는 불편한 것으로 취급한다. 늦게 모습을 나타내는 사람들과 너무 일찍 찾아오는 손님들과 같은 지저분한 상황들, 블레셋 사람들의 포피(foreskin)를 모으는 선조들, 이미 충분히 취한 결혼식 하객들을 위해 물을 포도주로 변화시키는 것을 자신의 첫 번째 이적으로 행한 메시아(진지한 사람들에게는 도저히 설명하기 힘든 경망스러운 기적), 피를 흘리며 죽어가면서 물을 달라고 호소하는 메시아, 자기를 둘러싼 사람들이 모두 듣도록 하나님께서 자기를 버렸다고 말하는 메시아 등.

영지주의자들은 이러한 종류의 현실성과 역설을 소화할 만한 위장을 가지고 있지 않았다. 그들은 오로지 영적인 것과 고매한 것만을 갈망했다. 그들은 어떻게 물질이 원래의 숭고함을 회복할 수 있으며, 균형의 미를 가진 고상한 진리가 어떻게 '단계' 속에 배열될 수 있으며, 불가사의한 난해함으로 얼룩진 교훈이 어떻게 '원칙'으로 적용될 수 있는지에 대해 다루는 정신적인 복합 개념 속으로 들어갔다. 성경은 그들에게 도저히 받아들일 수 없는 것이었으므로, 순화되어야 하는 것으로 여겨졌다.

초대교회 시대에 영지주의자들은 히브리 성경 전체를 쓰레기 취급했고 복음서를 사정없이 파헤쳤다. 그들은 사도 바울이 신학에 대해 이야기한 부분을 좋아했다. 그들이 성경에서 읽으라고 제안한 부분을 담은 문서가 1946년 이집트의 나그 함마디(Nag Hammadi)에서 발견되었다.[21] 종교 지도자로서의 예수님은 일상적이고 세속적인 것으로부터 멀리 떨어져 있었고, 고요하게 영원한 진리만을 말했다는 것

---

21 "Gnostic Gospels and Related Documents," in *NT Apocrypha I*, ed. E. Hennecke and W. Schneemelcher(2d ed.: 1968)을 보라.

이 그들의 생각이다. 그것은 "여성들이 들락거리고/미켈란젤로에 관한 대화를 나누는"(엘리엇[T. S. Eliot]) 찻집과 같은 종교였다.

그러나 성경은 결코 우리를 그런 식으로 이끌지 않는다. 성경이 원래 기록되었던 방식은 지금 우리들에게도 동일하게 중요하다. 성경의 위기 또는 우리 삶의 위기는 결코 추상적이지 않다. 오히려 마르크 샤갈(Marc Chagall)이 말한 것처럼, "그것은 색, 옷감, 피, 그리고 언어의 요소, 느낌 등의 위기다. 예술, 또는 삶을 구성하고 있는 물질들의 위기다."[22]

기도는 성경 연구를 위해 필수적인 부분이다. 왜냐하면 성령님께서는 성경을 읽는 자들로 하여금 기록된 글을 넘어서 하나님께로 옮겨주기를 기대하는 것이 기도이기 때문이다. ― 브레바드 차일즈(Brevard Childs)[23]

성경은 우리의 신앙 생활보다 선행한다. 그것은 마치 성경 저자들에게 있어서는 신앙 생활이 성경보다 앞선 것과 같다. ― 폴 홀머(Paul Holmer)[24]

---

[22] Virginia Stem Owens, *And the Trees Clap Their Hands* (Grand Rapids: William B. Eerdmans, 1983), p. 89에서 인용.
[23] Brevard Childs, *Biblical Theology in Crisis* (Philadelphia: Westminster Press, 1970), p. 219.
[24] Paul Holmer, *A Grammar of Faith* (San Francisco: Harper & Row, 1978), p. 203.

고대에 기록된 성경을 재해석하려면 명백함 … 예수 그리스도 자신, 성경의 주해와 해석 등으로 이루어진 조직망 속으로 들어가야 한다. 그러한 재해석은 성경 이해의 서두 부분에 로고스로 명백하게 나타나 있다. ― 폴 리쾨르(Paul Ricoeur)[25]

해석학적으로 훈련된 마음가짐을 가진 사람은 처음부터 본문의 새로움의 특성에 예민하게 반응한다. ― 한스게오르크 가다머(Hans-Georg Gadamer)[26]

당신은 하나님께서 다른 사람에게 말씀하시는 것을 들을 수 없다. 오로지 하나님께서 당신에게 말씀하실 때에만 그분의 음성을 들을 수 있다. ― 루드비히 비트겐슈타인(Ludwig Wittgenstein)[27]

당신이 성경에 밀착되어 있지만 성경을 마치 이교도처럼 다루고 있는 것 같은 모습은 내게 매우 당혹스럽다. 성경을 진지하게 다루고 싶어하는 우리들에게 다가오는 중대한 도전은 성경으로 하여금 우리에게 자신의 본질적인 범주를 가르치도록 허용하는 것이다. 그런 후에 우리는 성경에 대하여 생각하기보다는 성경과 더불어 생각할 수 있어야 한

---

[25] Paul Ricoeur, *Essays in Biblical Interpretation* (Philadelphia: Fortress Press, 1980), p. 52.
[26] Hans-Georg Gadamer, *Truth and Method* (London: Sheed & Ward, 1975), p. 238.
[27] Anthony Thiselton, *The Two Horizons* (Grand Rapids: William B. Eerdmans, 1980), p. 386에서 인용.

다. — 아브라함 헤셸(Abraham Heschel)[28]

언젠가 읽었던 에세이는 성경 읽기의 독특성에 대해 선명한 인식을 가질 수 있도록 도와주었다. 그 에세이는 워커 퍼시(Walker Percy)가 쓴 『병에 담긴 메시지(The Message in the Bottle)』[29]였다. 그는 언어의 본질과 우리가 언어를 사용하는 여러 상이한 방법들에 대해 생각하던 중에 그 에세이를 썼다. 그의 에세이는 확대된 비유의 형식으로 기록되었다. 그는 거기에서 소설가로서 소명을 받은 '정자'에 대해 썼다. 소설가는 단순히 개념의 상태만을 보고하는 데 그치지 않고 진리를 말하기 위해 언어를 사용하는 자였다.

나는 소설가가 아니라 목회자다. 따라서 나와 언어의 관계는 퍼시가 제시한 관계와 정확히 일치하지는 않는다. 하지만 목회자와 소설가는 적어도 두 가지 공통점을 가지고 있다. 말을 다루는 데 많은 시간을 할애한다는 것과 말은 사람들이 자신들의 삶에 대한 진실을 깨닫기 위해 사용하는 수단이라는 사실이다.

물론 모든 말이 그런 것은 아니다. 어떤 말들은 진리로부터 멀어지도록 하기 위해 의도적으로 사용된다. 특히 진리가 어렵거나 고통스러운 것일 때 그렇다. 어떤 말들은 진리를 왜곡하기 위해 사용된다. 진리의 왜곡이 이득을 가져다줄 때 나타나는 현상이다.

---

[28] Albert Outler, *Theology Today*, vol. 42, no. 3(October 1985): 290에서 인용.
[29] Walker Percy, *The Message in the Bottle*(New York: Farrar, Straus, and Giroux, 1975).

하지만 대부분의 말은 '우리 삶의 진리'로부터 멀어지게 하거나 그것을 왜곡하기 위해 사용되는 것 같지는 않다. 대부분의 말은 길을 건너고, 난로의 필터를 교환하기 위해 안내문을 따라하고, 물리학 시험을 통과하며, 브로콜리를 구입하기 위해 사용된다.

그러나 이처럼 복잡한 말들의 혼합 상태에서 무언가 본질적으로 다른 어떤 말들이 존경과 놀라움의 대상이 될 가치를 가진 것으로 등장한다. 그 말들은 우리가 도달하기 어려운 무언가를 전해주며 우리 삶의 진리들을 우리 자신에게 알려준다.

이것이 내가 성경을 읽는 방식이다. 적어도 나는 그런 방식으로 성경을 읽기 시작했다. 아마 대부분의 사람들도 그럴 것이다. 나는 다음과 같은 질문들을 던지며 나 자신을 일깨웠다. "도대체 누가 아모리 사람들의 문화에 관심을 가질까? 엘리사의 대머리가 어떤 차이를 가져오는가? 바울이 그렇게 명석했다면 왜 그는 모호한 표현들을 사용했을까?"

나는 그리 많지 않은 시간의 간격을 두고 하는 성경 읽기와 신문 읽기에 대해 생각해보았다. "두 가지 행동 사이의 차이점은 정확히 무엇인가?" 신문은 결코 개인적인 관심을 가진 채로 읽지 않는다(안내 광고, 주식 시세). 하지만 성경은 개인적인 관심을 가지고 정기적으로 읽는다(예전 규정, 하나님의 뜻을 전하는 설교). 신문은 아무리 훌륭하게 기록된 내용이 있다 하여도 다음 날 다시 읽는 법이 없다. 하지만 성경은, 비록 내 생각에 뛰어나게 기록된 것 같지 않은 내용(예를 들어 역대기)이라 하더라도 다음 날 다시 읽는다. 비유로 쓰여진 워커 퍼시의 에세이는 이러한 차이점을 이해하고 그것을 주의하는 길을 가르쳐주었다.

저자와 독자 사이에 기록된 글에 대한 모종의 일치가 없다면 진정한 이해란 있을 수 없다고 생각한다. 말에 대한 정확한 이해는 저자와 독자의 마음이 서로 이어지지 않는 한 별다른 변화를 가져오지 못한다. 부야베스(bouillabaisse, 프랑스식 생선 스튜 요리. 특히 마르세유의 명물 요리 — 옮긴이)를 만들기 위한 요리법은 땅에 감춰진 보물을 찾기 위한 안내문으로 정확히 읽혀질 수 없다. 도덕적인 우화는 동물 사육에 대한 글로 정확히 읽힐 수 없다. 워커 퍼시의 소설은 괴기스러운 대중문화의 안내서로서 정확히 읽혀질 수 없다. 성경은 종교 교과서로서 정확히 읽혀질 수 없다.

그러나 위의 여러 사례에서 내가 지적한 것 같은 잘못된 방식으로 글을 읽을 가능성은 많이 있다. 성경을 제외하면 대부분의 글들은 하나님이나 도덕에 관한 교과서로 읽히지 않는다. 목회자들은 이런저런 이유에서 그와 같이 그릇된 방향으로 나아가는 독자들을 이끌어가는 선봉에 서 있다.

나는 퍼시의 에세이에서 배운 대로, 성경의 본질에 맞게 성경을 읽는 법을 배운 목회자로서, 그의 에세이를 다시 읽고 내 상황에 맞게 바꾸고 개정했다. 그 과정에서 나는 『병에 담긴 메시지』의 많은 내용을 제거했고 그처럼 정확하게 묘사된 비유의 예리함을 상당히 둔하게 만들었다. 그러나 내가 목회 사역의 정교함을 위해 만든 내용을 퍼시가 전적으로 비난하지는 않을 것으로 기대해본다.

옛날에 한 섬이 있었다. 그 섬은 상당히 큰 섬이었으므로 여러 이질적인 족속들이 상이한 지형을 가진 지역에 흩어져 공동체를 이루며 살아갈 수 있었다. 하지만 다른 공동체에 대해 전혀 모를 정도로 넓은 섬은 아니었으므로, 그들은 섬을 둘러 있는 해안을 공유하며 살아갔다.

그 섬에는 즐거움이 넘쳤고 모든 사람들은 그런 상태에 만족한 것처럼 보였다. 섬들이 항상 그렇듯이, 그 섬도 알지 못할 미지의 것으로 둘러싸여 있었다. 해안을 따라 고기를 잡기 위해 타고 나갈 때 사용하는 뗏목이나 카누를 타본 것을 제외하면, 어느 누구도 섬을 떠나본 적이 없고 떠날 생각도 하지 않았다. 모든 섬 주민들은 배가 난파되어 표류한 사람들의 후손이었다. 하지만 그들을 섬에 있게 한 원인인 난파에 대한 기억은 아주 희미했다. 난파에 대한 이야기는 전혀 전해내려오지 않았다. 역사에 기록되어 있지도 않았다. 공식적으로 그러한 사건들은 부인되었다. 왜냐하면 그런 사실들은 자신들이 거하는 곳의 훌륭함과 완전함을 깎아내리는 것이었기 때문이다.

섬 주민들은 호기심이 강하고 명석한 사람들이었다. 그들은 모든 식물과 동물을 정의하고 연구하고 분류했다. 바위를 조사하고 언덕과 시내의 지도를 만들었다. 또한 그들은 모든 새의 이름과 둥지의 위치를 알고 있었다. 포유류의 짝짓기 의식에 익숙했고 새끼들을 정성껏 보살폈다.

그리고 그들은 꽃이 피는 시기와 꽃이 아름답게 유지되는 기간을 알았고, 어떤 땅콩이 먹기에 적합하고, 어떤 식물의 뿌리가 치료 효과를 가지고 있는지도 알았다. 그들이 밟고 다니는 땅은 정당하게 평가되고 이해되었다. 그리고 특성에 걸맞는 지명도 부여되었다. 자신들이 보는 모든 것들을 호명할 수 있는 능력은 그들에게 방향 감각과 깊은 만족감을 주었다.

이런 일들을 해나가는 과정에서 그들은 축적된 지식을 다음 세대로 넘겨주는 일에 많은 신경을 썼다. 그들은 젊은이들에게 선조들이 이해한 내용을 납득하도록 가르치는 방법을 배웠다. 그들의 학교 체계는 놀라울 정도였다. 그들은 설명하고 지도하는 방식으로 말을 했으므로 젊은이들의 무지함과 어른들의 지식 사이에 어긋나는 부분이 없었다.

이러한 목적을 위해 개발된 언어는 위대한 업적이었다. 왜냐하면 그 언어는 다양한 참새들의 종류를 분별하는 차원을 넘어서는 세밀함을 가지고 있었기 때문이다. 그들의 언어는 여러 감정들, 서서히 그리고 불확실하게 형성되는 개념들, 드러내기 곤란한 태도들의 표현 등을 참작해야 했다. 물론 그런 부분까지 모두 포함되었다. 그 섬에는 세대 간의 격차가 전혀 없었다. 그들은 자신들이 세계에 대해 알고 있는 것을 서로 이야기하는 뛰어난 기술을 연습했다. 또한 젊은이들이 연장자들의 수준으로 언어를 사용할 수 있는 능력을 길러주기 위해 높은 수준의 대화를 지속적으로 사용했다.

그들은 모두 이러한 언어를 능숙하게 사용했다. 아내와 남편, 고용

주와 종업원, 형제와 자매들 사이에 격조 높은 대화가 오고 갔다. 심지어 정부, 사랑, 그리고 경쟁 등에 얽힌 복잡한 상태도 아무런 오해를 불러일으키지 않았다. 그들은 자신들이 말하고 싶은 바를 정확하게 말할 수 있었고, 들리는 말을 정확하게 들을 수 있었다.

물론 사람이 모인 곳이 다 그렇듯이, 거기에서도 말다툼과 싸움은 끊이지 않고 일어났다. 하지만 그들이 어떤 문제에 대해 의견 일치를 끌어내지 못했기 때문에 그런 다툼이 일어나지는 않았다. 어느 누구도 "그녀는 내 말을 이해하지 못해" 또는 "그는 왜 내 말을 이해하지 않으려 할까?"라는 말들을 들어본 적이 없다. 그들은 의사소통 능력을 향상시키기 위한 세미나를 개최하지 않았다. 그들은 그러한 능력을 모두 가지고 있었다.

이와 같은 언어에 대한 전문적인 기술은 정치 문제와 공동체의 문제를 다루는 토론에서 인상적으로 표출되었다. 그들은 누구나 이해하는 헌법과 몇몇 공적인 문서들을 가지고 있었다. 광대한 영역의 경험과 사회 관계는 몇몇 단어들과 문장으로 요약되어 누구나 어떤 일이 진행되고 있는지 선명하게 알 수 있었다. 그들은 정의, 덕, 평화, 심지어 행복 등과 같은 진지한 주제에 대해 대화할 수 있었고, 상대편이 무슨 말을 하고 있는지 정확히 알았다. 인구의 대다수가 공동체의 기대와 인식을 변경할 것을 요구하면, 그들은 공동체의 현명한 인식의 일치를 담고 있는 법률을 제정했다. 때때로 그들은 한 곳에 모여 시가행진을 하거나 소풍을 즐기면서 자신들의 의사가 공식적으로 채택된 것을 축하했다.

정말 멋진 섬이었다. 특히 언어에 관심이 있는 이들에게는 더욱 그러했다. 과학자들은 진행되는 모든 일들의 선봉에 서서 그 일들을 정확히 설명하는 것처럼 보였다. 학교는 교사들과 학생들이 친밀하고 여유롭게 대화를 나누는 즐거운 곳이었다. 가족들은 서로를 그리 좋아하지 않을 때에도 상대방을 이해했다. 정부 각료 회의와 회사의 이사실에서 오가는 대화와 논의들을 듣는다면, 그들이 사용하는 언어에 담긴 명료성과 기품에 감동을 받을 것이다.

그 섬에서 사용되는 언어 가운데 포함되지 않은 것이 있다면 그것은 광고와 홍보에 관한 언어다. 그토록 뛰어난 수준으로 의사소통을 하는 사람들 사이에 의견이나 정보를 제공하는 회사가 없다는 것은 이상한 일이다. 모든 것이 산뜻하게 정의되고, 사회의 모든 차원에서 공개적이고 정직하고 정확하게 정보 교환이 이루어지므로, 그 속에 거하는 사람들은 누군가를 자연스럽게 만나 평범한 어조로 말하는 것 외에는 다른 사람을 만나 특별한 내용의 말을 들려줄 필요가 없는 것처럼 보인다.

그 결과 말들이 지극히 훌륭하게 사용되는 중에도, 섬 주민들은 자주 말을 사용하지 않았다. 그들의 언어 생활 속에는 그 섬에 살지 않는 사람들이 경험하는 것보다 훨씬 많은 침묵이 포함되어 있었다.

어느날, 한 초록색 병이 파도를 타고 그 섬으로 흘러와 해변에 닿았다. 누군가가 병을 집어들었다. 그는 병 속에 종이가 들어 있는 것을 발견하고, 종이를 꺼내 읽었다. "구조대가 가고 있다." 이상한 글이었다. 그는 그와 같은 내용을 읽어본 적이 없었다. 그에게 필요한 모든 것이 쉽게 해결되었기 때문이다. 섬 안에서는 모든 것이 완전히 그리고 적절하게 충족되었다. 그는 자신이 도움을 필요로 한다는 것을 상상조차 못했다.

동시에 단 세 마디로 이루어진 그 메시지는 그가 무어라고 부르지 못할 인식의 단계를 자극했다. 호기심이 발동했다. 그는 수평선을 바라보았다. 항상 그렇듯이 부드럽고 단조로웠다. 눈에 띄는 것이 전혀 없었다. 그는 재활용되는 종이를 모래 속에 밀어넣고, 병을 모래 언덕 가장자리에 있는 재활용 용기에 넣은 다음 천천히 걸어서 집으로 돌아갔다.

그 사실은 아무에게도 말하지 않았다. 몇 주가 지난 후, 예전에 해안을 걷던 그 사람은 다른 병을 발견하고 집어들었다. 그 병 속에도 메시지가 들어 있었다. "구조대가 곧 도착할 것이다. 포기하지 말라." 우연이 아니었다. 그는 친구에게 말했다. 그들은 해안으로 함께 나갔다. 그들은 모래의 느낌과, 조개의 완만한 선과 색, 그리고 주기적으로 큰 소리를 내며 부서지는 파도를 즐겼다.

그들은 이제 다른 병을 찾고 있었다. 가끔 병을 하나씩 발견했다. 거기에는 여전히 이상한 메시지들이 담겨 있었다. "구조대가 어제 출발했다." "용기를 내라, 구조대는 분명히 도착할 것이다." 아무리 생각해도 불합리한 내용이었다. 그들에게는 도움이 필요하지 않았기 때문이다. 하지만 매일 아침 그들은 해안으로 나갔고, 병을 찾아 지금까지 한 번도 듣고 싶어하지 않았던 이상한 내용을 담은 메시지들을 읽었다.

그들의 행동에 대한 소문은 삽시간에 퍼졌다. 어느 일요일 아침에

꽤 많은 사람들이 해안에 모여 파도를 주시했다. 모두들 다음 번 파도가 메시지를 담은 병을 가져올 것이라는 기대를 품고 있었다. 병이 발견되지 않은 채 몇 주가 지나갔다. 어떤 사람들은 기다리기에 지쳤다.

대부분의 사람들은 도대체 무엇 때문에 흥분하는지 알 수 없었다. 섬에는 훌륭하게 기록된 책이 가득하고, 세심하게 편집된 사전들과 깔끔하게 정리된 안내서들이 풍부했다. 그들은 과거에 보았던 내용이나 다루어야 할 모든 내용들을 위한 정보와 설명을 담고 있었다. 왜 지금까지 전혀 알지 못했던 수수께끼 같은 이상한 메시지를 기다리며 쌀쌀한 해안에 모여 있어야 하는가?

하지만 해안에서 만난 사람들은 설명하기 어려운 호기심과 경이로움 — 그들의 언어 생활에 전혀 새로운 것 — 을 함께 나누었다. 병 속에 담긴 메시지에 사용된 말들은 그들이 전혀 경험하지 못한 방식으로 기록되어 있었다. 즉 거기에 무엇이 있는가를 말하지 않고 거기에 무엇이 없는가를 말하고 있는 것이다. 어떤 사람은 자신이 이해하지 못하는 것을 말하면서도 그것을 설명하거나 알리거나 확신하는 데에 특별한 고통을 느끼지 않았다. 이상하게도 그들이 이해할 수 없는 방식의 언어 용법이 기존의 익숙한 언어보다 더욱 강력하게 그들을 끌어당겼다.

언어는 인간의 활동 가운데 가장 논리적인 행동이 아닌가? 사람들이 언어를 이해하지 못할 때, 그 언어가 효과적으로 사람들의 관심을 끌 수 있는 방법은 무엇일까? 그들은 병 속에 담긴 메시지들로부터 아무것도 배우지 않았다. 그들은 자신들이 알지 못하는 것을 말해주는 미지의 인물로부터 말을 듣고 있다. 세상은 그들의 언어가 증거를 제시할 수 있는 정도보다 훨씬 더 광대했다. 아마도 그들의 삶은 섬의 언어가 표현할 수 있는 것보다 더욱 다양할 것이다.

바로 그런 사실이 섬 사람들을 일요일 아침마다 해안으로 모이게 만들었고 수수께끼 같은 수평선에서 밀려오는 파도에 관심을 기울이게 했다. 병 속에 담긴 메시지는 그들이 알지 못하는 것이 존재한다는 인식을 그들 속에 불러일으켰다. 섬의 언어가 표현할 수 있는 것을 능가하는 더 많은 일들이 삶에서 발생할 수 있고, 섬 내부보다 외부에 더 넓은 세계가 있다는 인식이 싹트기 시작했다. 바다 너머 어디에서 누군가 삶과 죽음, 적어도 도움을 받는 것과 도움을 받지 못하는 것 사이의 차이점과 같은 사실들을 일러주고 있었다. 그들은 거기에 대해 가능한 한 많이 알고 싶었다.

이상한 내용의 메시지는 그들 사이에서 힘을 발휘했다. 아무런 결점도 없고 뛰어난 효율성을 자랑하는 섬의 의사 소통 체계가 보유하고 있는 모든 책과 메모와 게시물보다 더 많은 의미를 담고 있다고 여겨졌다.

여기에 있는 것이 아니라 있지 않은 것 — 적어도 우리가 여기에서 아직 인식하지 못한 것 — 을 말해주는 것이 그러한 말들의 특징이다. 우리의 의사소통 체계를 향상시키는 것이 아니라, 인식의 한계를 넘어서는 곳으로부터 오는 메시지로 우리를 인도해주는 것이 그런 말들의 특징이다. 우리 능력의 수평선을 넘어선 곳으로부터 오며, 우리가 자기 만족적인 섬의 언어 생활의 영향으로 당연시하는 바를

과감히 밀어내고 침입하는 것이 이런 말들의 특징이다.

메시지가 단편적이라는 것은 전혀 문제가 되지 않는다.

우리가 메시지의 모든 내용을 완전히 파악할 수 없다는 것도 중요하지 않다.

모호한 그 메시지의 내용을 조직적으로 완전한 무언가로 구성할 수 없다는 사실도 중요하지 않다.

참으로 중요한 것은 그것이 우리를 더욱 큰 세계, 즉 섬이 아닌 대륙으로 연결해준다는 사실이다.

중요한 사실은 그 메시지가 우리를 섬('나'라는 이름의 섬)과 같은 존재 상태 — 효율적이고, 순조롭고, 과학적이며, 조화로운 — 에서 벗어나도록 돕겠다고 말하고 있다는 것이다. 자아 중심의 세계에서 자아는 '자신'을 제외한 모든 것을 알지 못하고 있다. 그리고 그 자아를 지으신 하나님도 알지 못한다.

내가 반드시 해야 할 일은 병 속의 메시지를 들고 도서관의 장서 목록에 그것을 포함시키는 것이다. 내가 반드시 피해야 할 일은 병에서 메시지를 꺼낸 다음, 병을 연구하고, 병의 화학 성분을 분석하고, 그 병의 모양을 만들어낸 유리병 제조 기술을 재현하는 것이다.

내가 반드시 하지 말아야 할 일은 병에 있는 메시지를 간결한 섬의 메모와 축소 비교하고, 그것이 "제대로 의미를 전달하지 못한다"는 이유로 간단하게 다시 서술하는 것이다.

아침마다 섬의 해안에는 많은 사람들이 거닐면서, 신기한 듯이 주의를 기울이며, 메시지를 담고 있는 병을 찾았다. 그들은 일요일 아침에 지정된 해변에 모여 수년 동안 수집된 메시지를 함께 읽었다. 섬에 살고 있는 많은 사람들은 아직도 그 소동이 무엇에 대한 것인지 알려고 하지 않는다.

세 번째 각— 영적 지도

영적 지도는 '매일의 일상적인 사건에 관련된 구체적이고

세부적인 일들'과 '평범한 일상생활 속에서 일어나는 경우들'에

마음을 다하여 헌신적으로 관심을 기울이는 것을 탐구하며

발전시키는 사역의 한 측면이다. … 영적 지도는 두 사람이

한 사람의 삶에서 하나님께서 행하신 일에 완전한 관심을 기울이고

신앙 안에서 해결책을 구할 것을 동의할 때 이루어진다.

7
영적 지도자가 된다는 것

오늘의 문화는 우리로 하여금 여러 사람들과 상황들에 마치 신문 기자 같은 방식으로 접근하게 만든다. 크고 유명한 사람에게 주목하고, 위기를 이용하며, 진부한 내용을 편집하고 압축하며, 매력적인 사람과 인터뷰하게 한다.

그와 반대로 성경과 훌륭한 목회 전통은 우리들에게 다른 접근법을 훈련시킨다. 미천한 사람에게 주목하고, 평범함 속에서도 꿋꿋이 지탱해나가고, 눈에 띠지 않는 것의 가치를 인식하도록 이끈다.

에리히 아우어바흐(Erich Auerbach)는 그의 훌륭한 저서 『모방(Mimesis)』에서 기독교 신앙의 중요성을 다음과 같이 설파했다. "그것은 평범한 사람들의 깊은 마음속에서, 평범한 삶의 일상생활 속에서 일어나는 경우들로부터 태어나는 영적인 운동이다."¹ 그는 기독교 운동을 초창기 로마 정복과 비교했다. "기독교인들은 위로부터 아래로 내려오는 지배 조직을 만들지 않았다. 모든 것이 자연적인 성장 과정을 거치도록 내버려두었다. 그들은 매일의 일상적인 사건에 관련된 구체적이고 세부적인 일들에 관심을 기울일 의무가 있었다. 그리스도인이 된다는 것은 특정한 개인과 개별적인 사건들과 직접 연관이 있었고, 그런 개별적인 것에 관심을 기울이는 것이었다."²

영적 지도(spiritual direction)는 '매일의 일상적인 사건에 관련된 구체적이고 세부적인 일들'과 '평범한 삶의 일상 생활 속에서 일어나는 경우들'에 마음을 다하여 헌신적으로 관심을 기울이는 것을 탐구하며 발전시키는 사역의 한 측면이다. 영적 지도는 목회 사역을 '로마 정복'의 양식으로 변경하라는 압력에 대항하고 거부한다.

영적 지도는 광고에 몰두하고 위기에 익숙해진 마음으로 인해 소홀히 취급한 것들을 진지하게 여기고, '삶에 속한 복잡하게 얽힌 문제'들을 고귀한 거룩함을 위한 원재료로 받아들일 수 있도록 돕는 사역이다.

영적 지도는 두 사람이 한 사람(또는 두 사람 모두)의 삶에서 하나님께서 행하신 일에 완전한 관심을 기울이고 신앙 안에서 해결책을 구할 것을 동의할 때 이루어진다. 종종 목회자들은 이처럼 집중적이고 헌신적인 관심을 잠깐 동안만 유지하거나 무계획적으로 가질 때가 있

---

1   Erich Auerbach, *Mimesis* (Princeton: Princeton University Press, 1953), p. 43.
2   Ibid., p. 92.

다. 그렇지 않은 때에는 계획되고 잘 조직된 대화에 힘을 쏟는다. 계획적이든 무계획적이든, 세 가지 확신이 이같은 만남을 떠받치고 있다.

첫째, 하나님께서는 항상 활동하신다. 역동적인 은혜가 삶을 성숙한 구원으로 변모시킨다. 둘째, 하나님께 반응하는 것은 어림짐작으로 대충 해도 되는 행동이 아니다. 신앙 공동체는 수세기 동안 본보기가 되는 지혜를 획득했다. 셋째, 각각의 영혼은 독특하다. 이생의 삶과 이땅의 상황에 포함된 구체적인 경우들을 인식하지 않은 상태로 쉽게 적용할 수 있는 지혜는 하나도 없다.

나는 영적 지도에 대해 지난 수년 동안 친구들이나 동료들과 많은 대화를 나누었다. 많은 이들이 그런 용어에 익숙하지 못했고, 그 용어에 담긴 의미를 마음 편하게 받아들이지 못했다. 대부분 사람들은 자신들이 영적 지도를 위해 자격을 갖추고 있다고 생각하지 않았다. 그러나 그들이 실제로 무슨 일을 하는가에 대해 말할 때 오고 가는 말들 가운데 상당 부분이 영적 지도에 대한 것이었다. 거의 언제나 그랬다.

그들이 중요한 일을 하고 있다는 생각을 하지 않으면서 행하는 그 일들은 내가 영적 지도라 부르는 일이었다. 영적 지도는 그들의 일상생활의 어느 구석에서, 또는 예정되어 있지 않은 부분에서 행해졌다. 즉흥적이었다. 더 나아가 그들은 지나치게 많은 일정을 정하고 어떤 직무나 프로젝트를 완성하는 일에 열성적으로 매달렸기 때문에, 오히려 영적 지도는 조금밖에 수행하지 못했다.

나는 많은 목회자들이 영적 지도가 학교에서 배웠던 내용보다 얼마나 더 중요한지 깨닫고, 지금까지의 목회 사역에서 얼마나 넓은 영역을 채워왔는지 인식한다면, 더 많은 시간 동안 영적 지도를 지속적이면서도 기술적으로 수행할 수 있다고 믿는다.

나와 진지한 대화를 나눈 목회자 가운데 영적 지도 사역을 거부하는 사람은 하나도 없었고, 거의 모든 사역자들이 어떻게 해서든지 영적 지도 사역을 수행하고 있었다. 아직까지는 영적 지도가 대다수의 목회자들에게 있어서 주변적인 사역으로 인식되는 것이 전반적인 경향이었다. 영적 지도자가 되는 일은, 모든 목회자들이 수행하는 공통적인 사역의 중심부에 자리잡고 있는 것으로 여겨졌었지만, 지금 시대에는 목회 사역의 주변부로 밀려나고 있다.

아이러니하게도, 대부분의 사람들은 영적으로 지도하는 사역은 목회자가 언제나 하는 일이라고 생각한다. 사람들에게 기도하는 것을 가르치고, 교인들이 일상적인 사건과 감정 속에서 은혜를 분별할 수 있도록 돕고, 생명의 중심부에 하나님의 존재하심을 확신하고, 순례의 과정에서 난해한 구절을 통과할 때 함께 빛을 찾아나서며, 심리학적으로나 사회학적으로 자기를 이해하기보다는 성경적이고 영적인 시각으로 자신을 이해할 수 있는 구조를 형성하도록 인도하는 사역을 행하는 자로 생각한다.

그러나 목회자들이 언제나 또는 충분한 시간을 투자하여 그러한 사역을 행하는 것은 아니다. 어떤 목회자들은 시간이 없어서, 또는 그런 사역을 위한 시간이 없다고 생각해서 거의 그러한 부분을 신경쓰지 않는다. 또다른 목회자들은 영적 지도 사역이 얼마나 중요한 지를 모르기 때문에 그 사역을 경시한다. 그러나 영적 지도의 사역을 수행하는 목회자라면, 바로 그 사역이 목회적 소명의 가장 중심부를 차지하는 일이라는 것을 본능적으로 인식하게 될 것이다.

영적 지도란 훈련된 관심과 상상력을 바탕으로 다른 이들이 무관심하게 여기는 것을 진지하게 대하는 것을 의미한다. "저를 위해 기도해주세요"라는 말은 형식적인 말이다. 그러나 영적 지도자는 그런 말에 깊은 관심을 갖는다. 하나님에 대한 인식이 일상의 껍데기 — 갑작스럽게 터지는 찬양, 죄책감으로 인한 고통, 의심, 예배의 권태감 — 를 뚫고 들어오는 사건은 항상 발생하고 있으며, 그런 일들은 우리가 무언가 크고 중대한 일들을 실행하는 도중에 진지한 방식으로 언급된다.

영적 지도자가 된다는 것은 우리 삶의 여러 요소들을 주변적인 것이 아니라 중심적인 것으로 바라보기 위해 공간을 정리하고 시간을 조정하는 일을 기꺼이 행한다 — 초월의 겸손한 표시 — 는 의미다. 이름을 부르고 함께 참여하며 대화를 나눔으로써, 목회자들은 주변 사람들에게 신문을 읽기보다는 '성경 읽기'를 가르치게 된다.

최근에 한 친구가 나를 위해 그런 수고를 감당했다. 나는 몇 주 동안 교회를 떠나 있다가 다시 돌아왔다. 장로 가운데 한 사람이 나를 만나 이렇게 말했다. "목사님이 안 계신 동안 정원에 잡초가 우거졌습니다." 그는 자초지종을 설명했다. 그는 아주 사소한 일들로 인해 나에 대한 비난이 있었고, 내 흠을 잡으려는 사람들이 있었다고 했다. 전혀 본질적인 문제들이 아니었고, 의심과 불신이 팽배해지는 분위기에서 생겨날 수 있는 그런 말들이었다.

나는 상처를 입었고 실망했다. 그 다음에는 분노가 치밀었다. 내가 떠날 당시에는 모든 일이 순조로웠다고 한다. 하지만 지금은 경망스럽고 조금은 사악한 말을 일삼는 소수의 사람들이 소란을 일으키고 있다는 것이다.

그 장로는 교회의 화평과 일치를 위해 즉시 모든 일들을 해결해야 한다고 조언했다. 문제를 직시하고, 설명하며, 그릇된 요소를 없애야 한다고 했다. 그는 나 또는 나의 사역이 제대로 전달되지 못하는 것을 원하지 않았다. 또한 그는 교회 생활이 방해받는 것을 원하지 않았다. 나 역시 동의했다. 나는 거친 물결을 잠잠하게 할 계획을 세웠다.

바로 그런 시점에서 어떤 친구가 영적 지도를 수행해보라고 소개했다. 그는 당시에 교회에서 일어나고 있는 일들을 간략하게 설명해 달라고 부탁했다. 그건 쉬운 일이었다. 나는 교인들 사이에 떠돌고 있는 나에 대한 험담으로 화가 나 있었고, 교인들 사이에 뿌려진 분열의 씨앗을 걱정하고 있었다. 그런 상황에 대처하기 위해 무슨 일을 해야 한단 말인가? 등 뒤에서 나를 비난한 사람들을 피하지 않고 나는 그들을 대면하여 만날 것이다. 그리고 나는 심방과 설교를 통해 교인들 사이에 다시금 화평이 자리잡을 수 있게 노력할 것이다. 사실, 그런 일들은 일상적인 목회 사역이다.

그러나 그는 나의 전통적인 접근 방식을 가로막았다. "목사님은 목사님의 분노가 의로움에서 비롯된 분개라고 생각하십니까? 목사님은 분노가 자신이 가지고 있었지만 전혀 감지하지 못했던 교만의 한 증상일 수 있다고 생각하지는 않습니까? 목사님이 발하는 분노의 차원과 그로 인해 파생되는 것들을 자세히 알아보는 것이 어떨까요? 불안함에 대해 생각해보십시오. 성령님께서 교인들 사이에 무언가 새로운 것을 준비시키고 계신다면 어떻게 하겠습니까? 최근 부드럽게 밀려왔던 파도의 흰 포말이 비난하는 사람들의 속삭임이 아니라 성령의 바람에 의해 생긴 것이라면 어떻게 할까요? 참으로 창조적인 어떤 일이 진행되고 있는데, 목사님이 맥빠진 화평을 이루기 위해 너무 서두르면서 애쓰고 있을 가능성도 있지 않습니까?"

그는 분노를 죄라고 칭했다. 또한 불안함을 성령의 역사로 인식했다. 그는 나에게 죄악에 대처하며 성령에 반응하는 본질적인 일을 하라고 부탁했다. 내가 당장 시작해야 할 일들이 아직 해결되지 않은 채로 산적해 있는데, 그는 중요한 사역들의 각주 정도밖에 되지 않을 행동들을 내 앞에 제시해놓았다. 그 친구는 앞이 훤히 보이는 명확한 방향으로 나를 인도했다. 하지만 내 주변의 문제를 깨끗이 해결하고 교인들 사이에 조화로운 분위기를 형성하려는 지나친 열정 때문에, 나는 분명한 방향으로 나아가지 못했다.

바로 그것이 영적 지도가 본질적으로 필요한 이유다. 목회자는 분명한 일들을 다루어야 하고, 다른 어느 것보다도 죄와 성령의 문제를 다루어야 하기 때문이다.

목회자가 다른 이들과 대화를 나누며, 영과 영이 통할 때, 즉 '깊음이 깊음에게 외치는' 순간에, 목회자들은 최고의 사역을 수행하고 있다는 확실한 느낌을 받는다. 따라서 목회자들은 이러한 사역을 행하라는 말이나, 대다수의 목회자가 영적 지도 사역을 행하지 않는다는 말을 들을 필요가 없다. 많은 목회자들이 보기에 영적 지도자가 된다는 말은 새로운 규정을 도입하거나 엄청나게 복잡한 직무 설명서에 또다른 항목을 추가시키는 것이 아니라, 관점을 다시금 새롭게 하는 것을 뜻한다.

그것은 곧 영적 지도와 관련된 활동들을 덧없는 것이 아니라 영원한 것으로 인식하고, 우연한 것이 아니라 근본적인 것으로 받아들이는 것이다. 영적 지도자들은 모든 사람들이 중요하다고 동의하는 일에 종사했기 때문에 중요한 존재로 인정받아왔다. 그들은 지금도 매우 중요하다. 왜냐하면 모든 사람들이 순간적으로 중요한 것으로 여길 수도 있는(그런 생각은 치료 과정이나 위원회의 모임 등을 강요하는 집요한 전문가들에 의해 순식간에 사라진다) 그러한 통찰력과 열망들을 확고히 붙잡기 위해 남아 있는 유일한 사람들이기 때문이다.

이처럼 희미하게 들려오고, 변명하듯이 표현된 필요들과 열망들에 대한 관심을 쫓아버리는 세력들은 그 외에도 무수히 많다. 영적 지도자는 이렇듯 고요하게 다가오는 필요들을 돌보는 자다.

근처 마을에서 목회자로 사역하고 있는 톰이라는 친구를 만난 적이 있다. 오전이 절반쯤 지났을 때 우리는 커피를 마시기 위해 길 건너 식당으로 갔다. 화장실에서 돌아오자 톰이 여종업원과 진지하게 대화하는 모습이 눈에 들어왔다. 두 사람을 방해하지 않기 위해 자리로 돌아가던 발걸음을 멈추고 식당에서 제공하는 신문을 읽었다. 대화는 약 3분 정도 지속되었다.

자리로 돌아와 커피를 모두 마신 후에, 두 사람이 진지하게 대화하는 모습에 대해 언급했다. 톰은 생각에 잠긴 듯한 표정을 지으며 그 여종업원의 몇 가지 질문과 하나님에 대한 관심이 종종 자기 속에 있는 최상의 것을 이끌어낸다고 말했다.

그 다음에 그가 말했다. "나는 이런 일에 더 많은 시간을 할애하기를 원하네. 교회의 서재에 있을 때보다 오히려 이 식당에 있을 때 내가 목회자라는 느낌을 더 많이 갖게 된다네." 내가 물었다. "그런 일들에 좀더 힘을 쓰는 것이 어떻겠는가?" 그가 나를 놀란 표정으로 바라보았다. "시간이 어디 있는가? 게다가 저들은 내가 그런 활동은 한다고 해도 사례를 지불하지 않아, 그렇지 않나?"

내가 보기에 그의 생각은 크게 잘못되었다. 톰은 목회자가 언제라도 수행해야 한다고 기대되는 사역을 방해하는 시각 — 사례받은 영역만을 위해 일한다 — 에 암묵적으로 동의하고 있었다. 무수한 영적 지도 사역이 준비없이 즉석에서 행해지고 있다. 너무나 많은 목회자들이 장난치듯 영적 지도 사역에 임하고 있다.

하지만 회복의 과정이 진행중에 있다. 점점 많은 목회자들이 영적 지도자라는 정체성을 받아들여 자신의 것으로 삼고, 자신들의 사역에서 영적 지도를 주변적인 것으로 여기는 것을 거부하고 있다. 영적 지도자가 되기 위한 근본적인 조건은 우리가 이미 알고 있는 일들이 사실은 매우 중요한 문제들 — 여기에 은혜가 임한 증거이며, 마땅히 그것을 위해 기도해주려는 열망이 있어야 한다 — 이라는 것을 받아들이는 태도다. 그리고 목회 사역의 순서를 사람들의 여러 요구가 아니라 그들의 영혼으로부터 이끌어내야 한다.

일상적인 일들을 진지하게 다룰 때 부딪힐 수 있는 어려움은 우리가 긴박함과 무수한 요구로 가득 찬 환경에 거주하고 있다는 것이다. 목회자는 셀 수 없이 많은 요소들이 복잡하게 뒤얽힌 상태에서 자신들의 기교를 발휘한다. 상처입은 사람들의 외침으로 소란스럽고, 여러 야망들과 무모한 주장들이 충돌하여 위험하며, 자신들의 목적지에 도달하려고 애쓰고 그 길을 방해하는 다른 사람들 때문에 분노하며 좌절하는 사람들로 붐비는 환경에서 활동한다.

목회자들은 그들의 근엄한 자세를 구경하기 위하여 수백 수천 킬로미터 밖에서 찾아오는 사람들을 아쉬람(ashram, 힌두교에서 종교적인 교육과 훈련을 받는 곳 — 옮긴이)에서 맞이하는 인도의 구루가 아니다. 목회자들의 영적 지도 사역을 격려하는 이들이 사회 속에는 전혀 없고 교회 속에도 거의 없다. 영적 지도자가 된다는 것이 지연된 목적 이상의 어떤 것이라면, '공중의 권세 잡은 자와 정사들'에 의도적으로 반대함으로써 될 수 있는 무언가에 불과할 것이다.

'영적 지도'라는 정확한 명칭을 거론하는 것은 회복의 한 방편이다. '영적 지도'는 그에 대한 사역을 묘사하는 데에만 적합한 용어가 아니다. 나는 그러해야 한다고 주장하지도 않는다. 또한 영적 지도라는 명칭을 공론화 하는 일이 모든 사람을 위해 꼭 있어야 하는 것도 아니다. 상당 수의 목회자들이 목회의 중심 사역인 영적 지도에서 결코 곁길로 빠진 적이 없으면서도, 영적 지도 또는 그 말의 동의어조차 들어보지 못한 경우가 허다하다.

그럼에도 불구하고 영적 지도라는 표현을 명백하게 드러내는 일은 중요하다. 명칭이 공론화되지 않는 것이 종종 주목을 받지 못하는 경우가 허다하다. 명칭을 거론하면 관심이 집중된다. 정확한 이름은 특별한 가치를 얻는다. 이에 대해 내가 기억할 수 있는 경험은 새들의 이름을 불러주던 것으로부터 비롯되었다.

나는 어려서부터 새를 가까이 접할 기회가 있었으므로 몇몇 새의 이름 — 로빈새, 까마귀, 참새 — 도 알 수 있었다. 내가 이름을 부른 새는 쉽게 알아보았다. 새들이 하늘을 날고 수풀과 나무에 살고 있는 줄은 알았지만 큰 관심을 쏟지는 않았다. 그러던 중에 야생 조류 관찰자가 되었다. 나는 새들을 단지 멀리 바라보기만 하는 것이 아니라 정확히 관찰하는 법을 배웠다.

몇 주가 지난 후에 나는 엄청나게 다양한 새가 있다는 것을 알았고, 모든 새들이 서로서로 얼마나 다른 특성을 가지고 있는지 주목하게 되었다. 또한 내가 모르는 사실이 셀 수 없이 많이 남아 있으며, 신비로움에 도달하기 위해 얼마나 오랜 시간이 더 필요한지 생각하며 외경심마저 느꼈다. 그리고 뒤늦은 출발을 후회하기도 했다. 새로운 세계가 바로 내 눈 앞에 펼쳐졌다. 화려한 색들과 현란한 소리와 다양한 비행 방법이 눈에 들어왔다. 하지만 그 모든 것들이 언제나 그 자리에 있지는 않았다.

지금 내가 그런 것들을 알고 있는 이유는 무엇인가? 이름을 알게 되었기 때문이다. 이름에 관련된 학문인 분류학의 도움을 입지 않았다면, 나는 붉은 눈의 때까치, 검은 방울새, 볼티모어 꾀꼬리, 굴뚝새, 루이스 딱따구리 등을 주목하거나 기억하지 못했을 것이다.

워렌이 나와 상담하기로 약속을 정했다. 그는 다른 사람들에게서 나타나는 그리스도인의 삶을 직접 경험하지 못했다. 그는 무언가 자신에게 잘못이 있다고 생각하면서 오랜 시간 동안 그 사실을 언급하지 않았다. 생기를 잃은 그는 삶에 흥미를 느끼지 못했다. 내적인 열심도 없었다. 다른 이들이 은혜와 자비와 즐거움, 그리고 그리스도 안에서 누리는 평안함에 대해 말할 때는 더욱 소외감을 느꼈다.

그는 자기 자신에 대해 내게 말했다. 나는 그가 아무에게도 말하지 않았던 사실들을 알았다. 그의 삶 속에는 극도로 불행했던 인간관계가 있었다. 그는 그 아픔을 가지고 살아가기로 결심했다. 자신에 대해 미안한 감정을 느끼지 않도록 노력하며, 할 수 있는 만큼 최선을 다했다. 그는 상대편이 감정적으로 아픔을 느꼈으며 둘 사이의 관계는 진전되지 못할 것이라는 결론을 내렸다.

하지만 그는 여전히 희망을 버릴 수 없었다. 그는 아마도 희망이 있었기에 용기를 냈을 것이다. 나는 그의 말을 경청했다. 모든 말을 들었다. 우리는 함께 기도했다. 몇 주가 지난 후에 내가 대담하게 말했다. "당신은 그 사람이 '병들었다'고 했습니다. 그것은 곧 아무도 책임질 수 없다는 것을 의미합니다. 하지만 우리가 좀더 노력한다면 그의 상태를 호전시킬 수 있는 약이나 치료법을 찾을 수 있을 겁니다. 그의 영향력을 '질투'라고 명명하는 것이 어떻겠습니까? 그 말은 어떤 악한 의지가 활동하고 있음을 의미합니다. 당신은 여기에서 당신의 영역을 '용기'라고 불렀습니다. 그것을 '게으름'이라 불렀다면 어떻게 되겠습니까? 게으름이란 당신이 너무 게을러 영적인 전쟁에서 기도라는 고된 일을 수행하지 못했다는 것을 말합니다."

즉시 모든 것이 선명해졌다. 이름을 붙이는 단순한 작업을 통해 그는 자기 삶의 실체를 분명히 이해하게 되었다. 감정적인 박탈감이 그의 삶을 지루하게 만든 것이 아니다. 악한 의지가 그의 영을 나약하게 만들었을 뿐이다. 영적인 지도와 격려를 계속하자 그는 '혈과 육'의 싸움을 포기하고 '통치자들'과 '권세들'(엡 6:12)에 대항하는 전투에 돌입했다. 그리고 서서히 은혜, 자비, 기쁨, 그리고 그리스도 안에서의 평안함 등의 의미를 마음 깊은 곳으로부터 깨닫기 시작했다.

영적 지도자가 된다는 것은 친밀한 것들을 주목하고, 구체적인 것들의 이름을 부르는 것을 뜻한다. 죄, 은혜, 구원, 속죄, 그리고 심판 등과 같은 진리들에 정통한 것은 필요하긴 하지만 그것으로 충분하지는 않다. 목회 사역의 많은 영역은 구체적이고 세부적인 일들 속에서 행해진다. 모든 지역에 새들이 있음을 애매하게 알고 있는 것과 특정한 새들의 이름을 부르는 것은 전혀 다른 일이다. 모든 유혹은 저마다 다른 모양과 뉘앙스를 가지고 있다. 모든 은혜에는 각기 다른 환경과 굴절각이 있다.

영적 지도를 수행하면서 목회자들은 특정한 유혹과 실제적인 은혜들을 발견하는 것만큼 많은 진리들을 적용하지 않는다. 판단하고 쉽게 분류하던 우발적이고 형식적인 습관은 훈련된 상상력과 기도를 바탕으로 하는 관심의 힘에 떠밀려 자리를 내준다.

나 역시 이름을 부르는 것을 통해 심하게 더럽혀진 문제들을 선명하게 드러내는 경험을 했다. 나는 기도와 인식의 행위에 대한 모든 논의를 범주화시키는 전통 속에서 성장했다. 또한 그 전통은 하나님의 존재를 인식하기 위한 어떠한 노력도 범주로 나누었고, '헌신적인 도움'과 '영감에 바탕을 둔 조력'이라는 이름 아래 성숙한 신앙의 형성을 지도했다. 신앙을 지도하거나 격려하는 말을 해서 도움을 준 사람들은 헌신과 영감의 테두리에 위치하고 있다고 여겨졌다. 많은 사람들이 신앙 안에서 형제 자매 된 이들에게 영적인 조언을 아끼지 않았다.

축구 경기의 마지막 10분 동안 또는 아기 기저귀를 가는 동안에도 믿음이 고양되는 것을 경험했다. 심지어 아침 샤워를 하는 중에도 헌신적인 생각들이 솟아났다. 지혜의 흔적으로도 손상되지 않는 순수한 솔직함이 사람들로 하여금 '모든 권리와 특권'을 가지고 말하거나 글을 쓸 수 있는 권위를 가질 수 있게 해주었다. 글을 모르는 결점을 충분히 보충하고도 남는 매력적인 웃음이 항상 떠나지 않았다. 넉넉하게 첨가된 감탄 부호는 무수한 문장론의 결점들을 메우고도 남았다.

거룩함을 추구하는 모습을 보여주기 위한 의도로 구성된 사랑 넘치는 다정한 이야기들도 일상의 모습들과 크게 다르지 않았다. 진실함과 풍부한 감성이 만났을 때, '헌신적인 도움'과 '영감에 바탕을 둔 조력'이 모습을 드러냈다.

나는 기도와 믿음의 '느낌'을 배우고 싶은 소망을 품고 그런 책들을 여러 권 읽었다. 영혼의 여행을 하면서 만나는 어두컴컴한 복잡성들 속에서 올바른 방향을 찾고 싶은 마음도 있었다. 하지만 결국 나는 삼류 정도로 구분되는 글들에 싫증이 났고 진부한 불성실함이 역겹게 느껴졌다. 나는 신학, 역사, 그리고 히브리어와 헬라어 주석 속에서 좀더 질긴 고기를 찾기 시작했다. 영감을 중시하고 헌신적인 사람들을 향해 경멸하는 듯하면서 존중하는 태도를 보였다.

그러나 영적 지도를 위한 열망은 언제나 있었다. 교제를 향한 열망도 사라지지 않았다. 영적인 생활에 속한 문제들, 기도 안에서 만난 멘토들, 영혼의 여정을 함께한 경험 있는 친구들을 위한 소망을 아주 버리지 않고 잠시 보류해두었다.

그런 다음에 나는 그들을 한 사람씩, 여기 저기에서 찾기 시작했다. 도서관의 베스트셀러 선반에서 멀리 떨어진 어두운 구석에서 그들을 찾았다. 세상의 주목을 받지 않고 쉽게 간과되는 조용한 사람들 속에서 찾아냈다. 책을 읽었다. 많은 말도 들었다. 건전하면서도 동시에 헌신적이며, 훈련되고 성숙하며, 지적이고 지혜로운 사람도 발견했다. 많지는 않았지만 분명히 그런 인물들은 있었다.

그들은 하나님과 영혼의 문제에 대해 뛰어난 지적 능력, 훈련된 도덕적 상상력, 제대로 검증된 영적 성숙함 등을 보여주었다. 그들은 내가 신앙의 중심으로 가까이 다가가고, '성경의 난제들'이나 '기도의 신비' 또는 '영혼의 어두운 밤'을 개인적인 방법으로 해결하려고 애쓸 때마다 제기했던 문제들을 다루고 있었다.

나는 삶의 심오한 중심부에서 정력적으로 사고하며 끈기있게 살아가는 뛰어난 영혼을 가진 남성과 여성들을 발견하고 무척 기뻤다. 하지만 놀라기도 했다. 왜 영적 지도의 문제를 강조하며 언급한 교수들이 없었을까? 왜 내가 마음에서 우러나오는 진심을 말하려고 애쓸 때 관광객에게서나 볼 수 있는 흥미 이상의 진정한 관심을 보이는 목회자가 없었을까? 왜 아무도 나에게 내가 목회자로서 전념해야 하는 본질적인 사역은 영적 지도의 수행과 습득의 풍부한 전통 속에 자리잡고 있으며, 따라서 내가 그것에 정통해야 한다고 말해주지 않았을까?

그들은 내가 성경과 신학을 배우는 것을 지나치게 걱정했다. 왜 그들은 내가 성경 연구와 신학 공부에 몰두하지 못하게 했을까? 왜 아무도 나에게 조류에 관한 책과 쌍안경을 주지 않았을까? 그것은 무지인가, 무관심인가? 앞으로도 결코 알 수 없을 것이다.

몇 년 전 어느 학술 잡지가 우리 시대의 지도적인 어느 목회 신학자의 업적을 기리기 위해 특집호를 발행했다. 그 교수는 목회 사역의 윤곽을 형성하는 데 미국 교회 전체보다 더 많은 영향을 끼쳤다. 그에 대한 무수한 찬사 가운데 기도나 영적 지도에 대해 언급한 것은 하나도 없었다. 나는 내 서재에 있는 그 교수의 책들을 모두 찾아내 목차를 살폈다. 기도나 영적 지도에 대한 내용은 전혀 없었다. 그런 사람이 목회자가 되는 것에 대해 가르쳤단 말인가? 분명히 당신도 기도나 영적 지도에 대한 내용들을 어머니의 무릎이나 주일학교에서 배웠을 것이다. 그런 내용들은 대학원에서 가르칠 성질의 것이 아니다.

니콜라이 베르댜예프(Nicolai Berdyaev)는 다음과 같은 글에서 영적 지도를 위한 기초를 분명하게 설명했다. "어떤 의미에서, 모든 인간의 영혼은 여러 제국들의 흥망 성쇠, 전쟁과 혁명, 문명의 개화와 쇠퇴 등을 담고 있는 인류 전체의 역사보다 더 많은 의미와 가치를 가지고 있다."[3] 그러나 보편화를 갈망하고 유용성을 우선시하는 이 세계에서 그러한 의미와 가치를 역설할 사람이 어디 있는가? 나는 영적 지도의 사역을 맡아야 할 의무가 있는 목회자들에게 표를 던지겠다.

그리스도인이 이런 일을 해야 하며, 많은 이들이 실제로 하고 있다. 영적 지도는 목사로 안수받은 자들의 특권이 아니다. 뛰어난 영적 지도자들 가운데 어떤 이들은 그저 친구들이다. 가장 훌륭한 영적 지도자로 알려진 사람들 중에는 평신도들도 있다.

누구나 그 일을 할 수 있으며 언제 어디에서나 일어날 수 있다는 사실은 그것이 우연히 또는 무관심한 상태에서도 가능하다는 의미가 아니라는 것을 명심해야 한다. 영적 지도는 거룩함을 추구하는 삶으로부터 나와야 한다.

---

[3] Nicolai Berdyaev, *The Fate of Man in the Modern World*(Ann Arbor: University of Michigan Press, 1969), p. 12. 「현대 세계의 인간 운명」(지만지)

목회자들은 강의나 설교를 준비할 때 훈련된 기도와 분별력 있는 관심을 일상적이고 평범한 경우에도 적용해야 한다. 질병과 죽음의 위기를 함께하고, 탄생과 결혼을 축하하며, 조직적인 활동을 펼치고 비전을 심어주어야 한다. 이 말은 세상 어디에서도 주목받지 못하는 부분인 기도에 바탕을 둔 충분한 관심을 쏟아야 한다는 의미다.

영적 지도자가 된다는 것은 우리가 중대한 대화와 선언을 준비하며 기꺼이 활용하는 것과 동일한 관심과 기술과 열정을 평범하고, 지루하고, 일상적인 삶의 영역에 적용하는 것이다.

대부분 영적 지도는 무계획적으로 그러나 '가장 적절한 순간에' 자발적으로 그리고 비공식적으로 행해진다. 나는 자신들이 영적 지도를 하고 있는지도 모르는 사람들로부터 그것을 받았다.

신호등을 기다리면서, 산을 오르며, 휴식 시간 잠시 일손을 멈춘 순간에 영적 지도가 이루어졌다. 되돌아보면 이처럼 대수롭지 않고 비정기적이며 어렵지 않게 오고 간 영적 지도가 얼마나 중요한 역할을 했는지를 깨닫게 된다.

때때로 영적 지도는 공식적인 형태를 취하기도 했다. 기도의 삶을 추구하는 과정에서 교제와 격려와 통찰력을 주고받는 일정한 대화가 이루어졌다. 통합되고 성숙한 믿음의 삶을 발전시키고, 항상 모든 영역에서 하나님의 활동하심에 깨어 있는 자세를 유지하기 위해서였다. 하지만 공동체나 학교에서 영적 지도를 수행하기 위해 직업적으로 분류된 이들이 없었다면, 영적 지도가 목회자들이 해야 하는 것인지도 몰랐을 것이다. 나의 경우에 공식적인 영적 지도를 위해 대여섯 명의 사람들이 관계되어 있었다. 나는 그들을 4주에서 6주 간격으로 만났다.

한편 영적 지도의 비공식적인 영역은 모두 목회자들의 책임이다. 루이스(C. S. Lewis)는 목회자들을 이렇게 규정했다. "영원토록 살아가게 될 피조물인 하나님의 사람들을 돌보기 위해 전체 교회 안에서 특별히 따로 구별된 사람들."[4]

사람들은 믿음과 삶과 하나님 안에서 무언가 더 얻고 싶어 한다. 그들이 반드시 자신들의 목회자로부터 영적 지도를 구하는 것은 타당한 일이다. 그들은 목회자가 강단에 올라 설교할 때까지 기다리지 않는다. 인식의 한계에 얽매이지 않고 목회자 자신이 누구이고 무엇을 말하는가 하는 것은 언제나 모든 사람을 위해 지극히 중요하다.

무의식적으로든 의도적으로든 간에 목회자는 변화를 일으켜야 한다. 이런 사실에 대한 인식은 목회자에게 영적 지도를 위한 교육을 받고자 하는 마음을 심어준다. 목회자는 하나님께서 그 사람을 위한 계획을 가지고 계시며, 그 상황 속에서 활동하며, 어떠한 목적을 바로 지금 이루기 위해 오랜 시간 동안 진행해오셨다는 인식을 기도하는 마음으로 확립해야 한다.

이것은 목회자들이 보편화에 단호하게 대처하기 위해 행하는 사역의 일부다.

항상 나는 다음과 같은 사실을 염두에 둔다. 나의 사역에서 '중요하지 않은 영역'이 가장 중요한 부분이다. 우리가 별로 중요하지 않은

---

4 C. S. Lewis, *Mere Christianity* (New York: Macmillan, 1976), p. 97. 『순전한 기독교』(홍성사)

일을 하고 있다고 생각하면서 행하는 일들이 가장 놀라운 변화를 가져올 수 있다. 나의 삶 속에서도 나를 많이 도와주었던 사람들은 나를 도와주려고 애쓰지 않았고, 그들이 도움을 주고 있는 순간에도 자신들이 돕고 있다는 사실을 인식하지 못했다.

거꾸로 말하면, 나를 도와주려고 무척 애썼던 사람들은 종종 아무런 도움이 되지 못하는 경우도 있었다. 나를 연구 과제 정도로 취급한 사람들은 신앙을 더욱 어렵게 만들었고 종종 내 삶에 장애물을 가져다놓아 그것을 통과하거나 돌아가는 데 몇 년씩 걸리기도 했다.

영적 지도 사역은 바로 이러한 특성 — 모호하고, 일상적이며, 윤곽이 돋보이지 않고, 위험스럽지 않은 — 들이 있기 때문에, 목회자들이 그 사역을 그들의 의식과 활동의 중심부에 위치시키려면 많은 격려와 도움이 필요하다.

하지만 현실적으로 목회자들의 사역 가운데 가장 외면당하는 것이 바로 영적 지도 사역이다. 그 사역은 언제나 목회자들의 출세 지향적인 사고 방식에 의해, 그리고 자극적인 것을 원하는 교인들의 급한 요구에 의해 외곽으로 밀려난다.

영적 지도라고 하는 매력 없고 모호한 사역에 임하기를 꺼리는 목회자들의 태도는 전혀 새로운 것이 아니다. 목회 사역에서 공개적이고, 권면을 행하며, 동기를 부여하는 영역은 언제나 다른 부분에 비해 매력적이었다. 바울 사도는 1세기에 그런 사실을 알아차렸다. "그리스도 안에서 일만 스승이 있으되 아버지는 많지 아니하니 그리스도 예수 안에서 내가 복음으로써 너희를 낳았음이라"(고전 4:15).

통찰력과 기도를 바탕으로 하는 교제로 사람들과 함께 거하는 것보다는 그들에게 해야 할 일을 일러주는 것이 훨씬 쉽다. '스승'에 비해 '아비'의 비율이 현격하게 떨어지는 현상은 21세기에 와서도 변하지 않는 것 같다. 영적인 도움을 제공한다는 대중 마케팅 수법에 의해 오히려 더욱 악화되고 있다.

스승을 찾으려는 사람들은 베스트셀러, 신앙 잡지들, 텔레비전 토크쇼의 게스트들만 잔뜩 만나게 된다. 하지만 신앙 생활의 본질적인 특성은 성숙한 상태에 이르기 위해 개인적이고 직접적인 것을 요구한다. 지혜와의 관계에서 자신을 이해하기 위해 지혜뿐만 아니라 지혜로운 사람과 이어져야 한다. 필요를 느끼고 성장 단계에 있는 사람은 신실하게 제공되는 권면을 아주 쉽게 그리고 적극적으로 받아들인다.

어떤 사람을 위해 어떤 시점에 올바르게 제공된 도움이라 할지라도 다른 시점에서는 오히려 역효과를 가져올 수 있다. 그러므로 개인적인 영적 지도를 원하는 교인들의 필요는 책이나 테이프, 비디오 등으로 결코 채워질 수 없다. 그것은 목회자에게 적합한 사역이다.

영적 지도 사역을 수행하는 여러 방법들이 있다. 마치 눈송이의 모양이 모두 다르고 무수한 종류의 꽃들이 있는 것과 같다. 우리의 개성과 다른 이들의 개성은 이와 같은 만남과 결합을 통해 더욱 고양된다. 따라서 어떤 결과가 반드시 도출되어야 하며 어떤 말들이 오고

가야 한다는 것을 미리 결정하기란 불가능하다.

그러나 목회자들이 취해야 할 기본 자세가 있다. 영적 지도 사역을 수행하는 목회자는 자신이 죄인으로서 죄인들의 문제를 다루고 있음을 한 순간도 잊어서는 안 된다. 항상 하나님을 향해 있어야 하며, 은혜를 끊임없이 추구해야 한다는 근본적인 방향을 잊어서는 안 된다. 죄를 찾아내기란 아주 쉽다.

죄의 변형은 제한되어 있다. '치명적인 죄악'은 얼마든지 셀 수 있다. 창조의 무한한 풍요로움을 드러내는 것은 바로 덕목이다.

루이스가 가장 좋아하는 주제는 "하늘이 지옥보다 더욱 많은 다양성을 보여줄 것"이라는 문장 속에 들어 있다. 우리가 가장 많이 범하는 잘못은 두 가지를 동일하게 생각하는 것이다. 죄악처럼 비독창적인 것도 없다. 하지만 영적 지도 사역에 힘쓸 때에 목회자들은 성령님께서 풍부한 창의성을 소유하셨고 은혜의 형태는 동일하게 반복되지 않는 것을 목격하게 된다.

조지 엘리엇(George Eliot)은 이렇게 말했다. "우리는 삶 속에 깃든 신비로운 복잡성을 인간의 격언이나 금언 정도로 포용하지 못할 것이라는 것을 인정한다. 또한 일정한 공식으로 우리 자신들을 속박하는 것은 점증적인 통찰력이나 공감으로부터 솟아나오는 신적인 자극이나 영감을 억압하는 행위라는 것도 분명히 알고 있다."[5]

---

5   George Eliot, *The Mill on the Floss* (New York: Century, 1911), p. 310.

8
영적 지도자와 만난다는 것

의사들 사이에서는 '의사 스스로 자신의 상태를 살피는 의사가 되는 것은 어리석은 짓'이라는 속담이 있다. 나는 그 말을 몸을 돌보는 일은 아주 복잡한 일이므로 냉철하고 공정한 판단이 요구된다는 뜻으로 이해했다. 우리는 몸을 가지고 있으며, 몸 자체이기도 하다. 따라서 우리 가운데 어느 누구도 자신의 몸에 대해 완전히 객관적인 태도를 취할 수 없다. 의사들을 포함한 모든 사람들은 치료가 아니라 부드럽게 돌봐주는 것을 원한다. 온전함보다는 편안함을 더 선호한다. 또한 우리는 자기 자신에 대해 끊임없이 자신을 속일 수 있다.

  몸을 돌보는 일을 맡은 사람들이 자신의 몸을 관찰하는 일을 맡을 수 없다면, 영혼을 돌보는 일을 맡은 자들이 자신의 영혼을 돌보기란 더욱 힘들다. 왜냐하면 영혼은 몸보다 훨씬 복잡하고 자기를 속이는 능력이 더 뛰어나기 때문이다.

오랜 교회 생활 속에서 사람들은 목회자 — 믿음의 길을 갈 때에 사람들이 온전히 성장할 수 있도록 개인적으로 상세한 지도를 맡은 자 — 에게도 합당한 인도자가 있을 것으로 생각했다. 영적 지도자를 구하는 일은 목회자의 직무 가운데 하나처럼 여겨졌다.[1] 하지만 현실은 그렇지 않다. 오늘날 자신의 영적 지도자가 있는 목회자는 정말 드물다. 교회가 지금보다 건강했던 시대에 당연히 여겨지던 모습을 상실함으로써 목회자들은 커다란 위험 — 잘 눈에 띄지는 않지만 — 에 봉착하게 되었다. 사태는 점점 악화되었다. 이제 기도하지 않는 목회자, 신앙 안에서 성장하지 않는 목회자, 현대 문화와 그리스도 사이의 차이점을 말하지 못하는 목회자, 일시적인 유행을 좇아가는 목회자, 냉소적이고 진부한 목회자, 20년 전에 안수받았지만 그때보다 더 기도하지 않고 기도에 대해 더 모르는 목회자들을 쉽게 찾아볼 수 있다.

어떤 목회자들은 교인들이 선한 의도에서 한 다음과 같은 말들을 너무 오랫동안 들은 나머지 거만한 자기 도취에 빠져 있기도 하다. "놀라운 설교였어요, 목사님 … 대단한 기도였습니다, 목사님 … 목사님이 아니었으면 도저히 견디지 못했을 것 같아요."

권위가 주어지는 자리는 위험하다. 기억에 남을 만한 삶의 순간 — 세례, 결혼, 화해, 죽음 — 에 목회자는 위엄의 옷을 입고 하나님의 권위를 대신한다. 목회자는 하나님의 권위의 말씀을 강단에서, 식탁

---

1 *Writings on Spiritual Direction*, ed. Jerome M. Neufelder and Mary C. Coelho(New York: Seabury Press, 1982), p. 3에서 인용.

에서, 세례를 베푸는 자리에서 선포한다. 여러 부류의 사람들이 목회자에게 나아와 목회자의 입을 통해 나오는 하나님의 명확한 말씀을 듣는다. 그들은 자신의 죄악된 삶에 내재된 죄악과 상처들을 솔직히 드러내고, 목회자들의 지혜로운 판단에 맡긴다. 그들은 목회자들을 권위를 가진 사람으로서 존경한다.

하지만 신앙은 권위를 교묘하게 사용하는 것과 정반대의 행동, 즉 순종의 실천을 포함하고 있다. 신앙은 그리스도의 주 되심에 복종하는 행위이며, 그분의 명령에 즉각 반응하는 것이다. 아무리 목회 사역의 많은 직무들이 목회자들로 하여금 주의 이름으로 권위 있게 말하고 행동할 것을 요구한다 하더라도, 그리스도인의 정체성은 그리스도의 종이 됨으로써 완성된다. 바울은 자신의 정체성을 종(doulos, 둘로스)이라는 신분을 통해 특징적으로 잘 나타냈다. 목회자들이 항상 권위를 내세우고자 한다면, 언제 순종을 실천할 기회를 가지겠는가?

목회자의 위치는 권위를 갖고 행동할 것을 요구하고, 목회자의 신앙은 순종의 삶을 살 것을 요구한다. 목회자가 주님의 명령을 교인들과 신앙 공동체에 전달하기에 분주하다면, 그와 동일한 권위를 목회자들에게 보여줄 사람은 누구인가? 교만하기 쉬운 목회자들은 아무도 제재할 사람이 없는 상태에서 하루에 열두 번도 넘게 자극받는다. 목회자에게 영적 지도자가 있는 것은 단지 좋은 수준이 아니다. 그것은 절대적으로 필요한 일이다.

모든 사람은 어떤 사람도 자신의 영적인 삶을 이끌어나가는 데 적합한 신중함과 지혜를 그리 많이 부여받지 못했다는 진리를 깨달아야 한다. 이기심은 눈먼 인도자이므로 많은 이들을 어리석음으로 인도한다. 우리가 가진 판단의 빛은 너무 흐리므로, 우리는 영적인 삶 속에서 다가오는 모든 위험과 유혹과 오류들을 정확히 분별하지 못한다.[2]

모든 것이 충족되는 최상의 상태에서는, 어느 목회자도 영적 지도자를 '구하려' 하지 않을 것이다. 목회자들에게는 이미 영적 지도자가 있다. 자신들의 선택이나 성향에 따른 것이 아니라, 지정되어 결정됨으로써 영적 지도자를 모시게 되었다. 왜냐하면 목회자들을 위한 영적 지도자를 선택하는 행동이 그들의 사역을 좌절시킬 수 있기 때문이다. 목회자가 '자신의 가장 소중한 우상'에 부드럽고 호의적인 태도를 보이지 않으리라고 예상되는 인물을 기피하고, 말솜씨가 좋고 편한 사람을 선택한다면, 그들에게 다가오는 위험은 배로 늘어난다.

하지만 목회자들은 누군가 자신들을 모든 부분에서 돌봐주는 그런 완벽한 상태의 세상에서 살고 있지 않다. 목회자들에게 다가오는 소명적/영적 위험은 지극히 심각하고 위험하므로, 그들은 반드시 영적 지도자를 구해야 한다. 그것은 목회자의 영적 온전함을 유지하기 위한 필수적인 과정이다.

나의 경우에, 영적 지도자를 구한다는 말은 나에 대해 영적 권위를 사용하려고 하는 사람에 대한 평생의 선입관을 극복해야 한다는

---

2 John Cardinal Bona, *A Treatise of Spiritual Life*, trans. D. A. Donovan(New York: Pustet, 1901), pp. 5-66.

것을 의미했다. 물론 나는 윗사람들 — 목회자들과 선생님들 — 의 말을 듣긴 했지만, 언제나 내 방식을 고수했다. 나에게 적합하다고 여겨지는 말들을 받아들였지만, 나머지는 모두 거부했다.

시온산의 이사야, 연옥산의 단테, 갈멜산의 십자가의 요한. 이들에게 있어 산을 오르는 것은 신앙의 삶이 고양되는 것을 암시하는 은유였다. 노련한 등반가들은 높고 위험한 산을 만났을 때, 자기 앞에서 올라가는 사람과 자신을 로프로 연결한다. 맨앞에서 가장 노련한 등반가가 그들을 이끌고 산에 오른다. 중간에서 누가 발을 헛디뎌도 추락하지 않는 안전 체계가 갖춰져 있다.

하지만 어떤 등반가들은 독자적으로 산을 오른다. 덤불을 헤치고 나아가지만, 안내서와 지도와 나침반 정도만으로 산에서 만나는 어려움들을 파악하려고 애쓰는 노력에도 불구하고, 그들은 무수한 시련과 실수에 부딪친다. 물론 그런 등반가들도 정상에 오른다. 그러나 그들은 훨씬 많은 사고와 사망을 경험한다. 산의 낮은 지대를 오를 때에는 인도자가 거의 필요 없었다. 하지만 중간 정도 올라간 후에, 불구가 되거나 사망을 당한 많은 목회자들을 보고 나는 깜짝 놀라고 겁에 질렸다. 등반의 위험과 산에 대해 내가 아는 바가 없다는 것을 알고, 능숙한 인도자, 즉 영적 지도자를 반드시 구해야겠다고 결심했다. 내가 영적 지도자를 구하는 과정이 다음 일화에 잘 드러나 있다.

25년 전 볼티모어에서 나는 피트 시거(Pete Seeger)가 다섯 줄의 밴조를 연주하는 것을 들었다. 나도 분명히 밴조를 연주할 수 있을 것 같았다. 그 당시에 나는 존스 홉킨스 대학의 대학원에 재학중이었으므로 거의 돈이 없었다. 그러나 가난이 나의 절박한 마음을 가로막지는 못했다. 나는 다음 날 아침 이스트 볼티모어 거리에 있는 전당포에 가서 11달러에 밴조를 샀다. 그리고 중고 책방에서 50센트를 주고 교본을 샀다.

나 홀로 밴조를 배웠다. 줄을 타고 연타하며 세 번째 손가락으로 현을 치는 법을 혼자 연습했다. 정식으로 레슨을 받기 위한 시간이나 돈은 없었지만, 세미나와 논문들로 가득 찬 몇 개월을 지내는 동안 시거에게서 처음 들었던 노래를 연주하며 부를 수 있게 되었다. 그후로 몇 년 동안, 처음의 강렬했던 열정의 강도가 점차 줄어들었다. 그래도 연습은 게을리하지 않았다. 시간이 흐르고 다른 교본과 노래책을 구하게 되었다.

밴조를 연주할 줄 아는 사람이 우리집에 올 때마다 새로운 연주 기법을 하나씩 익혔다. 그럴 때마다 나는 밴조 연주가들이 당연하게 여기는 엄청난 양의 지식이나 기교들이 있음을 순간적으로 깨달았다. 그런 내용들 가운데 어떤 것은 교본의 각주나 부록에서 볼 수 있었다.

결국 나는 더 나은 연주 실력을 쌓기 위해서는 고난도의 기술을 가르쳐줄 사람이 필요하다는 것을 깨달았다. 내가 지식이 부족하기 때문이 아니었다. 서재에 있는 교본은 상당히 높은 수준의 것이다. 그러니 교재가 부족해서도 아니다. 아직도 내 책 속에는 배워야 할 노래들이 얼마든지 있다. 노래나 연주 기법에 대해 읽는 것만으로는 연주 요령을 터득할 수 있을 것 같지 않았다.

아직 나에게는 밴조 선생님이 없다. 적절한 시기를 결정하지 못하고 계속 미뤄왔다. 나는 여전히 처음 몇 년 동안 배웠던 노래만 연주하고 부른다. 발을 두드리며 쑥스러운 웃음과 함께 연주하는 밴조 소리는 이제 나의 아내와 아이들이 지루해서 죽을 지경에 이르도록 만들었다. 그렇지만 나는 아직은 별로 지루하지 않다. 여전히 선생님을 구하고 싶은 마음이 있다.

내가 어릴 적에도 사람들 사이에서 기도에 대한 열망이 불타올랐다. 시간이 지남에 따라 타다 남은 장작이 서서히 식어가자, 강의나 책, 워크숍이나 컨퍼런스 같은 요소들이 주변에 가득 찼다. 내가 성장한 배경인 복음주의 운동에서는 기도하라는 권면을 자주 했다. 기도는 긴급한 문제라는 말을 자주 그리고 다양한 통로로 들었다. 기도에 대한 교훈적인 자료들 — 대부분 책이다 — 도 엄청나게 많이 있었다.

나는 기도하라는 권면을 받아들여 책을 읽었다. 내가 읽기 시작한 다양한 자료들은 여러 모로 유익했지만, 그와 다른 무언가 — 좀더 개인적이고, 좀더 친밀한 — 에 대한 욕구를 느끼는 시점이 다가왔다.

하지만 그것은 무엇인가? 원하는 것이 정확히 무엇인지 찾을 때, 내가 원하지 않았던 것을 발견했다. 나는 상담가나 치료자를 원하지 않았다. 치료해야 할 필요가 있는 무기력한 노이로제가 있는지 의식하지 못했다. 정보를 원하지도 않았다. 실제로 행할 수 있는 것보다 훨씬 많은 내용을 이미 알고 있었다. 나를 불안하게 만드는 것은 지식의 결핍이 아니었다. 내가 원하는 것은 친구가 아니었다. 나의 내적 소망과 불안 등을 내가 원하는 때에 편하게 털어놓을 수 있는 그런 사람을 원했다.

나의 욕구 의식은 모호하고 초점이 없었다. 그런 의식은 기도 생활의 발전과 신앙의 성장과 관련되어 있다. 나는 그런 사실을 잘 알고 있었다. 또한 그것은 프랜시스 드 살레(Francis de Sales)가 '악한 자의 공격과 속임수'[3]라 부른 것과 연관되어 있었다. 나는 인생의 본질적이고 발전적인 영역 — 하나님에 대한 인식, 기도 생활, 은혜에 대한 이해 — 에서 나를 인도해줄 인물을 위해 기도하기 시작했다. 나의 기도 생활, 그리고 그리스도와 함께하는 순례의 길을 나보다 더 진지하게 다뤄줄 누군가를 원했다. 다른 말은 듣지 않고 나의 영성의 독특성을 오랫동안 경청할 수 있고, 나에게 외부적인 양식을 강제로 부과하지 않을 정도로 충분히 훈련된 자제력을 가진 그런 인물을 원했다.

여러 책들을 통해 19세기만 하더라도 영적 지도자들이 신앙 생활의 일정한 부분을 담당했다는 것을 알았다. 기도 생활을 지도하는 책임을 맡은 사람이 자신의 영적 지도자 없이 그런 일을 진행하는 것은 도저히 상상도 하지 못할 일로 여기는 신앙 전통이 있다는 것도 알았다. 영적인 강렬함은 위험하고 인간의 마음은 필사적으로 악하다.

기도라고 하는 사자굴로 들어가려는 사람은 규칙적이고 개인적인 지도를 필요로 한다. 그러나 이러한 지식은, 마치 밴조 교본의 각주나

---

[3] Francis de Sales, *Introduction to the Devout Life*, trans. John K. Ryan(Garden City, NY: Doubleday & Co., 1955), p. 42.

부록처럼, 나의 인간 관계와 경험의 궤도 바깥에 있었다.

게다가 나는 어떤 일이든 혼자 하기를 좋아한다. 혼자서 궁리하고 여러 가지 기술을 익히고, 금식하며, 책을 반복해서 읽고 묵상한다. 도움을 받아들이는 것은 아무런 교육을 받지 않고 동기 부여가 되어 있지 않은 사람에게는 아주 좋은 일이지만, 나는 외부의 도움을 원하지 않았다. '오로지 예수님과 나'라는 관계가 성숙한 그리스도인의 삶에 대한 나의 이해 속에 깊이 자리잡고 있었다. 목표는 모든 인간 관계로부터 독립하고 오직 그리스도와 친밀함을 유지하는 것이었다.

나는 훈련과 의지를 거부하면서도, 항상 "저를 영적 지도자에게 이끌어주옵소서"라는 기도를 집중적으로 드렸다. 나는 많은 친구들과 친지들을 떠올렸다. 하지만 아무도 적합한 것 같지 않았다. 나는 그들이 나의 필요를 이해하지 못하리라는 것을 알았다. 이 부분에서는 그릇된 생각을 가지고 있었다. 어느 순간에 나의 옳지 못했던 모습을 깨달았다. 그러나 그들 가운데 아무도 영적 지도자를 구하는 내 기도의 응답으로 보이지 않았다.

나는 서두르지 않았다. 그렇지만 방심하지도 않았다. 영적 지도자를 기다리고 구하는 과정에서 한 사람을 만났다. 점점 그 사람이 나의 영적 지도자가 될 수 있을 것 같은 느낌이 들었다. 그를 알면 알수록 그가 나를 잘 이해하고 현명하게 인도해줄 것이라고 확신하게 되었다. 순간적으로 나는 깜짝 놀랐다. 그동안 그를 생각하지 못했기 때문이다. 나는 영적 지도자가 필요했다. 그 사람은 나를 위한 훌륭한 지도자가 될 것이라는 확신이 들었다. 하지만 그에게 다가가는 것이 무척 꺼려졌다. 우리는 상당히 정기적으로 만났던 사이였기 때문에 그에게 다가설 수 있는 기회가 자주 있었다. 하지만 또다시 기회를 뒤로 미루었다.

얼마 가지 않아서 내가 그토록 꺼리는 이유를 깨달았다. 나의 본질적인 문제를 다른 사람과 나누고 싶지 않았던 것이다. 나는 스스로를 계속 통제하기를 원했다. 내가 내 삶의 우두머리가 되고 싶었던 것이다. 나는 종종 기도 시간의 외로움을 느끼며 불평하기도 했지만, 내가 포기하기 싫어하는 소중한 기쁨이 무의식적으로 생성되는 것을 발견했다. 다른 사람은 도무지 이해하지 못할 힘에 의해 자양분을 공급받지만, 누군가 이해하고 알아차리는 순간 곧 사라져버리는 그런 종류의 영성이었다. 나는 나의 내적 삶을 스스로 관리하고 싶었다. 나와 하나님 사이의 관계에서 내가 최종적인 결정권을 갖고 싶었다.

그런 감정들을 품었던 이유를 몰랐다. 나는 그저 그런 감정의 강렬함에 정말 놀랐을 뿐이다. 신학적인 추론의 과정을 따르려고 애썼다. 즉 그리스도가 나의 중재자이며, 성령님께서 내 마음 깊은 곳에서 기도하고 계시지만, 영적 지도자는 나와 삼위일체 하나님 사이의 본질적인 관계를 방해할 것이라고 생각했다. 신학은 건전했지만, 내가 처한 상황에 적용할 타당성은 없었다. 나 자신 속에서 발견한 것은 신학적인 완전함을 위한 싸움이 아니라 영적인 교만함과의 전투였다.

존에게 나의 영적 지도자가 되어달라고 부탁하는 데에는 정확히 1년이 걸렸다. 그 기간은 허송 세월이 아니었다. 이제 나는 신앙의 스승들이 왜 영적 지도자를 갖도록 권면하고, 왜 그들이 혼자 힘으로는 결코 성숙할 수 없다고 주장하는지 그 이유를 조금은 알 것 같다. 그것은 바로 교만 때문이다. 교만은 엄청나게 그릇되고, 놀랄 정도로 교활한 죄악이다. 혼자 힘으로 막아내기에는 너무 힘들지만 통찰력 있는 친구의 눈에는 쉽게 드러나는 죄다.

그와 동시에 나는 영적인 외로움 — 영적 투쟁과 훈련의 강렬함을 인정해주는 사람이 주변에 없으므로 느끼는 감정 — 을 야기시키는 한 가지 요소를 깨달았다. 그것 역시 교만이었다. 교만은 고립을 가져온다.

처음 만난 자리에서 존은 내게 무엇을 기대하고 있는지 물었다. 나는 아무것도 기대하지 않았다. 이런 일을 전에 해본 적이 없고 무엇을 기대해야 하는지조차 몰랐다. 나는 단지 지금까지 겪은 시련과 오류들에 다시 빠지지 않고 신앙과 기도의 개인적인 차원들을 누군가의 도움을 받아 깊이 탐구하기를 원한다는 것만 알고 있었다. 한 달에 한 번씩 만나 나눈 대화에서 얻은 것을 곰곰이 생각해보면, 크게 세 가지 사실이 떠오른다.

내가 영적 지도자와의 만남을 시작한 이후에 깨달은 첫 번째 사실은 자발적인 행동이 눈에 띄게 증가했다는 것이다. 그 사람이 나와 더불어 나의 영적인 상태에 관심을 쏟기로 약속한 이후로, 나는 더 이상 나의 영적 상태를 감독할 책임을 혼자 맡아야 한다는 느낌을 갖지 않아도 되었다. 이제는 신앙 생활의 건전함과 이상 현상을 점검하는 데 많은 경험을 가진 사람이 내가 그릇된 행동을 할 때마다 그 사실을 일러준다.

나는 이제 더이상 모든 태도와 행동의 뉘앙스를 평가하는 일을 하지 않는다. 나는 영적인 훈련을 해야 한다는 강박 관념을 항상 가지고 있었고 내가 좋아하든 좋아하지 않든 간에 모종의 행동을 끊임없이 수행해야 한다고 생각했었다.

해가 바뀔 때마다 성령님께서 나를 위해 계획하신 것은 무엇이든 기꺼이 받아들이겠다는 굳은 결심을 반복했다. 나는 극단적인 완고함의 위험을 알고 있었고 그것을 억제하기 위해 항상 노력했다. 그러나 문제는 바로 거기에 있었다. 나는 내적인 삶의 훈련을 강요하는 자였고, 훈련을 받고 있는 자였으며, 나의 훈련 상태를 점검하는 감독관이었다.

많은 역할들이 하루에도 몇 번씩 내 마음속에 들락거렸다. 나는 '감독관' 되기를 즉시 포기하고, 나의 영적 지도자와 함께 '훈련' 상황을 점검하기로 했다. 정신적인 부담감이 눈에 띄게 감소했다. 마음이 편했다. 더이상 내가 방종하고 있지 않은지 감독하는 역할을 잘 감당하지 못할까봐 두려워할 필요가 없었다.

그런 여부는 나의 영적 지도자가 나와의 짧은 대화로 쉽게 찾아낼 수 있었다. 나는 직관을 더 신뢰하게 되었다. 그것이 자기 기만이라면 나의 지도자는 거기에 대해 설명할 것을 내게 요구했다. 기도와 묵상을 위해 정해진 시간과 다른 삶의 영역들을 구분하는 선이 흐려졌다. 이제 구체적인 훈련 방법을 결정하는 책임이 전적으로 내게 있지 않았다. 나는 좀더 자발적이고, 좀더 자유롭게 변신을 꾀하며, 비생산적이며 놀기 좋아하는 상태를 좀더 편안하게 느낄 수 있게 되었다.

내가 깨닫게 된 또 하나의 사실은 내가 다른 사람들과 거의 논의하지 않던 주관적인 문제들을 영적 지도자에게 주기적으로 가지고 갔다는 것이다. 내가 감추고 싶어했던 문제들은 수치스러운 것이 아니었고, 조심스러운 태도로 말하기를 꺼렸던 문제들은 나를 돋보이게 하려는 일들이 아니었다. 그것들은 내 삶에서 아주 흔하고 평범한 문제들이었다.

나는 일상적인 대화에 그 문제들을 거론하지 않았다. 친구들이나 가족들을 지루하게 만들고 싶지 않았기 때문이다. 사람들이 나에 대해 흥미를 잃고 나보다 훨씬 재미있게 말하는 사람을 찾게 되는 것 — 마치 그들이 나보다 뛰어난 밴조 연주자를 찾듯이 — 을 나는 원치 않았다. 하지만 그러한 문제들은 나의 삶에서 막대한 부분을 차지하고 있었다. 나의 영적 지도자는 내가 누구인가(내가 무엇을 하는가가 아니라)라는 문제에 흥미를 나타냈고, 있는 그대로의 모습(반드시 어떠해야 하는 모습이나 내가 원하는 것들이 아니라)에 관심을 집중했다. 그럼으로써 그는 일상적인 영역들을 자연스럽게 대화의 주제로 이끌어냈다.

나는 위기와 축복 속에서 하나님의 임재의 증거들을 찾는 데 익숙하다. 실패하거나 죄를 범했을 때는 하나님을 찾지 않을 수 없다. 모든 것이 함께 온전함과 완성의 경험 속에서 하나가 되었을 때 하나님을 찾도록 이미 동기 부여가 되었다. 그렇다고 해서 평범한 것이 열등한 것인가? 평범한 순간은 내가 다음 승리를 준비하는 때다. 그렇지 않으면 곧이어 다가오는 재난에 휩쓸리게 될 것이다. 하나님의 존재와 은혜의 활동을 위해 매일의 일상들을 자세히 탐구하면 어떻겠는가? '아무것도 진행되고 있지 않을 때' 거기에서 진행되고 있는 것은 있는가?

제라드 맨리 홉킨스(Gerard Manley Hopkins)의 말에 따르면 평이한 시간, 중간에 끼인 시간, 일상적인 행동들은 "하나님의 위엄을 드러낼 책임을 맡고 있다." 나는 그런 사실을 항상 알고 있었지만, 그런 영역들을 탐구하는 일은 중단되거나 산발적으로 이루어졌다. 이제 마음 놓고 대화를 나눌 수 있는 사람이 있으므로, 나는 평범한 영역을 탐구하기 위한 공간과 여유를 갖게 되었다.

제임스 조이스(James Joyce)는 "문학은 평이한 것들을 다룬다. 특이하고 유별난 일들은 신문 기사로 적합하다"[4]고 했다. 그의 주장은 지금 우리가 말하고 있는 주제와 일맥 상통한다. 정말 중대한 문제가 지금 당장 내 삶에 나타난다면 아마 나는 영적 지도자에게 그 문제를 털어놓지 않으려 할 것이다. 왜냐하면 그처럼 확실하고 광대한 세계로부터 멀어지는 데에는 상당한 시간이 걸리기 때문이다.

내가 알게 된 세 번째 사실은 구전으로 내려오는 전통과 접하는 것과, 글로 기록된 전통과 접하는 것의 차이다. 나는 초창기에 활동한 기도의 대가들을 발견하고 곧바로 그들의 저술에 매료되었다. 그들의 경험과 분석은 내게 친밀하다. 그들의 글을 읽음으로써 많은 유익을 얻었다. 그 가운데 어떤 글들은 매우 생생하고 현대적이다. 아주 오랜 시간 동안 그들의 글 정도로 충분하다고 생각했다.

---

[4] James Joyce, William Barrett, *Time of Need*(New York: Harper & Row, 1972), p. 140에서 인용함.

그러나 책과 사람 사이에는 중대한 차이가 있었다. 나에게 어두운 밤에 대해 말해주는 책과 내가 겪는 어두운 밤에 대해 설명하는 사람은 분명히 달랐다. 나는 책과 사람을 분리해서 글을 읽을 수 있다. 하지만 두 가지를 분리하면 생생한 음성을 들을 수 없다. 대화의 직접성과 친밀성은 지식을 지혜로 전환시켜준다.

또한 시간의 문제도 있다. 기도에 대한 책을 저술한 많은 저자들, 신앙에 대한 무수한 진리들, 영적인 삶의 통찰력 있는 진리들, 이 가운데 바로 지금 여기에서 필요한 것은 어떤 것인가? 어떠한 주제가 제시된 페이지를 찾기 위해 목차를 뒤적거리는 행동과 내가 지금 삶 속에서 씨름하고 있는 진리를 주목하고 그것의 이름을 불러주는 사람을 모시고 있는 것은 동일하지 않다.

영적 지도자를 만나면서 나는 생생하고 입으로 전해지는 전통 속으로 빨려들어간다는 느낌을 자주 받았다. 나는 신앙과 기도의 삶에 있는 지혜와 통찰력의 저수지에 닿아 있다. 서재에서 홀로 있었던 때와는 전혀 다른 방식으로 거기에 도달했다. 예배를 드리는 가운데 성경 읽기와 설교와 찬송, 그리고 성례에 임할 때의 경험과 유사했다.

이런 요소들은 당신이 생물학적인 존재로서 알게 되는 문제들과 같지 않다. 나는 영적 지도를 통해 광범위한 콘텍스트 속에서 나의 독특성에 주목하고, 나의 신앙적인 발전이 심판과 은혜의 지평에서 어디까지 이르렀는지 좀더 정확하게 분별하도록 이끌림 받았다.

분명히 이런 경험들 가운데 어느 것도 영적 지도자를 모신다는 사실에 달려 있지 않다. 그런 경험들은 내게 전혀 새로운 것이 아니지만 정도의 차이가 있다. 어떤 사람들은 영적 지도자도 없이 그런 영역들에서 불가사의할 정도로 발전하는 경우도 있다. 하지만 기독교 신앙의 역사 전반에서 온전한 신앙을 원하는 사람은 반드시 영적 지도자를 모시고 있어야 했다. 여전히 그런 관계를 당연히 여기는 교회들도 있다.

영적 지도자를 모시는 것은 예외적인 신앙 행위가 아니다. 다른 사람보다 더 많은 기도의 은사를 받고 더 고상하게 동기 부여된 사람에게만 해당되는 것도 아니다. 신앙의 삶에서 책임과 성숙도가 증가할수록 유혹의 교묘함도 증가하고 영적 지도자를 모셔야 하는 절박함도 함께 늘어난다.

키에르케고르는 『비과학적인 추신을 결론지으며(Concluding Unscientific Postscript)』라는 자신의 책에 이렇게 썼다. "영적 지도는 모든 방향을 탐색해야 하고, 어디에 오류가 잠복하고 있고, 변덕이 어디에 은신처를 만들었고, 열정이 홀로 있는 상태에서 스스로를 어떻게 이해하는지 반드시 알아야 한다(열정을 가진 사람들은 정도의 차이는 있지만 모두 외롭다. 자기의 심중을 모두 털어놓는 사람은 모든 일을 감상적으로 말하는 사람들뿐이다). 또한 영적 지도는 환상이 어디에서 유혹의 손길을 뻗치며, 어디에서 곁길로 빠지는지 파악하고 있어야 한다."[5]

영적인 삶에서 가장 심각한 잘못들은 초보자가 아닌 숙련자들이

---

[5] Søen Kierkegaard, *Concluding Unscientific Postscript* (Princeton: Princeton University Press, 1941), pp. 382-383.

저지르기 십상이다. 기도에서 자기 기만을 범할 수 있는 최대의 가능성은 신앙의 초기 단계가 아닌 한창 때나 말년에 다가온다. 대다수 그리스도인들이 본질적인 문제라고 동의한 주장을 가볍게 취급하거나 개인적인 취향 정도로 다루는 것은 현명한 처사가 아니다.

9
영적 지도력을 발휘하라

조지 폭스(George Fox)가 신앙적인 각성을 경험한 처음 몇 달 동안 다섯 명의 목회자들이 돌아가면서 영적 지도를 담당했다. 그들은 한결같이 쓰라린 실패를 맛보았다. 폭스는 청소년기에 이처럼 그릇된 영적 지도를 연속적으로 받았다. 그는 목회자를 찾아나서도록 재촉한 고통의 본질을 정확히 알지 못했다. 때때로 그는 그것을 '실망과 유혹'이라고 불렀다. 분명한 것은 그가 하나님을 찾고 있었다는 사실이다. 하지만 다섯 명의 목사 가운데 단 한 명도 그 사실을 알아차리지 못했다.

그 다섯 명의 목회자는 놀라지도 않았다. 조지 폭스는 혼란스러웠다. 영적 지도는 어려운 것이다. 목회적인 지혜는 규정에서 찾을 수 없다. 정체를 알 수 없는 열망으로 가득 찬 가슴과 난처한 질문들로 가득 찬 머리를 가지고 목회자를 찾아오는 모든 사람들은 새로운 방식으로 혼란함을 경험한다. 성공이 보장된 문제 해결 방식은 없기 때문이다.

폭스는 자신의 이야기를 일기에 적어놓았다. 완전히 적절하지는 않지만 그가 보여준 전형적인 반응들을 숙고함으로써 그로부터 300년이 지난 지금 시대를 살아가는 우리들은 적어도 어떻게 하지 말아야 하는가 정도는 알게 될 것이다. 역사를 무시하는 목회자는 그릇된 역사를 반복한다는 비난을 피할 수 없을 것이다.

첫 번째 목회자: 나다니엘 스티븐스

얼마간의 시간이 흐른 후, 나는 다시 고향으로 돌아갔다. 그후로 약 1년 동안 큰 슬픔과 고통에 빠졌고, 많은 밤을 홀로 거닐었다. 그 즈음 내가 태어났던 마을인 드라이튼에서 교회를 담당하고 있는 나다니엘 스티븐스 목사가 자주 나를 찾아왔다. 나도 종종 그를 찾아갔다. 어떤 때에는 다른 목회자와 함께 오기도 했다. 그들은 나에게 이런 저런 이야기를 들려주었고, 내가 그들에게 질문하면 그들은 대답해주었다.

스티븐스(Nathaniel Stephens) 목사가 내게 이런 질문을 했다. "왜 그리스도가 십자가 위에서 '나의 하나님, 나의 하나님, 어찌하여 나를 버리셨나이까?'(마 27:46)라고 외쳤고, 왜 '내 아버지여 만일 할 만하시거든 이 잔을 내게서 지나가게 하옵소서 그러나 나의 원대로 마시옵고 아버지의 원대로 하옵소서'(마 26:39)라고 말했을까?" 나는 바로 그 순간에 "모든 인류의 죄가 그분에게로 전가되었고, 인간들의 사악함과 죄악으로 인하여 그분이 상함을 입었다"고 말했다. "그리스도는 인간으로서 고통을 당했고 화해의 제물이 되었다. 하지만 그분은 하나님이기에 죽음을 당하지 않았다. 따라서 그분이 모든 인간을 위해 죽었고, 모든 인류를 위해 죽음을 맛보았으므로, 그분은 모든 세상의 죄를 위한 제물이었다." 이것이 내가 말한 내용이었다.

그 당시 나는 그리스도의 고난과 그분이 당하신 일에 대해 어느 정도 인식하고 있었다. 나다니엘 목사는 나에게 매우 훌륭하고 완벽한 대답이며, 그렇게 제대로 대답하는 사람을 본 적이 없다고 했다. 그는 나를 칭찬하고 다른 사람들 앞에서 자랑스럽게 내 이야기를 했다. 그는 내가 자신과 대화하는 가운데 했던 말들을 바로 그 다음 주일 설교 시간에 써먹었다. 그것이 바로 내가 그를 싫어하게 된 결정적인 이유였다. 그 목사는 나중에 나를 가장 못살게 구는 사람이 되었다.[1]

나다니엘 스티븐스는 영적 지도에 대한 대화를 신학 질문으로 바꿔버렸다. 그는 마치 지적인 평론가처럼 말하면서, 여러 의견들을 모으고 각 사람이 가진 생각의 차이들을 즐겼다("그 목사는 나에게 매우 훌륭하고 완벽한 대답이며, 그렇게 제대로 대답하는 사람을 본 적이 없다고 했다"). 그들 사이의 대화는 의심할 여지없이 격려가 되는 것이었다. 스티븐스나 폭스 모두 자신의 관심을 교환하는 데 흥미를 느끼지 못했다

---

[1] George Fox, *Journal* (London: J. M. Dent & Sons, 1924), p. 4. 『조지 폭스의 일기』(CH북스)

면 그렇게 많은 시간을 함께 보내지 못했을 것이다. 하지만 대화의 주제가 아무리 심각 — 하나님, 영혼, 유혹 — 했다 할지라도 그들의 대화는 진지하지 않았다. 대화는 잡담으로 변질되었다.

스티븐스는 주중에 폭스로부터 들었던 내용을 주일 설교 시간에 모두 공개했다. 폭스는 그의 신학적인 예화 상자였다. 통찰력으로 가득 찬 그 질문자는 설교할 목적으로 폭스의 생각을 약탈해갔다. 스티븐스는 자신에게 또는 폭스에게 그 질문이 왜 중요한지, 아니 그 질문들이 실제 생활에서 어떤 변화를 가져오는지 한번도 묻지 않았을까? 아마 질문하지 않았을 것이다. 그는 질문을 하며 하나님의 응답을 구하는 사람들을 존중하거나 배려하지 않았다.

목회자들에게 스티븐스의 접근법이 가진 매력은 막대하다. 도움을 청하러 오는 모든 사람들은 살아있는 신학을 위한 흥미 진진한 사례 연구의 자료가 된다. 목회자는 어렵지 않게 자신의 관심을 책으로부터 사람에게로 옮긴다. 그러나 속에서 그에 걸맞는 변화는 일어나지 않는다. 그는 마치 책을 읽는 것처럼 비인격적으로 사람들을 '읽는다.' 그로 인한 결과는 비참하다. 누군가를 신학적으로 나비처럼 취급한다면, 아무리 조심해서 그를 종이 위에 핀으로 꽂고 종류를 나타내는 반점을 아무리 열심히 연구한다 하더라도, 그것은 죄악이다. 목회자가 사람들을 설교 자료로 취급한다면, 그야말로 그는 심각한 정신 장애를 앓고 있는 자다.

신학적/지적 관계가 폭스의 마음을 전혀 끌지 못한 것은 아니지만(나도 종종 그를 찾아갔다), 결과적으로 실패했다. 하나님에 대한 개인적인 열정을 가진 사람이 목회자가 자신과의 만남을 우둔한 교인의 지루한 이야기를 신학적으로 방향 전환한 것(그리고 설교의 자료로)으로 여기고 있다는 것을 알게 된다면 그는 엄청난 환멸감에 사로잡힐 것이다. 영적 지도를 위해 목회자를 찾아오는 사람들의 목적은 신학적인 토론을 하는 것이 아니라 신학적인 콘텍스트 속에서 친구를 찾는 데 있다.

두 번째 목회자: 맨세터의 늙은 목사

그런 일이 있고 난 후에 나는 워릭셔주에 있는 맨세터로 한 나이 많은 목사를 찾아가서, 그에게 나의 절망과 유혹들의 근거에 대해 질문했다. 하지만 그는 나의 마음 상태를 완전히 무시했다. 그는 나에게 담배를 피우고 시편을 노래로 부르라고 명령했다. 담배는 내가 싫어하는 것이었고, 노래로 된 시편은 아는 것이 없었다. 그러니 노래도 할 수 없었다.

그런 다음에 그는 다시 오라고 명령했다. 많은 일들을 말해주겠노라고 약속했다. 하지만 내가 다시 찾아갔을 때 그는 화를 냈고 쌀쌀맞게 대했다. 지난 번에 내가 했던 말들이 불쾌하게 했던 것이다. 그는 나의 고통과 슬픔과 비통함을 자기 제자들에게 털어놓으라고 했다. 중년 부인들이 그 문제를 맡았다. 하지만 또다른 고통만 내게 가져다주었다. 나는 그들이 모두 비참하고 불쌍한 위로자로 보였다. 그로 인해 나의

고통은 배가되었다.[2]

맨세터의 나이 든 목사는 약국에서 일하는 점원과 같다. 그는 민간의 지혜를 모아두었다. 그리고 교회에 어울리는 교훈과 그런 지혜를 혼합하여 약사처럼 그것을 나눠주었다. 그는 아마도 그가 가진 풍부한 상식 때문에 자신을 공동체에서 존경을 받고 있는 다양한 치료법의 원천으로 여겼던 것 같다. '담배와 시편'의 결함은 그런 인상을 준다.

문제는 그의 조언에만 있는 것이 아니라 조언을 하는 의도 역시 문제였다. 그는 폭스가 자신의 처방약을 구입하기를 거절하자 화를 냄으로써 자신의 속내를 드러냈다. 폭스는 고집 센 고객이므로 처방된 약을 거절했다. 그런 태도는 그 늙은 목사에게 거부 반응을 일으켰다. 폭스가 "담배를 피우지 않고 시편을 부르지 않는다면," 그 약사는 고객을 잃게 된다. 그의 분노는 어쩌면 타당한 반응이었다.

그 목사는 폭스를 인도해주어야 할 사람으로 보지 않고 영적인 물건을 구매할 고객으로 보았다. 그는 치료법을 구입할 가능성 있는 손님이었다. 그들의 관계는 늙은 목사의 물품을 잠재적인 구매자가 받아들여야 유지될 수 있었다. 자신의 이야기가 그의 제자격인 중년 부인들 사이에서 회자될 때, 폭스는 그 목사가 자신을 전혀 돌보지 않고 오직 충고만 일삼는다는 것을 알았다. 담배를 좋아하지 않고 시

---

2 Ibid., pp. 4-5.

편 노래를 부를 수 없었기 때문에 폭스는 그 충고를 거부했다. 그는 늙은 목사의 분노를 통해 자신이 단순한 고객 정도로 비인격화되었다는 것을 깨달았다. 게다가 아주 무례한 고객이 되었다. 폭스가 조언을 거절한 때부터, 늙은 목사도 폭스를 거절했다. 그처럼 반응이 없는 고객이 자기 가게에 머물러 있는 것을 목사는 견디지 못했다. 그는 폭스를 웃음거리로 만들어 쉽게 보내버렸다.

웃음거리로 만들어 쫓아버리는 행동은 사회적인 병폐 현상의 일부다. 목회자의 충고를 따르지 않으려 한다면 그는 곧 목회자의 무능함을 악화시키는 증거가 된다. 그릇된 목회자는 다른 사람들에게 그 사람이 정신적인 안정성에 문제가 있고 미숙함과 노이로제가 있다고 말을 흘림으로써 거기에서 벗어나는 길을 찾는다.

세 번째 목회자: 탬워스 근처에 사는 목사

그 즈음에 탬워스 근처에 사는 어느 목사에 대해 들었다. 그는 많은 경험을 한 사람으로 소문났다. 나는 5킬로미터나 떨어져 있는 그를 찾아갔다. 하지만 나는 그가 텅 비어 있는 통 같다는 사실만 확인하고 돌아왔을 뿐이다.[3]

영적 지도 사역을 행하는 가운데 목회자들이 일상적으로 당하는

---

3   Ibid., p. 5.

어려움은 기술, 기교, 그리고 명성의 부족이다. 이런 요소들은 목회자들로 하여금 일상적인 많은 문제들을 해결하도록 돕지만, 정말로 곤경에 빠져 있는 사람이 나타나면, 목회자들의 영혼은 천사들과 씨름하고 마귀들과 맞붙어 싸우느라 위태한 상태에서 광야로 내몰려 시험을 받는다. 목회자들이 하나님을 찾으려는 솔직하고 공개적인 질문을 함께 나누며 받아줄 준비가 되어 있지 않으면, 그들은 아무 소용이 없는 존재가 된다. 그것은 곧 '텅 비어 있는 통'과 같다.

그러한 질문들은 언제나 위험을 내포하고 있다. 왜냐하면 목회자들은 열성파 교인들의 탐구 정신이 목회자 자신 속에 숨어 있는 천박함과 검증되지 않은 상투적인 말들을 언제 폭로해버릴지 모르기 때문이다. 목회자들은 고통이나 분노, 과도한 정신 에너지의 소모 등을 겪지 않고 부드럽게 그리고 성공적으로 역할을 수행하기 위해 많은 전략과 규정들을 고안했다. 하지만 이러한 방법들 가운데 어떤 것도 실제적인 개인간의 영적 만남에서는 효력을 발휘하지 못한다.

일시적인 유행에 따른 목회 상담에 대한 관심은 때때로(언제나 그런 것은 아니다) 어떤 역할을 한다. 새로운 사람이 되기 위한 비용으로 새로운 기술을 익히는 것이다. 강단에서 뛰어난 설교자가 되려는 목적으로 행하는 힘든 훈련도 때때로(항상 그렇지는 않다) 모종의 역할을 한다. 사람들과 함께 기도하는 고통을 피하게 해주는 공개적인 행동을 하는 것이다.

목회자들은 스스로 통합적인 존재 — 목사인 동시에 한 인간 — 가 되려고 노력하기보다는, 영성의 전문가가 되고 목회적 돌봄의 영역에서 명성을 얻는 데 도움이 되는 기술들을 습득하기에 급급하다. 하지만 조지 폭스와 같은 사람을 단 한 명만 만나면 순식간에 본래의 모습이 드러난다.

명성은 영적 지도에서 중요하지 않다. '경험'만으로도 충분하지 않다. 조지 폭스가 찾아온 순간 완전히 새로운 국면이 시작되기 때문이다. 목회자가 자기 경험을 설명하기 위해 들려주는 이야기와 인격의 고양을 드러내기 위해 사용하는 통찰력이 아무리 인상적이라 하더라도 고통 당하고 있는 영혼의 쉼 없는 질문 공세를 견뎌낼 수는 없다.

영적인 모험, 개인적인 고결함, 정직하고 주의를 게을리 하지 않는 기도 등에 헌신하는 삶만이 영적 지도 사역에 적합하다. 폭스는 '경험 많은 사람이라고 소문난' 목회자에게서 언제나 '텅 비어 있는 통 같은' 느낌을 받을 것이다.

따라서 목회자의 주요 직무는 순례자가 되는 것이다. 영적 지도 사역을 위한 최고의 준비 단계는 정직한 삶이다. 기도 그리고 예배와 기쁨을 위한 발전된 능력은 목회적 실존이 허구가 아닌 진정한 것임을 증명해준다.

네 번째 목회자: 크래덕 박사

코번트리의 크래덕 박사(Dr. Cradock)라고 불리는 목사에 대한 말을 듣고, 그에게 갔다. 나는 유혹과 절망의 근거를 묻고, 고통이 어떻게 인간의 내부에서 생겨나는지 가르쳐달라고 부탁했다. 그가 내게 물었다. "누가 그리스도의 아버지와 어머니인가?" 내가 대답했다. "마리아가 그분의 어머니입니다. 그리고 그분은 요셉의 아들이라고 생각되지만, 실제로 그분은 하나님의 아들입니다." 우리는 그의 정원을 거닐며 이야기했다. 길이 점점 좁아졌기 때문에 나는 할 수 없이 화단 곁을 밟고 갔다.

그는 내가 마치 자기 집에 화재라도 낸 것처럼 지나칠 정도로 화를 냈다. 우리가 나눈 대화는 물거품처럼 사라졌다. 나는 그를 찾아갔을 때보다 더 깊은 슬픔에 잠겨 돌아갔다. 나는 그들이 형편없는 위로자라고 생각했다. 그들은 모두 아무것도 아닌 것처럼 보였다. 왜냐하면 그들은 나의 고통스러운 형편에 도저히 이를 수 없기 때문이다.[4]

크래덕 박사는 정통성에 관심이 있었지만, 신학적인 정통이 아니라 아리스토텔레스적인 정통을 문제삼았다. 그의 관심사는 폭스가 온전한 생각을 하며 똑바로 걸어가는가 하는 것이었다. 폭스가 그의 화단을 밟았을 때 화를 낸 것은 순간적으로 터져나온 실수가 아니라 자기 마음 상태를 엉겁결에 표현한 것이다.

크래덕 박사의 마음속에는 좁은 길을 똑바로 걸어가지 못하고 벗어나는 것은 도저히 용납지 못할 그릇된 행동이었다. 그는 인간의 절망이 그릇된 생각에서 비롯된다고 믿었다. 누군가의 신학을 바로잡으면 그를 교정할 수 있다고 확신했다. 교리주의자인 크래덕이 절망에 빠진 질문자에게 보인 반응은 그를 시험하기 위한 질문을 되묻는 것

---

4 Ibid.

이었다. 그는 시험 감독관처럼 행동하면서, 폭스의 신앙 구조에 무엇이 잘못되었는지 찾아내려 했다. 폭스의 잘못을 발견했다면, 그는 폭스에게 무엇을 믿어야 하는지 가르치고 그로 인하여 자신의 완전함을 드러냈을 것이다. 그는 폭스를 바로잡기 위해 그가 정통 기독교의 모델에서 어떻게 벗어나는지 찾아내야만 했다.

21세기에 살고 있는 크래딕 박사의 후손들은 신학적인 것 못지않게 심리학적인 전제들을 안고 살아가는 듯하다. 프로이드는 칼뱅을 많은 목회자들 가운데 정통의 아버지로 지목했다. 오늘날 "그리스도의 아버지와 어머니가 누구인가?"라는 질문은 "네 어머니가 누구라고 생각하는가?"라는 질문으로 변했다. 그러나 질문의 의도는 동일하다. 정통적인 모델과 비교하기 위한 분석과 정보를 위한 자료를 얻으려는 것이다.

다행히 폭스는 오랫동안 심문당하지는 않았다. 그가 화단을 조금 밟았을 때 크래딕이 크게 화를 내며 자기 속을 다 드러냈기 때문이다. 억지로 기준에 맞춰놓은 화단에 전혀 적응할 수 없었던 폭스는 다른 도움의 손길을 찾아 슬픈 마음으로 떠나갔다.

정통성은 억지로 부과될 수 없다. 영적 지도자는 은혜의 무한한 다양성을 관찰할 수 있는 위치에 있다. 성령 하나님의 측량할 수 없는 풍성함은 믿음을 창조로 이끌어간다. 그러나 "우리는 그리스도가 어떤 모습으로 다른 이들 속에 구현될지 결코 알 수 없다."[5] 목회자들이

---

5 Dietrich Bonhoeffer, *Life Together*(New York: Harper & Brothers, 1954). 『성도의 공동생활』(복있는사람)

크래딕 박사처럼 교리적인 선생 스타일로 사역을 잘못 감당했다면, 나중에 '형편없는 위로자'라고 쓰인 묘비를 받아 마땅하다.

다섯 번째 목회자: 매컴

이 일이 있고 나서, 나는 또다른 사람을 찾아갔다. 사람들에게서 존경받는 목사인 매컴(One Macham)이었다. 그는 나에게 어떤 약을 주고 채혈도 했다. 하지만 그들은 나에게서 피 한 방울도 얻지 못했다. 심지어 팔이나 가슴에도 피가 없었다. 나의 몸은 슬픔과 비탄함과 고통으로 완전히 말라버렸다. 고통이 너무 극심했다. 차라리 태어나지 않았더라면 앞을 못 보는 상태로 태어나 허무함과 사악함을 보지 않았더라면, 듣지 못하는 상태로 태어나 헛되고 사악한 말들을 듣지 않았더라면 더 좋았을 것을 ….6

매컴은 적극적인 행동주의자다. 그는 한가한 농담을 하거나 실용적이지 않은 말을 들으며 시간을 낭비하지 않을 것이다. 어떤 일이든 완수되어야 한다. 무슨 일이든 하고 있어야 한다.
"그에게 약을 주고 채혈을 하게."
무슨 일이든 하라는 충고는 거의 언제나 부적절하다. 왜냐하면 영적 지도를 받으러 오는 사람들은 행함이 아니라 존재함에 대한 혼란

---

6 Fox, *Journal*, p. 5. 「조지 폭스의 일기」(CH북스)

과 불만으로 고통 당하고 있기 때문이다. 그들은 자신들이 누구인지에 대해 관심을 기울여줄 친구를 필요로 한다. 더 많은 일들을 명령하는 관리자는 필요없다. 저돌적인 행동은 오히려 역효과를 가져온다. 그들은 자신의 존재를 찾고 잠시 위안을 얻을 시간을 원한다. '약을 주고 채혈'하는 힘은 상당히 모호한 상황에서는 거의 저항할 수 없다. 명쾌한 행동에 의해 제공되는 선명한 느낌은 굉장한 만족감을 준다. 하지만 영혼은 성장하지 않고, 결코 성숙한 단계까지 자랄 수 없다.

목회자들은 특히 이러한 영역에서 위험에 빠진다. 왜냐하면 목회자들은 단순히 역사의 과정 속에서 바로 지금 순간에 살아 있음으로 인해 문화적으로나 교회적으로 강제적인 활동주의에 빠져든다. 활동주의자의 덫에 걸리지 않으려면 신중하고 지속적인 경계가 요청된다.

조지 폭스는 자신의 고통스러운 절망과 유혹의 모호성을 받아들이고, 숙고하며, 참아줄 정도로 든든하며, 자기에게 또는 자기를 위해 아무 일도 하지 않아도 충분할 정도로 강인한 목회자를 원했다. 그런 목회자는 성령님께서 새로운 삶을 시작하시기에 충분한 공간을 제공한다. 성령의 활동은 반드시 변화를 가져온다.

조지 폭스가 만났던 다섯 명의 목회자의 잘못을 지속적으로 피하기 위해 내가 할 수 있는 일이 있을까? 모든 사람이 돌아가기를 기다렸다가 조심스럽게 질문을 던지기 위해 기다리고 있는 또다른 조지 폭스를 위해 나를 준비시킬 방법이 있을까? 아니면 어떤 여인이 길가에서 나를 붙잡고 잠시 커피를 마시며 이야기를 할 수 있겠느냐고 부탁하면 어떻게 하나? 편지가 오면 어떻게 하나? 아니면 좀더 신중하게 그리고 공식적으로 '자기를 괴롭히는 것이 무엇인지 알기 위해' 정기적으로 만날 약속을 정하자고 하면 어떻게 하나?

리차드 백스터(Richard Baxter)는, 목회자는 이러한 사역을 "대충 되는 대로 하지 말아야 한다"[7]고 말했다. 폭스의 경험에 내포된 부정적인 내용이 무언가 긍정적인 요소들을 넌지시 보여준다.

먼저 나는 두려움의 태도를 배양할 수 있다. 나는 놀라움을 맞을 준비를 해야 한다. 내 앞에 있는 그 사람의 얼굴에는 하나님의 형상이 있다. 내가 보고 있는 안절부절못하고 구부정한 몸은 성령님께서 거하시는 성전이다. 약간 어색하고 대칭을 이루지 않은 팔과 다리, 귀와 입은 그리스도의 몸을 이루는 지체다. 하나님께서 행하신 일을 보고 놀랄 준비가 되어 있는가, 아니면 나의 좁은 소견에 여전히 열중하고 있는가? 내가 목격하는 것들은 신앙으로 교육된 상상력에 의해 강화되는가, 생물학과 심리학과 사회학의 구분 방식에 적합하게 분류될 수 있는 것으로 약화되는가?

내 앞에 앉아 있는 사람의 얼굴이 하나님의 형상이라 하기에는 너무 모호하고, 그의 몸은 성령님께서 거하시는 전의 서투른 모방이

---

[7] Richard Baxter, *The Reformed Pastor*, ed. Hugh Martin(Richmond: John Knox Press, 1956), p. 119.「참된 목자」(CH북스)

며, 그의 말과 행동은 그리스도의 몸을 이루는 팔이나 다리 또는 기관에 일치한다는 증거가 보이지 않을 때 왜 나는 오랜 시간 동안 생각하고 설교하고 가르쳤던 기본적인 방향과 본문들을 내버리고 분위기에 편승하여 받아들였지만 제대로 알지 못하는 표어들과 공식들을 재빨리 집어드는 것일까?

목회자로서 내가 가진 근본적인 방향성은 내가 눈 앞에서 보고 있는 것은 내가 보았기 때문이 아니라 그리스도가 말씀하고 행동하셨으므로 중요하다. 내가 느끼고 생각하는 것보다, 그리고 앞에 있는 사람이 느끼고 생각하는 것보다 더욱 큰 의미를 가진 것은 그리스도가 말씀하고 행동하신 일이다.

그리스도는 바로 이 사람을 위해 죽으셨고, 지금도 사랑하신다. 얼마나 두려운 사실인가! 이 사람은 자동차들이 질주하고 질병이 만연하고 정신병자들의 위협이 끊이지 않는 세상에서 바로 지금 이 순간까지 보존된 자다. 나는 감탄할 준비가 되어 있는가? 나는 존중할 준비가 되어 있는가? 존경할 준비가 되어 있는가?

내가 영적인 권위를 수행해야 하는 역할을 맡았을 때에는 끊임없는 경계만이 나로 하여금 생색내며 온화한 척 하는 그릇된 태도에 빠지지 않도록 막아준다. 사람들이 나를 우러러보려 한다면, 어떻게 해야 그들을 낮게 보려는 잘못에 빠지지 않을 수 있을까? 그것은 바로 경멸이 아니라, "나는 당신에게 가장 좋은 것이 무엇인지 안다"는 일종의 환원주의에 있을 때 가능하다. 그러나 실제로 내가 그렇게 행하면 그들은 나와의 대화를 은근히 과소 평가할 것이다.

나는 지금까지 수년 동안 목회자들이 사람들 — 그리스도가 그들에게 말씀과 자기 몸과 피를 주셨다 — 에게 세례를 베풀며 하는 말들에 특별한 관심을 기울였다. 목회자들은 세례받는 이들을 실제로 어떻게 생각하는가? 나는 목회자들의 말 속에서 경외심이나 놀라움의 표현들을 거의 들어보지 못했다. 아무도 주목하지 않는 영광, 모두가 간과하는 은혜에 박수를 보내는 모습은 찾아보기 힘들었다. 조지 폭스는 뛰어난 인물이다. 하지만 다섯 명의 목회자 가운데 그 사실을 희미하게라도 감지한 사람은 하나도 없었다.

다른 사람과 만나는 모든 만남은 일종의 특권이다. 나는 교인들과 대화하는 가운데 많은 사람들이 쉽게 그리고 자주 갖지 못하는 기회들을 누린다. 그것은 억압받는 영광, 무시되는 축복, 잊혀진 은혜를 찾아내는 기회들이다. 정말 놓치기 싫은 기회들이다.

둘째, 나는 나의 무지함에 대한 인식을 키울 수 있다. 앞에 있는 사람에 대해 내가 모르는 사실은 너무 많다. 내가 접근하지 못할 다양한 경험들이 그에게 있을 것이다. 선명하게 드러나지 않을 분노와 기쁨과 믿음과 절망의 감정들도 있다. 밝은 빛으로도 비추지 못할 허영심과 성공의 꿈과 환상, 성적인 능력과 모험 등이 있다. 대화하는 도중에 지극히 일부분은 드러나겠지만, 대부분은 미지의 영역으로 남게 될 것이다. 사람들은 10분 내지 15분 안에 조지 폭스의 다섯 목회자들이 그로 하여금 느끼게 했던 인상을 받는다.

나의 무지함에 대한 인식을 계속 유지하기란 어렵다. 목회자들은 많은 시험들을 통과하고, 많은 강의들을 듣고, 많은 책들을 읽으며,

신앙의 원재료들 — 죽음, 슬픔, 고통, 축하, 죄책감, 사랑 — 을 많이 경험하기 때문에 마치 모든 것을 알고 있는 위치에 있다고 가정한다. 그러나 여전히 목회자들이 모르는 많은 것들이 있다. 그들은 진정한 이해로 가는 문턱조차 넘어서지 못했다.

루이스 토마스(Lewis Thomas)는 이런 글을 남겼다. "역사상 어떤 시대도 지금처럼 인간 존재가 자신의 무지함의 정도와 깊이를 철저하고도 고통스럽게 배운 적은 없었다."[8] 동시에 내가 알고 있는 것에 감동받지 않기도 어렵다. 나는 다년간 성경을 읽고 연구했고 배운 내용을 나누고 싶은 열망도 있다. 몇 년 동안 신학을 배우고 훈련했으며 아는 내용을 전달해주고 싶은 마음이 간절하다. 질문을 받고 탐구의 흔적을 발견하면, 아낌없이 해답과 주해를 알려주었다. 내 머리 속에 가득 찬 것들로 다른 사람의 비어 있는 머리를 채우고 싶었다.

그러나 여기에 필요한 것이 머리가 아니라 마음이나 생명 같은 것이라면 어떻게 하겠는가? 내가 아는 것보다 내가 모르는 것이 훨씬 많다. "교리가 허용하는 것보다 더 교리적인 것은 무식한 마음 상태의 표시다." 프리드리히 폰 휘겔(Friedrich von Hügel)의 말이다.

나는 잠시 입을 다물고, 그저 듣고 보기만 하는 것이 좋을 듯하다. 사람들은 눈으로 볼 수 있는 것보다 훨씬 많은 부분을 가지고 있다. 그리고 아직 말하지 않은 말들이 많이 있다. 그것은 무엇인가?

또한 하나님에 대한 나의 무지함의 영역도 상당히 넓다. 누군가

---

[8] Lewis Thomas, *The Medusa and the Snail* (New York: Viking Press, 1979), p. 16.

내 서재에 모습을 드러내기 전에 하나님께서는 그에게 무슨 일을 행하셨는가? 그는 어떤 메시지를 받고, 곡해하고, 놓쳤을까? 하나님께서는 그가 태어나는 순간부터 그에게 역사하셨다. 이 생에서 일어난 모든 일들은 이런 저런 방식으로 선한 창조와 계획된 구원의 콘텍스트 속에서도 일어났다. 하나도 예외가 없다.

이 사람이 나를 떠나가더라도 선한 창조와 계획된 구원은 기본적으로 남아 있을 것이다. 하나님의 은혜는 지금도 작용하며 앞으로도 지속된다. 나의 말과 몸짓과 행동은 위대한 드라마 속에서 행해졌다. 나는 그 위대한 드라마의 자세한 내용을 아주 조금 알거나 아예 하나도 모른다. 그렇다고 나의 역할이 중요하지 않거나 없어도 되는 것이라는 의미는 아니다. 내게 맡겨진 부분이 무엇이든 간에 철저하고 진지하게 수행했지만, 나는 보조 연기자일 뿐 주연은 아니다. 최선을 다했지만, 내가 말하고 행동함으로써 나에 대한 그 사람의 반응이 중심적인 행동이 되게 하지는 않았다.

하나님께서는 그 사람을 만나기를 원하신다. 이 사람 역시 하나님을 만나기를 원한다. 겉으로는 그렇게 원하는 것처럼 보이지 않을 수도 있다. 나는 대화를 의도적으로 조종하거나 상황을 해석하지 말아야 한다. 그래야 내가 책임을 맡고 있는 것처럼 인식하지 않을 수 있다. 그렇지 않으면 나는 그저 하나님의 일들을 방해하게 된다.

셋째, 나는 기도에 대한 인식을 기를 수 있다. 이제 어떤 사람을 만나더라도 그가 내게 진정으로 원하는 것은 기도하는 법을 배우고 기도 안에서 성숙함에 이르도록 인도받는 것이라는 든든한 전제를 갖게 되었다. 그러한 전제가 언제나 나중에 발전됨으로써 정당하다고 입증되는 것은 아니다. 그러나 처음부터 잘못된 생각으로 그런 전제를 세우지 않는 것에 비하면 그런 전제를 만들면서 얻어지는 것은 훨씬 많다.

개념이나 사람이나 계획 등에 대해 말하는 것이 더 쉽다. 그 순간만큼은 충분한 만족을 얻기 때문이다. 하지만 그 사람이 진정으로 대하고 싶어 하는 분이 하나님이라면, 내가 했던 모든 일은 그가 하나님을 찾는 일을 방해하고 그와 하나님의 만남을 지연시켰을 뿐이다. 그 사람이 진정으로 찾는 것은 하나님과의 대화인데, 내가 그 대화의 주된 상대인 줄로 착각한 것이다. 내가 대화를 주도한다면, 하나님의 말씀과 임재와 자비를 무시하고 그분을 형식적인 자리에 앉혀놓은 것밖에 되지 않는다. 오히려 내가 방해가 된 것이다.

우리가 대면해야 할 분은 하나님이다. 사람들은 오랜 시간 동안 그런 사실을 깨닫지 못하고 그릇된 생각과 행동에 빠진다. 그들은 자신들이 대해야 할 대상이 돈이나 섹스, 자녀들이나 부모, 정치적인 주장, 운동 능력, 공부 등이라고 착각한다. 이러한 요소들 가운데 어떤 것이나 몇 가지의 통합은 그들로 하여금 열중하게 만들 수 있고, 잠시 그들에게 인간 존재에게 필요한 듯이 보이는 의미와 목적들을 가져다준다.

그러나 권태가 서서히 밀려온다. 또는 불행이 찾아올 수도 있다. 갑작스런 의미의 상실에 부딪힌다. 그들은 다른 무언가를 원한다. 하나님을 원한다. 누군가 의미와 올바른 방향을 찾고 있을 때, 목회자들은 질문을 던지거나 그의 상태를 시험하여 그를 더욱 열악한 상태로 이끌어가지 않도록 주의해야 한다.

이 말은 목회자의 직무가 사람들의 발목을 잡고 그의 진행을 최소화시키는 것이라는 뜻이 아니다. 목회자가 여러 가지 교훈들을 담아놓은 기도의 입문서를 가지고 있다는 말도 아니다. 공식적이거나 언어화된 기도를 하지 못할 때가 많다. 기도에 대한 명확한 언급이 필요 없는 경우도 많을 것이다. 하지만 기도에 대한 전제는 반드시 있어야 하고, 언제라도 기도하기 위한 준비가 되어 있어야 한다. 영적 지도는 하나님의 활동적인 임재 속에서 진행된다는 인식과 더불어 실행되어야 한다. 그러므로 대화는 하나님의 말씀하심과 들으심에 따라 조절되어야 마땅하다. 하나님께서 그 자리에 계신다.

영적 지도는 어떠한 절차나 공식으로 축소될 수 없다. 영적 지도는 목회자가 누군가에게 행하거나 말하는 것이 아니라 누군가를 만날 때 그 자리에 있는 방식으로 완성된다.

알렉산드리아의 클레멘트(Clement)는 기도를 '하나님과 교제를 유지하는 것'이라고 불렀다. '교제를 유지'하는 데에는 몸짓과 침묵, 편안한 묵상과 확고한 말 등이 포함된다. 다른 사람들도 그 교제를 방해하지 않으면서 거기에 참여하고 유지시킬 수 있다. 사람들이 목회자와 대화를 원하는 이유는, 때때로 자신들조차 말로 표현할 수 없고 의식조차 하지 못하는 진짜 이유는 하나님과의 교제를 유지하기 위한 열망이다. 불행하게도 그들이 하나님과의 교제를 활발히 유지하지 못하는 목회자를 찾아간다면, 그들은 조지 폭스처럼 실망하게 될 것이다. 그런 목회자들은 기도의 방향을 제시하지 못하고, 더 나아가 기도의 사람처럼 인식되지도 않는다.

Working the Angles:
The Shape of Pastoral Integrity

Copyright ⓒ 1987 by Wm. B. Eerdmans Publishing Co. Originally Published in English under the title *Working the Angles* by Wm. B. Eerdmans Publishing Company, Grand Rapids, Michigan, U. S. A.

Korean Copyright ⓒ 2002 by GoodSeed Publishing, Seoul, Korea

This edition published by arrangement with Wm. B. Eerdmans Publishing Co. through rMaeng2, Seoul, Republic of Korea.

All rights reserved.

균형 있는 목회자

초판 1쇄	2002년 6월 27일
재조판 1쇄	2022년 9월 25일
재조판 3쇄	2023년 10월 5일

지은이	유진 피터슨
옮긴이	차성구
펴낸이	신은철
펴낸곳	좋은씨앗
출판등록	제4-385호(1999. 12. 21)
주소	서울시 서초구 바우뫼로 156(MJ 빌딩) 402호
주문 전화	(02)2057-3041 주문 팩스 / (02)2057-3042
이메일	good-seed21@daum.net
페이스북	facebook.com/goodseedbook

ISBN 978-89-5874-375-0 03230

이 한국어판의 저작권은 알맹2 에이전시를 통해 Wm. B. Eerdmans Publishing Co.과 독점계약한 좋은씨앗에 있습니다. 신저작권법에 의해 한국 내에서 보호받는 저작물이므로 무단 전재와 무단 복제를 금합니다.